佳木斯市郊区革命老区发展史

佳木斯市郊区老区建设促进会 编

黑龙江教育出版社

图书在版编目（CIP）数据

佳木斯市郊区革命老区发展史 / 佳木斯市郊区老区建设促进会编. -- 哈尔滨：黑龙江教育出版社，2021.5
ISBN 978-7-5709-2214-7

Ⅰ.①佳… Ⅱ.①佳… Ⅲ.①郊区－地方史－佳木斯 Ⅳ.①K293.54

中国版本图书馆CIP数据核字(2021)第078450号

顾　　问	于万岭
丛书主编	杜吉明
副 主 编	白亚光　张利国　李树明　李　勃

佳木斯市郊区革命老区发展史
Jiamusishi Jiaoqu Geming Laoqu Fazhanshi

佳木斯市郊区老区建设促进会　编

责任编辑	高　璐
封面设计	朱建明
责任校对	杨　彬
出版发行	黑龙江教育出版社
地　　址	哈尔滨市道里区群力第六大道1305号
印　　刷	哈尔滨博奇印刷有限公司
开　　本	787毫米×1092毫米　1/16
印　　张	19.75
字　　数	240千
版　　次	2021年5月第1版
印　　次	2021年5月第1次印刷
书　　号	ISBN 978-7-5709-2214-7　　定　价　48.00元

黑龙江教育出版社网址：http://www.hljep.com.cn
如需订购图书，请与我社发行中心联系。联系电话：0451-82533097　82534665
如有印装质量问题，影响阅读，请与我公司联系调换。联系电话：0451-51789011
如发现盗版图书，请向我社举报。举报电话：0451-82533087

《佳木斯市郊区革命老区发展史》
编纂委员会

主　任　冯甲伟　郊区委书记
副主任　闫向军　郊区委副书记、政府区长
　　　　　孙跃武　郊区委副书记、区老区建设促进会名誉会长
　　　　　史焕来　郊区委常委、政府副区长
　　　　　齐春丽　郊区委常委、宣传部部长
　　　　　李宝林　郊区老区建设促进会会长
委　员　姜　军　郊区委办主任
　　　　　石宇峰　郊区政府办主任
　　　　　牛洪刚　郊区委组织部副部长
　　　　　纪万和　郊区委宣传部副部长
　　　　　王博林　郊区发改局局长
　　　　　仇方东　郊区财政局局长
　　　　　李大伟　郊区交通运输局局长
　　　　　张颜东　郊区农业农村局局长
　　　　　赵　义　郊区民政局局长
　　　　　齐　达　郊区教育局局长
　　　　　王　杰　郊区文体广电和旅游局局长
　　　　　刘君涛　郊区扶贫开发工作办公室主任
　　　　　郑立晖　郊区档案馆馆长

《佳木斯市郊区革命老区发展史》编辑部

主　　编	李宝林	原郊区区长、郊区老促会会长
执行主编	韩青山	原郊区政协秘书长、郊区区志主编
	史克芳	原沿江中心校校长、市作家协会会员
委　　员	孙玉梅	原郊区纪检委副书记
		区老区建设促进会副会长
副 主 编	董泽华　司丽华　关印军	
校　　对	常　斌　张前矛	

总 序

在举国欢庆新中国成立70周年前夕，中国老区建设促进会王健会长请我为《全国革命老区县发展史》丛书作序，作为一名在老区战斗过并得到老区人民生死相助的老兵，回首往事，心潮澎湃，感慨万千，深感义不容辞，欣然应允。

中国革命老区，是以毛泽东为代表的中国共产党人在领导人民推翻帝国主义、封建主义和官僚资本主义三座大山，争取民族独立和人民解放伟大斗争中建立的革命根据地，在这片红色的土地上，诞生了无数可歌可泣的革命英雄儿女，为后人树起了一座不朽的丰碑。她是新中国的摇篮，是党和军队的根。

在艰苦卓绝的战争年代，老区人民把自己的命运与中华民族的命运紧紧地联系在一起，与中国共产党和人民军队的命运紧紧地联系在一起，他们生死相依，患难与共。我曾亲历过战争年代，并得到过老区红哥红嫂的救助，切身感受到发生在身边的一幕幕撼天动地的革命故事，在那极其艰难的条件下，老区人民倾其所有、破家支前，不怕艰难困苦，不怕流血牺牲。"最后一碗米送去做军粮，最后一尺布送去做军装，最后一件老棉袄盖在担架上，最后一个亲骨肉送去上战场"，这是当时伟大的老区人民为建立新中国做出巨大牺牲的真实写照，它将永远镌刻在中国共产党、中国人民解放军、中华人民共和国的历史丰碑上。他们的光辉业绩永载史册，他们的革命精神必将影响一代又一代的革命新人，造就一代又一代的民族脊梁。

在社会主义革命和建设时期，革命老区和老区人民响应党的号召，面对落后的面貌、脆弱的经济、恶劣的生态环境，他们本色不变，精神不丢，自力更生，艰苦奋斗，干一行爱一行。始终坚持"革命理想高于天"，自觉做共产主义远大理想的坚定信仰者和忠实实践者，勇于向恶劣的自然环境和贫穷落后宣战，他们在各条战线上为国建功立业，用平凡的双手创造了一个又一个不平凡的奇迹，彰显了老区人的崇高精神和人格力量。

在改革开放的伟大进程中，老区人民解放思想，勇于创新，发奋图强，攻坚克难，老区的经济社会建设取得了辉煌成就。特别是在改变中国的面貌、中华民族的面貌、中国人民的面貌、中国共产党的面貌的伟大实践中发挥了至关重要的作用。老区人民既是改革开放的参与者，也是改革开放的推动者。

艰苦练意志，危难见精神。老区人民在近百年的革命战争、社会主义建设和改革开放的伟大实践中，孕育形成了伟大的老区精神：爱党信党、坚定不移的理想信念；舍生忘死、无私奉献的博大胸怀；不屈不挠、敢于胜利的英雄气概；自强不息、艰苦奋斗的顽强斗志；求真务实、开拓创新的科学态度；鱼水情深、生死相依的光荣传统。这是党和人民宝贵的精神财富、丰厚的政治资源，是凝心聚力、振奋民族精神的重要法宝，也是社会主义核心价值观的重要内容。

中国老区建设促进会怀着强烈的政治责任感和历史使命感，组织全国各地老促会人员克服困难，尽心竭力编纂《全国革命老区县发展史》丛书，记录老区的光辉历史和辉煌成就，传承红色基因，弘扬老区精神，是功在当代，利及千秋的一件大事。手捧这部丛书的部分书稿，读着书中的故事，倍感亲切，深感这部丛

| 总 序 |

书具有资政、育人、存史的社会功能，有着重要的时代和历史价值。它是不忘初心、牢记使命的源头活水，是赞颂共产党、讴歌老区人民的一部精品力作，是弘扬老区精神、传承红色记忆的丰厚载体，是一项继承优秀传统文化、弘扬革命文化、发展社会主义先进文化，坚定"四个自信"的宏大文化工程。它必将成为一种文化品牌，为各界人士了解老区宣传老区支持老区提供一部有价值的研究史料。希望读者朋友们能从中了解并牢记这些为党和民族的利益不断奉献的老区人民，从中得到教益，汲取人生奋斗的精神动力。

新时代赋予新使命，新起点开启新征程。让我们更加紧密地团结在以习近平同志为核心的党中央周围，坚持以习近平新时代中国特色社会主义思想为指导，增强"四个意识"，坚定"四个自信"，做到"两个维护"，弘扬老区精神，铭记苦难辉煌。为实现"两个一百年"奋斗目标，实现中华民族伟大复兴的中国梦做出新的更大的贡献！

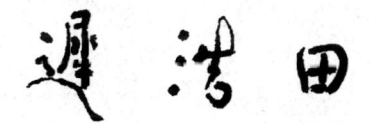

2019 年 4 月 11 日

编写说明

2017年6月，中国老区建设促进会组织全国各地老促会启动编纂《全国革命老区县发展史》丛书，按照"建立中国共产党、成立中华人民共和国、推进改革开放和中国特色社会主义事业"三大里程碑的历史脉络，系统书写革命老区百年历史，深入挖掘革命老区红色文化资源，这对于充实丰富中国革命史籍宝库、在新时代传承红色基因、弘扬革命精神、强固根本，对于激励人们在新的历史条件下夺取中国特色社会主义伟大胜利，实现中华民族伟大复兴的中国梦具有重要意义。

丛书编纂以习近平新时代中国特色社会主义思想为指导，以《中国共产党历史》《中国共产党的九十年》等重要文献为基本依据，以党的领导为核心，以老区人民为主体，以老区发展为主线，体现历史进程特征，突出时代发展特色，坚持辩证唯物主义和历史唯物主义相统一、历史真实性与内容可读性相统一的原则，书写革命老区从站起来、富起来到强起来的光辉革命史、不懈奋斗史、辉煌成就史，把老区人民的伟大贡献、伟大创造、伟大成就、伟大精神充分展示出来，形成一部具有厚重历史特征和鲜明时代特色的精品力作。这是一部培根铸魂、守正创新，既为历史立言，又为时代服务，字里行间流淌着红色血脉、催生着革命激情的传世之作。丛书的编纂出版将成为讴歌党讴歌人民讴歌时代、传播红色文化、为革命老区和老区人民树碑立传的重要载体。丛书按照编年体与纪事本末体相结合、以编年体为主的编写体例确定框架结构；运用时经事纬、点面结合的方式记述史实；坚持人事结合、以事带人的原则处理人与事的关系；采取夹叙夹议、叙论结合以叙为主的方法展开内容。做到史料与史论、历史与现实、政治与学术统一，文献性、学术性、知识性相兼容。

为编纂好《全国革命老区县发展史》丛书，打造红色文化品牌，中国老区建设促进会认真组织积极协调，提出政治立场鲜明、史料真实准确、思想论述深刻、历史维度厚重、时代特色突出、编写体例规范、篇目布局合理、审读把关严格、出版制作精良的编纂出版总要求，力求达到革命史籍精品的精神高度、思想深度、知识广度、语言力度，增强丛书的权威性和社会影响力。各省（区、市）、市（州、盟）、县（市、区、旗）老促会的同志，以强烈的使命感、责任感和紧迫感，勇于担当，积极作为，认真实施，组织由老促会成员、专家学者等参加的十余万人编纂队伍。编纂工作主体责任在县，省、市组织协调、有力指导、审读把关。各方面人员以高度负责的精神和科学严谨的态度，满腔热情地投入工作，为丛书编纂出版做出了重要贡献。丛书编纂工作还得到了党和国家有关部委、地方各级党委政府及有关部门的大力支持和积极参与，社会各界也给予了热情帮助。中共中央政治局原委员、中央军委原副主席、原国务委员兼国防部长迟浩田上将，对老区人民怀有深厚感情，对革命老区建设发展十分关注，欣然为《全国革命老区县发展史》丛书作总序。

| 编写说明 |

丛书由总册和1 599 部分册（每个革命老区县编纂1部分册）组成，共1 600 册。鉴于丛书所记述的史实内容多、时间跨度长和编纂时间紧，不妥之处，敬请批评指正。

中国老区建设促进会

目 录

序言一 · 001
序言二 · 005
第一章　自然概况 · · · · · · · · · · · · · · · · · 001
 第一节　地理位置 · · · · · · · · · · · · · · · 002
 第二节　历史沿革 · · · · · · · · · · · · · · · 004
 第三节　区划变更 · · · · · · · · · · · · · · · 010
 第四节　自然资源 · · · · · · · · · · · · · · · 013
 第五节　地形地貌 · · · · · · · · · · · · · · · 017
 第六节　气候气象 · · · · · · · · · · · · · · · 019
 第七节　人口与民族 · · · · · · · · · · · · · · 022
 第八节　社会概况 · · · · · · · · · · · · · · · 025
第二章　抗日战争时期的革命斗争 · · · · · · · · · · 029
 第一节　早期革命活动 · · · · · · · · · · · · · 030
 第二节　日本法西斯统治 · · · · · · · · · · · · 039
 第三节　重要会议 · · · · · · · · · · · · · · · 042
 第四节　抗日将领在郊区 · · · · · · · · · · · · 044

第五节　抗日救国会建立 ·················· 047
第六节　党组织领导的武装暴动 ············ 054
第七节　主要战斗 ························ 058
第八节　对抗联的支援 ···················· 070
第九节　"三一五"事件 ··················· 074
第十节　抗日英烈 ························ 076

第三章　解放战争时期的贡献 ················ 096
第一节　发展党员建设民主政权 ············ 097
第二节　开展土地改革运动 ················ 103
第三节　发展农业生产 ···················· 115
第四节　反奸和剿匪 ······················ 117
第五节　参军参战支援前线 ················ 122
第六节　"东北小延安"的影响 ············· 125

第四章　社会主义革命和建设 ················ 128
第一节　国民经济恢复和发展 ·············· 128
第二节　开展抗美援朝运动 ················ 130
第三节　开展镇压反革命、"三反""五反"运动 ··· 133
第四节　农业经济的建设和发展 ············ 137
第五节　社会主义教育运动 ················ 145
第六节　商业的形成与发展 ················ 149
第七节　城乡建设 ························ 153
第八节　道路交通的发展 ·················· 153
第九节　社会主义精神文明 ················ 157

第五章　改革开放以来的跨越式发展 ·········· 160
第一节　农村联产承包责任制 ·············· 160
第二节　新农村建设 ······················ 165
第三节　乡镇企业的崛起与发展 ············ 168

第四节 社会各项事业发展	172
第五节 发展旅游事业	177
第六节 社会保障制度的建立	186
第七节 开辟经济发展新领域	190
第八节 党的十八大以来的腾飞发展	190

第六章 精准脱贫攻坚战 全面建成小康社会……196
第一节 脱贫攻坚规划	196
第二节 精准扶贫、精准脱贫的主要措施	199
第三节 脱贫攻坚组织领导与工作机制	204
第四节 脱贫攻坚取得的成果	205

第七章 纪念设施及革命遗址遗迹……209
第一节 纪念场馆	209
第二节 纪念塔、纪念碑	210
第三节 革命文物	212
第四节 革命遗址遗迹	214
第五节 日军侵华遗址遗迹	216

第八章 时代英模……220
| 第一节 革命烈士 | 220 |
| 第二节 模范人物 | 225 |

第九章 郊区革命老区大事记……238

编后记……292

序言一

　　《佳木斯市郊区革命老区发展史》编竣问世，付梓出书。这是郊区精神文明建设和革命老区文化建设的重大成果，是郊区向建党100周年奉献的厚重礼物，可喜可贺。

　　《佳木斯市郊区革命老区发展史》是郊区革命老区建设促进会经过近一年来潜心研编，撰写的丰硕之作。它坚持辩证唯物主义和历史唯物主义的观点，以马克思列宁主义、毛泽东思想、邓小平理论、"三个代表"重要思想、科学发展观和习近平新时代中国特色社会主义思想为指导，以中共中央《关于建国以来党的若干历史问题的决议》为准绳，客观地、翔实地记载了佳木斯市郊区革命老区的创建、发展壮大及中国共产党领导佳木斯市郊区各族人民进行新民主主义革命和社会主义革命、建设和改革的辉煌历程。本书内容充实、脉络清晰、史论结合，旨在"存史鉴今，资政育人"，为新时代中国特色社会主义建设服务，它不仅是我们后人学习、研究佳木斯市郊区革命老区的重要参考书，更是我们深入进行爱国主义、革命传统教育和理想信念教育的教科书，对郊区当前和今后的社会主义建设事业具有重要的借鉴意义。

　　佳木斯市郊区是具有光荣革命传统的革命老区。从1930年开始就有崔庸健、苏梅、李向之等一批共产党人在这片土地上播下了革命火种。1930年11月，崔庸健在江北梧桐河福兴屯一带利用开办军事训练班和讲习所的方法传播马克思主义，开展党的活动为革命斗争培训骨干。当时莲江口、望江、平安等乡镇村屯的进步农民就有人参加。1933年6月，中共中央委托中共河北省委负责联络代表抗日义勇军工作的李向之来到佳木斯市西门外屯，住进董仙桥家里，以同乡、同学的关系向董仙桥、李恩举传播中国共产党的抗日主张。在李向之的教育、引导、启发下，董仙桥、李恩举、李淑范三人向李向之提出了加入中国共产党的要求。9月，李向之和苏梅来到西门外李恩举家中，苏梅以中共河北省委特派员的身份正式批准董仙桥、李恩举、李淑范三人为中共党员，组成佳木斯市第一个党小组——佳木斯市西门外党小组。奠定了佳木斯市郊区成为中国革命红色老区的坚实基础，在地下党组织的领导下，与日伪的白色恐怖展开了艰苦卓绝的斗争。1934年，中共汤原中心县委在大来岗所辖的西火龙沟建立游击区，成立大来岗党支部；1935年，在达木库屯建立抗日救国会。并在大来岗党支部的基础上，成立了岗区区委。在岗区区委的领导下，各村屯成立了群众性的组织抗日救国会，大来岗一带相继建立18个救国分会。通区（今佳木斯市郊区沿江乡黑通村）区委也在辖区内成立6个救国会分会。抗日救国会的成立，使佳木斯西郊地区的抗日活动异常活跃，成为震惊日伪当局的"红地盘"。1936年1月，中共岗区区委改为桦区区委。9月18日，在珠河帽儿山会议上，决定成立中共下江特委，特委机关驻地设在大来岗的达木库。领导中共佳木斯市委、桦川、汤原、富锦、依兰、饶河等5个中共县委。郊区作为革命老区，在那如火如荼的抗日战争的年代里著名抗日将领夏云杰、李兆麟、冯志刚、冯仲云、周保中、赵尚志、祁致中、李荆璞等曾先后领导抗联部队转战这里的白山黑水之间，郊区大地曾留下过他们英雄的足迹。李廷章、张传福、李恩举、闫会有、裴志云、李树臣等革命先烈，为祖国独立和民族解放血洒猴石山下、松花江畔，谱写了抗日救国的壮丽诗篇。在解放战争和土地革命时期，郊区人民积极响应中国共产党的号召，打土豪、分田地，发展生产，送子参军，捐款捐物，支援前线。1949年，郊区人民迎来了新中国的诞生。

新中国成立后，佳木斯市郊区人民在党的领导下，经历了基本完成社会主义改造，全面建设社会主义，实行改革开放和社会主义现代化建设等历史阶段，经过70多年的励精图治，佳木斯市郊区的社会主义建设事业获得累累硕果，全区的经济和社会获得了飞速发展。特别是党的十八大以来，在习近平新时代中国特色社会主义思想指导下，区委、区政府牢固树立农业稳区、工业富区、项目强区、商贸活区、环境靓区五大理念，在实现农业现代化和美丽乡村上，在招商引资、产业大项目建设上，在促进民生、精准脱贫实现小康社会的攻坚战役上，在维护稳定推动社会管理创新上均有实质性的突破，郊区被评为全国百名产粮大县（区）及黑龙江省发展非公有制经济和生态建设达标区。每当我们回顾起革命老区建设发展的历史，就会倍加感受到中国共产党的伟大、光荣和正确，也就更加认识到没有共产党就没有新中国这一颠扑不破的真理，从而鼓舞和激励我们广大党员和人民群众沿着党的十九大指引的有中国特色的社会主义道路不断前进。

长风破浪会有时，直挂云帆济沧海。回首过去，党已带领我们走过了充满坎坷而辉煌的征程。如今，历史的车轮已将我们载入了有中国特色社会主义的新时代。展望未来，充满了挑战与希望。在新的历史时期里，我们全区9 352名党员干部和31万人民，一定高举习近平新时代中国特色社会主义思想的伟大旗帜，在党的十九大精神指引下，沿着党所开辟的航道，攻坚克难。把改革开放的社会主义建设大业和全面建成小康社会的宏伟目标继续推向前进，为建设美丽、富饶、文明、繁荣的佳木斯市郊区而努力奋斗！

中共佳木斯市郊区区委书记　冯甲伟

2019年7月

序言二

在习近平新时代中国特色社会主义思想指导下，在党的十九大精神鼓舞下，由郊区老促会负责研编的《佳木斯市郊区革命老区发展史》一书，现在出版发行，这是中共佳木斯市郊区区委、区政府向中国共产党成立100周年献上的珍贵礼物，作为郊区人，感到无比光荣和自豪。

《佳木斯市郊区革命老区发展史》比较全面、系统、科学地反映了郊区作为革命老区，在黑暗中探索，在光明中前进，在困难中发展，在改革开放中强大的历史。记述了郊区在新民主主义革命、社会主义革命和建设时期，建党、建政以及经济社会发展的历史过程，尤其是在抗日战争、解放战争、抗美援朝运动中发生在郊区的重要战斗和重要人物的革命活动，均作了较翔实、细致的记载，史料真实，生动感人。这是一部具有"资政、育人、存史"功能于一身的史记资料，又是一部对革命老区党员干部、人民群众、青少年进行革命理想和革命传统教育，以及爱国主义教育不可多得的乡土教材。同时也为身在他乡，在祖国各地创业、取得优异成绩的各界郊区人，开启了了解家乡、重新瞭望郊区的窗口。

区老促会在编写《佳木斯市郊区革命老区发展史》过程中，老促会的老同志，举全会之力，他们去邻县，跑市区，下省城，赴长春，征集史书资料，采访亲历者和知情人。尤为可贵的是编纂人员广征博采，集萃扬菁，秉笔伏案，潜心编修，在所搜集的数百万字浩瀚资料中认真选择取舍，精心谋篇布局，以严谨之文风撰成本书。区内各部门出于惠及后代、造福人民之共同目的，为此书提供大量的历史资料，使《佳木斯市郊区革命老区发展史》得以成书，实乃众手修史之成果，集体智慧之结晶，诚属功德无量。在此，我谨代表区委、区政府谨向为《佳木斯市郊区革命老区发展史》的编修作出贡献的老同志及各界人士、各位朋友致以崇高的谢意！

不忘初心，牢记使命。让我们紧密地团结在以习近平同志为核心的党中央周围，不负历史重托，薪火相传，与时俱进，继续发扬北大荒精神、东北小延安精神和革命老区精神，为实现中华民族伟大复兴的中国梦，带领全区党员干部、人民群众进行农村振兴发展战略，为建设一个更加美丽的新郊区作出更大的贡献。

佳木斯市郊区人民政府区长　闫向军

2019年7月

第一章 自然概况

佳木斯市郊区位于完达山北麓、松花江两岸，像一个"U"形从南、西、北对佳木斯市形成一个半包围结构。松花江像一条白色的飘带，将郊区大地一分为二。松花江南岸部分，由北向南依次是冲击性平原、丘陵和低山；松花江北岸部分，是一马平川冲击性平原。境内有13条自然的季节性河流，纵横交错，宣泄境内天然降水。完达山余脉在境内形成十多座海拔200米以上的山岭，期间不乏像老道沟、哗啦沟、火龙沟，猴石山、马鞍山、草帽山等名川奇峰。境内土地肥沃，水草丰满。既有发展畜牧业的良好自然环境，又有适合各种农作物生长的物候条件。地处半包围佳木斯市的郊区，蔬菜生产，得天独厚。

资源丰富。植被资源、森林资源、矿产资源、水能资源、风能资源、光能资源等自然资源，遍及地下天上，取之不尽、用之不竭。交通便捷，集公路、水路、铁路及航空于一身。高速公路、高速铁路穿越境内，站点近在咫尺。

佳木斯市郊区，物宝天华，人杰地灵，历史悠久。早在6千多年前就有了人类活动，世代繁衍生息在这里的各族人民，亲如一家，共同写下了抗击外寇、保家卫国悲壮史诗，也谱写出了建设美丽幸福家园的恢宏乐章。

第一节　地理位置

佳木斯市郊区革命老区，位于黑龙江省东北部，完达山北麓，松花江畔。地理坐标为：北纬46°29′至47°21′，东经129°54′至130°37′。郊区地域从南、西、北三面，半包围着佳木斯城区。东与桦川县接壤，南与桦南县毗邻，西与依兰县相望，北与汤原县为邻。佳木斯市郊区疆域内，既有峰峦叠嶂的山区，又有连绵起伏的丘陵，还有广袤无垠的平原。松花江南岸的长发镇、四丰乡、群胜乡、敖其镇、大来镇等5个乡镇地处山区或半山区，其间不乏名山名谷。马鞍山：大来镇新村南7.5公里，与桦南县接界，主峰海拔509米，是境内最高山峰，主峰四周低山环绕，主峰西侧约百米左右，有状如马鞍之岩石，故得马鞍山之名。大西坡：大来中大村南3.6千米处，系与依兰县的界山，主峰海拔508.8米，东西走向，周围大小山头十余个，环抱着主峰；主峰东南1.5千米处的大砬子山，俗称神仙洞山、老道山。猴石山：沿江乡民兴村西南，主峰海拔488米，山势险要，峰顶岩石裸露，北坡陡峭，雄峙大江边，山势险要，东南坡缓，有东北抗日联军战绩纪念塔屹立在东山坡的244高地上。四丰山：佳木斯市区正南7千米处，以4个山头而得名。还有锅掌石山、一道岭、二道岭等一些著名山峰。郊区西南诸峰，以其高大雄伟的体魄，为郊区境内及佳木斯市区人民遮挡着从西南方向侵入的风寒。抗日战争时期，南部群山是抗日联军的游击区，抗联总共有11个军，其中曾有5个军在这里消灭和钳制日军的有生力量，为全国的抗日战场减缓了压力。沦陷后，郊区的山被日本侵略者陆续或砍伐，或火烧，几乎都成了秃山。新中国成立后，人民政府绿化荒山，为子孙后代营造"金山银山"。经过20世纪50年代的全民造林，以及改革开放后的退耕还林，郊区的山都穿上了绿装。茂密的山林，控制了山中的水土流失，为多种经营的山产品和山野菜提供了充足的水源和养料。山间有纵横交错的山谷、沟壑，著名的有火龙沟（分东火龙沟、腰火龙沟和西火龙沟）、大砬子沟、孙小文沟、草帽顶子沟、哗啦沟、老道沟等。融化的雪水、雨水、泉水，通过这些沟壑流入永安河、胜利河、哗啦沟河、英格吐河、铃铛河等9条河，浇灌着山下的万亩良田。完达山北麓，松花江南岸的长青、沿江（仅新华村地处半山区），大来和敖其两镇北部系冲积性平原，土色油黑，土质肥沃，适应各种农作物生长。松花江北岸的望江镇、莲江口镇、平安乡均为冲积性平原。历史上，郊区境内松花江两岸曾是一望无际的大草原，其间河流纵横，泡沼星罗棋布。草丛里，经常有食草动物出没；天空中，鱼鹰翱翔，一派"棒打狍子瓢舀鱼"的北大荒景象。松花江南岸，清朝末年或皇封八旗满人家族疆域，或举人领荒开垦。松花江北岸，1909年汤原县建制后，由此垦荒者渐多，经汤原垦荒局批准后，领荒开垦，逐渐成为万亩良田。地处三江平原腹地的西南端的佳木斯市郊区，总面积1 748平方千米。土地肥沃，物产丰饶。境内既有丰富的土地资源，又有取之不尽、用之不竭的气象资源，有耕地110.4万亩、林地面积55万亩、宜牧草原6万亩、宜鱼水面27万亩，适宜农林牧渔全面发展。郊区是佳木斯市重要的商品粮基地之一，鱼米之乡，同时又是城市的菜篮子及副食品重要基地。

第二节　历史沿革

一、悠久的历史

早在9 000年前，郊区境内就有人类活动，肃慎族及其后裔在这里繁衍生息，进行生产生活活动。商、周时属肃慎；秦、汉时称挹娄；魏、晋、南北朝后期改称勿吉；隋、唐时称黑水靺鞨，辽、金时属女真部落，元、明时仍属女真。

16世纪末到17世纪初，葛宜克勒被赫哲诸部推为总部落长后，迁徙三姓（依兰）统管由牡丹江起至乌扎拉地方的22个赫哲族部落。佳木斯一带的敖其、塔库（达木库屯）、阴达珲（音达木屯）均为赫哲族定居地。

清朝中期始有汉人迁入，土地开发渐多，村屯逐增。自1732年（清雍正十年）清政府在三姓（依兰）设副都统起至1908年，郊区松花江南部疆域隶属于三姓管辖。

1909年（清宣统元年），清政府拟于依兰县府南境的桦皮川设治，因地定名"桦川县"。从此，郊区地域归桦川县管辖。1910年，桦川县在东兴镇（佳木斯）设治，郊区地域归属桦川县管辖，此沿革至1937年。

1937年6月17日，伪满洲国将佳木斯镇改为市。

1945年东北光复后，佳木斯市与桦川县都成立临时政府。1946年，佳木斯市成立三区人民政府，系佳木斯市郊区的前身。1952年6月11日三区改为四区。1956年10月9日四区撤销，郊区归中共佳木斯市委农村工作部领导。

1958年3月8日，佳木斯市郊区人民委员会成立，隶属佳木斯市人民委员会。1961年4月18日，郊区人民委员会撤销，成立佳木斯市郊区办事处，属佳木斯市人民委员会派出机构。

1967年5月29日，"文化大革命"时期，郊区机关造反派成立红色造反者联合接管委员会，篡夺郊区办事处一切权利。1968年4月28日，接管委员会被撤销，成立郊区革命委员会。1968年8月，合江专员公署与佳木斯市政府合并，郊区革命委员会撤销。1972年2月5日，恢复佳木斯市郊区办事处，由合江地区革命委员会直接领导。1972年4月25日，佳木斯市郊区办事处改称佳木斯市郊区革命委员会，由合江地区革命委员会直接领导。

1973年3月31日，合江地区与佳木斯市分设，佳木斯市郊区革命委员会重归佳木斯市革命委员会领导。

1980年9月12日，佳木斯市郊区第一届人民代表大会第一次会议决定，佳木斯市郊区革命委员会改称为佳木斯市郊区人民政府，隶属于佳木斯市人民政府。延续至今。

二、抗击沙俄入侵

佳木斯市郊区革命老区的人民素有爱国主义和勇于革命的光荣传统，在保卫和建设祖国疆域中做出过积极的贡献。明朝末期，沙皇俄国军舰载着侵略军驶入郊区境内的松花江段，企图登岸掠夺粮食和财物。郊区境内的人民奋起抗击，杀得入侵的沙俄军队丢盔卸甲，将其赶入松花江，打跑侵略者，保卫了家园。长达14年日本侵略者铁蹄践踏下的佳木斯市郊区革命老区人民，在中国共产党的领导下，浴血抗战，终于驱逐了日军。每一次外寇入侵，这里的人民都奋起反抗，用鲜血和生命保卫自己的家园。谱写出不计其数的卫国篇章，留下了世代相传不屈不挠的民族精神。

尚坚乌黑之战：明朝后期，俄国沙皇伊凡四世开始侵略中国领土，中华儿女自发奋起抗击入侵者。1615年（明万历四十三年），后金首领努尔哈赤命章京海色率领2 000骑兵征剿"罗刹"匪帮。从此揭开中国军民共同抗击沙俄侵略的序幕。"罗刹"匪帮被击退，平静不到30年，侵略成性的沙俄于崇祯十六年（1643年），又出兵进犯我国。顺治十四年（1657年），沙俄的斯潘捷诺夫一伙溯松花江而上，抢夺粮食，在尚坚乌黑（尚坚乌黑是满语，"尚坚"是白，"乌黑"是山，即今佳木斯市郊区大来镇一带）被沙尔虎击退。沙俄不甘心失败，于1658年7月11日，又命斯潘捷诺夫带领500多名匪徒，分乘几十只木船，再次偷偷驶进松花江。清朝政府派名将沙尔虎率1 400余名将士，驾47艘船组成的船队阻击。战斗打响后，赫哲族人民划渔船助战，痛击入侵者。在我军民的强大攻势下，有几只敌船打起白旗，向黑龙江上游逃跑，斯潘捷诺夫仍然负隅顽抗。清军的战船和赫哲族渔民的渔船，各个勇猛，在炮火中往来穿梭，相互配合，最后斯潘捷诺夫被击毙，葬身鱼腹。此战击毙匪徒270多人，获得全胜。

　　尚坚乌黑之战，挫败了沙俄侵略者的嚣张气焰，鼓舞了三江儿女和朝廷将士保家卫国的士气。顺治皇帝命兵部以所俘获多少，分赐有功将士。松花江口大捷，因我国军民协力卫国，获重大胜利而载入史册。

　　奋勇抗击沙俄：第二次鸦片战争期间，沙俄趁火打劫，侵占我国领土。从清咸丰八年（1858年）到咸丰十年（1860年），两次用武力强迫清朝政府签订了中俄《瑷珲条约》和中俄《北京条约》。强占了我国黑龙江以北，外兴安岭以南，以及乌苏里江以东，共100余万平方千米的土地。还利用《瑷珲条约》带来的好处，将伯力改名为哈巴罗夫斯克。

　　贪得无厌的沙皇俄国，于20世纪初再次向中国的松花江上游扩张，企图更多地吞食我国领土。他们把"三姓"（依兰府）作为侵占目标。佳木斯及郊区江段是沙俄入侵"三姓"的必经之路。光绪二十六年（1900年）7月26日，一股沙俄军队在佳木斯登岸宿营。佳木斯的义和团200多人和清军统领周宝鳞率领的一个营的清军，杀入登岸的沙俄军营，用刀枪相迎，与入侵者展开了殊死搏斗。这些英勇顽强、用鲜血和生命誓死捍卫家园的人，经过一番苦战，终于把沙俄侵略者赶进了松花江。损兵折将的沙俄侵略者，放弃了侵占佳木斯的念头。只好逆江而上，去攻打"三姓"。

佳木斯义和团和清军将士又从旱路抢先赶到"三姓城"，在城东、城北修筑防御工事，迎击入侵的沙俄军队。沙俄军队在炮火的掩护下，疯狂向清军和义和团反扑，清军营总舒连喜挥舞大刀，奋勇冲入敌群，一连砍伤几个俄军将士，最后寡不敌众血染沙场。

沙俄军队攻入城内，国民金矿矿工和清军将士同俄军展开了血肉相搏的巷战。经过10多个小时的激战，打死俄军40余名，最后因子弹用尽而退到城外。

佳木斯及城外（郊区）人民众志成城、奋勇杀敌的行动，有效地遏制了沙俄向中国扩张的势头。

三、地主剥削贫雇农的手段

在郊区革命老区的历史上，列强的侵略掠夺、封建主义和官僚资本主义的增税升科、地主富农的剥削，使这里的贫苦农民身处水深火热之中，苦不堪言，过着牛马不如的生活。

穷苦人家没有土地，靠租赁地主家土地，或给地主家抗大活、当长工、打短工维持生计。租赁土地的具体形式如下。

包租：租佃双方春天拟定租额，限定粮种纳租，一垧地交8斗（1斗等于30斤）至1石（1石等于10斗），多的交1石2斗。秋后无论丰歉，租额照付。佃农遇到丰年尚可糊口，遇到歉年则糠菜半年粮。

份租：租佃双方春天根据土地优劣决定分成比例，秋后按收获量分成。一般把土地分为3级：甲级地，五五分成；乙级地，倒四六分成；丙级地，倒三七分成。

榜青：也叫招青份。形式有两种，一种是"榜青户"出劳力，地主出口粮、种子、农具等，秋后按"三七"或"四六"分，地主占大头，"榜青户"占小头。另一种是"榜青户"出人工吃自己，地主出种子和畜力，产粮对半分，秸秆归地主，种子从总产量中扣出归地主。

雇工：地主雇用无土地农民种地，俗称"扛大活"，有长工和短工之分。劳动工时长，两头不见太阳，劳动强度大，重活累活不离手，一年到头，"吃的猪狗食，干着牛马活"。年终算账七折八扣所剩无几，很难养家糊口。

此外，地主、富农还趁穷苦农民之困危，采取押青苗、典当、高利贷等多种剥削手段，榨取盘剥农民，使80%左右的贫农、雇农饱受剥削压榨之苦，在饥寒交迫中度日。

在封建制度压迫下的郊区境内的农民有着强烈的斗争精神，他们自发进行的起义和抗捐抗税的斗争给了封建统治势力以沉重的打击，并且阻碍了帝国主义灭亡中国的步伐。

四、反抗压迫

哪里有压迫，哪里就有反抗。佳木斯市郊区境内的农民，从联名上书阻止封建统治阶级的升科增幅，到参加十一县清减租赋的斗争，每一次都积极主动地参加。在推翻压在劳动人民身上的三座大山的过程中，凝聚和传承了不任人宰割的光荣传统。这一光荣传统，也是佳木斯市郊区地域能够成为革命老区不可或缺的因素。

桦川县（含今佳木斯市郊区大部）绅民请减租赋缓限升科斗争："民国"初年，商民交不起捐税，农民负担也很重。清末，农民种地每垧缴纳3角大租，到1917年加增到5角。同时，政府决定丈量土地，然后升科。凡升科的土地，每垧缴纳升科费20元。加之年荒匪患，农田歉收，不仅穷苦农民叫苦连天，就是农村中小地主也难以支撑。纷纷上书县监督请减租赋，免于升科。先是零星地向县监督写信求情，后来全县十二区绅民联名给县监督写信，反对加租升科。

从1917年3月开始，当时桦川县十二区王立广、景祥、郝联芳、徐晋昌、王有发等102人联名向县公署呈文，请减租赋。这次行动主要是大量的土地占有者，有些是县署的头面人物。但民国政府已进入北洋军阀的统治时期，以其独裁的手段极尽镇压之能事，联名呈文形同一纸空文。但此行动由最初的个别乡民、小集团活动发展到全县十二区的行动，由此可窥见各阶层民心的动向。

减租赋斗争：1909年，清朝政府在依兰成立东北路道，辖区有依兰、桦川（含今佳木斯市郊区）、富锦、宝清、同江、绥远（今抚远）。民国成立后，勃利、虎林、饶河、密山通河等11个县，这些县除依兰外，大都设治较晚，住户刚从关内移来，所领土地也刚刚开垦，加上当时兵匪和水灾的压力，生活非常窘迫。当权的军阀政府，穷兵黩武，征战不已，各项负担都加到老百姓身上，老百姓处于水深火热之中。这11县推举籍树年为代表，从1907年初，联名给吉林省长公署呈文，陈述百姓艰难，要求减轻租赋。省政府对他们的正当要求深感不满，指令依兰道尹阮忠植，严厉查处此事。道尹严令各县，不准联名禀呈。

依兰道尹的训令发到各县后，各县垦民并未就此罢休，他们仍然集会商议对策，并于1918年1月再次给依兰道尹和吉林省长公署写信，强烈要求减免租赋。当然他们的要求是不能得到满意答复的。

桦川县（含今佳木斯市郊区）的反租赋斗争从一县发展到整个佳木斯地区的事实再次表明，当时这里的人民具有反抗精神。

第三节　区划变更

清朝年间，佳木斯市郊区地域江南及江北统归依兰府管辖。清末民初，郊区地域划归桦川县、汤原县管辖。1910年桦川县设置，佳木斯市郊区行政区域分别在桦川富田、向化、阜才、安业区管辖范围之内。1909年汤原建县，江北莲江口、望江、平安3个乡镇统称莲花泡归汤原县管辖。当时，汤原县设5个区，此地为二区。1939年，设鹤立县，莲江口等村归鹤立县。1948年10月，鹤立县撤销，莲江口又划归汤原县管辖。1994年，佳木斯市区划调整，莲江口、望江、平安等3个乡镇划归佳木斯市郊区。江南部分，1930年桦川县划分为5区43个乡镇，郊区部分地域分别隶属于桦川县第二区、第三区、第四区管辖。1938年3月，区内的竹板屯、佳西屯、三合屯划归康德区，松江屯、洋草川划归水乡区，兴国屯、长兴屯、集农屯划归南岗区，皆隶属佳木斯市管辖。1941年，桦川县实行街、村制，全县划分为2个街、14个村、212个屯。郊区区域分别属于四合山、田禄、大来、黑通、永安村管辖范围，有62屯。1945年东北光复后，废除街村制，实行区乡制。桦川县划分为6区49乡，大来岗所辖17个屯隶属第四区，黑通所辖14个屯隶属第五区，松江所辖11个屯隶属第六区。1948年，桦川县划分为10个区，本区的长发镇属第一区，大来镇所辖村屯为第七区，永安村所辖村屯为第八区，黑通村所辖村屯为第九区，松江村所辖村屯为第十区。佳木斯市近郊的第一乡（原临城乡），下辖：佳西屯、竹板屯、三合屯。第二乡，下辖：万发屯、万合屯、新立屯、和平屯、第一生产队（南岗大队一队）。第三乡，下辖：集农屯、江山屯、工农屯、联合屯、东柳屯、西柳屯。上述各乡均隶属佳木斯市第三区（今佳木斯市郊区）管辖。

1958年3月8日，佳木斯市郊区人民委员会成立，下辖大来、裕太、永安、兴华、三合、西格木、黑通、松江、双合等9个行政乡。同年，8月22日，大来、永安、裕太、兴华4个乡合并成立跃进人民公社；三合、西格木、黑通3个乡合并成立红旗人民公社（同年11月改称三合人民公社）；松江、双合2个乡合并成立东风人民公社。1959年3月，桦川县的建国、悦来、新城3个人民公社划归佳木斯市郊区管辖。同年12月，郊区管辖的东风人民公社的新立、双合、分水岭、太平沟、沙家围子、陆家岗6个村（时称管理区）划归黑龙江省国营农场管理局所属的佳南农场。1961年4月18日，郊区6个人民公社分成10个人民公社，即：松江、三合、大来、永安、悦来、新城、梨树、星火、拉拉街、苏家店。并将管理区改称生产大队，全区共有161个生产大队，450个生产小队。1962年5月，三合人民公社南部的9个大队划出成立西格木人民公社。同年，又陆续成立中伏人民公社和建国人民公社，郊区办事处（时称）共辖13个人民公社，故有"大郊区"之称。1964年8月，建国、星火、拉拉街、悦来、中伏、梨树、新城、苏家店、西格木、永安、大来11个人民公社划出归桦川县管辖。郊区仅辖三合、松江2个人民公社，代管大来、永安、西格木3个人民公社。1968年8月郊区撤销，9月9日起，大来、永安、西格木3个人民公社归桦川县管辖。松江、三合2个人民公社由合江地区革命委员会城市工作部领导。1972年2月，恢复郊区办事处。同年4月25日，合江地区革命委员会决定恢复佳木斯市郊区革命委员会。松江、三合、大来、永安、西格木5个人民公社重归郊区管辖。1975年，三合人民公社划为2个人民公社，以福山为界，以东为长青人民公社，以西为红旗人民公社（今沿江乡）。1981年3月，依兰县高峰大队、桦川县群林大队、群山大队、顺山堡大队、向阳大队、桦南县陡沟子大队划归佳木斯市郊区管辖，顺山堡大队划归松江人民公社。向阳、群山、群林等3个大队划归西格木人民公社。高峰、东陡沟子、西陡沟子3个大队建立高峰人民公社，隶属郊区人民政府。同年8月，红旗人民公社更名为沿江人民公社，永安人民公社更名为敖其人民公社。1983年7月改社建乡，松江人民公社改为松江乡，并将原属和平、四丰、南岗、新鲜、顺山堡划出新成立的四丰乡。1984年4月，敖其人民公社划为敖其、群胜2个乡，同时大来、敖其改为镇。郊区建置历史上几经变迁，一直处于地、市派出机构的位置。佳木斯市人民政府于1985年实行市管县体制后，中共佳木斯市委、市政府为了加强郊区的领导，先后将原属农口的局下放给郊区，并从市直机关抽调干部充实郊区，逐步健全郊区的机构，完善郊区的职能。同时，市直机关向郊区放权，特别是自1986年开始建立郊区财政，使郊区从派出机构的性质过渡为政治、经济、社会实体，成为实行有效管理的县级政权。1994年，佳木斯市政府决定将汤原县所属的莲江口镇、望江镇、平安乡，桦川县所属的长发镇、建国乡、松木河乡整体划归郊区，至此，郊区辖5镇10乡。2002年郊区内部进行了行政区调整，将苏木河乡合并到四丰乡，高峰乡合并到群胜乡。届时，郊区辖5镇8乡。2004年，佳木斯市实行新的区划，将松江乡、建国乡划归东风区，将长青乡的江南村、万发村，四丰乡的南岗、和平、新丰村分别划归前进区和向阳区。同时，将原永红区所辖的佳西、友谊两个办事处划归郊区。新行政区调整后，郊区辖11个乡镇（大来镇、敖其镇、长青乡、四丰乡、沿江乡、西格木乡、群胜乡、莲江口镇、望江镇、平安乡、长发镇），97个行政村；17个社区。到2017年，全区有居民总户数为11.5万户，总人口为31万人，其中城镇常住人口10.6万人，城镇化率35.3%。总人口中汉族人口达30.3万人，占人口总数的97.8%；少数民族人口有0.7万人，占人口总数的2.3%。

第四节　自然资源

　　自然资源是人类赖以生存、社会发展的物质基础，是人类生产资料和生活资料的基本来源。佳木斯市郊区革命老区自然资源十分丰富。

　　植物资源：佳木斯市郊区，既有高山丘陵，又有平原湿地，植物资源非常丰富，种类繁多，漫山遍野。据不完全统计，主要有5类300余种珍贵的植物。林木类植物：主要有30余种，其中落叶乔木有杨树、椴树、槐树、桑树、楸树、榆树、白桦树、水曲柳、柳树、洋槐、柞树。四季常绿乔木有樟子松、马尾松、红松、赤松、刺柏、冷杉。灌木有映山红、胡枝子、山杏、稠李子、刺玫瑰、榆叶梅、秀绒菊、兴安杜鹃、丁香、山芙蓉、刺五加、光叶山楂、马林果等。药材类植物：车前子、五味子、茯苓、玉竹、柴胡、桔梗、穿龙骨、洋金花、蒲公英、马齿苋、人参、防风、百合、黄芩、木贼、艾蒿、黄檗、金银花、益母草、地黄、山豆根、苍术、百步草、透骨草、龙胆草、苍耳、慈姑、五不留行、野薄荷、地肤子、桑葚、茵陈蒿、赤芍、干草、杏仁、大蓟黄芪等。这些植物多生长在南部低山区，数量较多。观赏类植物：映山红、芍药、红花、黄花、马莲花、紫罗兰、百合花、野玫瑰、金针花、石竹子。其中映山红、红花、黄花数量为最多，分布在南部低山区的缓坡上。这些花草大多数可以当药材使用，也可以引进庭院栽培。草类植物：樟茅（洋草）、大叶樟、小叶樟、水稗草、兰花、蓼吊子、柳蒿、五花草、三陵草、大马莲、菱角、金盏草、混草、穿心草、斩龙草、木贼、救兵草、莎草、落豆秧、香蒲、兰频、芦苇、香草、乌拉草、毛果苔、油包、猪毛菜、薇菜野苋菜、蕨菜、明叶菜、蒲公英等。菌类植物：蘑菇、猴头、马粪包、木耳等。这些野生植物中，仅药材就有20多种。这些珍贵的植物，不仅具有药用、食用价值，而且具有观赏价值，在美化绿化环境、防止水土流失中起着积极的作用。

矿产资源：佳木斯市郊区的矿产资源十分丰富，现已查明的矿产主要有石英石、蛇纹石、玄武岩和陶土等。石英石：大来镇大来村的南部山区，共有4个矿体，蕴藏量为18万~22万立方米。初步勘测，矿石的总重量约为47.7万吨。矿体露在地表，适合井采，现在尚未开采。石英的化学成分是二氧化硅，质地坚硬，在工业上用于制造无线电器材、耐火材料、玻璃或陶瓷等，纯粹的石英叫水晶，无色透明，可以用来做光学仪器。佳木斯市郊区大来镇沿江一带的石砬中，岩石呈绿色、暗绿色，其化学成分为氧化镁占34.1%，钙占1.1%，硅占41.2%，镁的含量较多，可做镁磷肥的原料，也可以做建筑的绿色"米石"原料。沸石：见于佳南平吊村发电厂贮灰场和四丰山一带。沸石是一种新开发的，具有广阔发展前景和较高经济效益的非金属矿物。由于沸石具有独特的矿物结构和结晶化学性质，使其具有良好的选择性、吸收性，离子交换和催化作用。广泛用于水泥、纺织、造纸和土壤改良等方面。玄武岩：见于四丰乡境内和西格木乡草帽顶山一带，可做铸石、岩棉原料。应用于建筑和保温材料方面。陶土：仅西格木乡草帽顶子山，分布在直径300米，比高50米范围以内，属于白云酸性火山岩矿。矿床厚度7米左右。耐火度1 580℃~1 610℃，碱含量达到68.9%，蕴藏量较大，适合露天开采。硬质陶土：产于西格木乡哗啦沟的山。山的直径为300米，比高50米，蕴藏量230万吨。其土白度差，铁杂质多，不宜做细原料，做粗原料可增加白度。

森林资源：民国时期出版的《桦川县志》记载，佳木斯市郊区在土地开发之前"岗岭重叠，森林极富""草木天际，苍苍无垠，凡飞禽动植物于其间，亦听其自然生长"。经历了日本侵略者的疯狂掠夺，1945年光复时，佳木斯市郊区的山区已不见森林。解放后，经过多次大规模的以及经常性绿化荒山，人工林不断增加。1978年以后，改革开放40年来，郊区经过建造松嫩流域防护林，退耕还林，"三北"四期工程，封山育林的工程实施，到2017年，全区共有林地面积55万亩，活立木蓄积185.5万立方米。为郊区的经济建设和生态环境的发展，提供了有力保障。青山着意，郁郁葱葱。

水资源：佳木斯市郊区境内13条河流纵横，水库、泡沼星罗棋布，松花江从西南大来镇流入，至东北平安乡流出，横穿城乡，为郊区提供了天然的水源。首先是天然降雨，年平均500多毫米的降雨，占地表水的75%~80%；其次是天然降雪，融化的雪水流入水库，可补充地表的15%~20%；第三是地下水，经过人工提取，可补充地表水5%~8%。佳木斯市郊区降水量若达到年平均的80%，地表水总量可达3.78亿立方米。这些地表水，除用于农业灌溉，水产养殖外，还可以发电。

土地资源：佳木斯市郊区总面积1 748平方公里。耕地面积110.4万亩，占全区总面积的43%。荒山林地面积56.4万亩，大部分在南部低山丘陵地带，林木总蓄积量143.5万立方米，还有部分荒山林地有待开发。草原面积4.6万亩，水域面积39.9万亩，其中松花江以及流入松花江的13条河水面积为35.9万亩，占全区水域面积的99%。全区建设用地为89.6万亩，其中居民住宅用地25.43万亩，乡镇机关及企事业建设用地8.04万亩，水利工程用地、国防用地及砖场用地总计8.75万亩。

太阳能资源：科学家把太阳能、风能的开发利用称之为气象资源，也可以叫绿色环保能源。佳木斯市郊区时区处在中高纬度内，晴天多，太阳照射时间长，是太阳能开发利用的宝地。统计表明，佳木斯每年日照时数平均为2 525小时。春夏两季（4—8月）日照时数最多，月平均为235小时，平均日照时间接近8小时。冬季（11—12月）日照时间最少，月平均为172小时。和全国其他城市比，佳木斯市郊区日照时间仅次于被喻为祖国"日光城"的拉萨，拉萨年平均日照为3 005.3小时。继2012年，四丰乡四丰小镇光伏发电投入使用后，到2017年，佳木斯市郊区光伏发电又有了大发展。

风能资源：佳木斯市郊区风能资源也十分丰富。佳木斯年平均风速为3~4米/秒，西南风居多，在国内属于最佳可利用风能资源之列。全年大于或等于5级风（8米/秒）平均在130天以上，全年平均大风天数在50天以上，全年有效风力为4 000—6 000小时，可利用率达60%以上。这些数字表明，佳木斯市郊区风向集中、风力较大、持续时间长的特点，是一项取之不尽、用之不竭的自然资源。风力发电机，业已遍布在佳木斯市郊区南部的崇山峻岭上，但依然有广阔的发展空间，有待开发利用。气象资源无须运输、没有污染，已得到人们的普遍重视，科学家所开发出多种类型的太阳能和风能的利用装置，在佳木斯市郊区已得到了广泛的利用。

生态资源：佳木斯市郊区有引以为自豪的绿水青山。郊区境内著名山峰林立，四季变化无穷。良好的生态系统环境，为郊区发展旅游提供了天然的条件。只要按照习近平总书记："我们既要绿水青山，也要金山银山。宁要绿水青山，不要金山银山，而且绿水青山就是金山银山。"的指示，科学地处理好经济发展与生态资源保护的关系，就一定能使生态优势成为振兴经济的新动能，就一定能实现省党代会提出的"绿水青山就是金山银山，冰天雪地也是金山银山。牢固树立绿色发展理念，念好山水经、冰雪经，构建绿色生态产业体系和空间格局。"郊区既有冰天雪地，还有绿水青山，只要念好"山水"经，即利用好天然的生态资源，郊区的经济就会实现可持续的发展壮大。

第五节　地形地貌

地形：郊区地形由于受完达山余脉的影响，由南向北蜿蜒起伏，全区地形呈现出南高北低之势。南部多低山丘陵；中部为阜岗缓坡区；北部沿江地区为冲积平原区。

南部低山丘陵区，山峦起伏，绵亘不断，山势险峻，最高山峰——马鞍山于大来镇南部孤峰拔地而起，是全区最高点，海拔509米。其余大小山峰高度均在海拔150至508米之间，至西格木乡和四丰乡，山势渐缓、渐低。位于四丰乡境内的四丰山海拔高度仅有164.8米。该区地形特点：河谷宽广，丘顶浑圆，坡度较缓；少数山头因大自然的剥蚀作用，岩石裸露，形成鳍状山脊和陡崖。该区山谷较多，长度为1~10公里。个别山谷雨季积水成河，如火龙沟，出谷后漫入草甸。

本地宜林荒山，天然草场多而宽广，对发展林、牧业有着良好的自然条件。

中部岗坡区，微向北倾斜，略有起伏，是低山丘陵区向平原区延伸的过渡地带。该区水土流失严重，沿斜坡可见少数沟壑。其前缘是黄山岗地，海拔高度百米左右。坡地土质肥力较高，宜发展种植业，但须注意防止水土流失。

北部沿江平原区，是三江冲积平原的一部分，地势由西南向东北。

地貌：郊区地貌呈环形带状分布。其构造可分为：剥蚀低山丘陵；剥蚀堆积类型；侵蚀堆积——级阶地；堆积类型。

剥蚀低山丘陵：该类型分布于高峰乡、群胜乡、大来镇南部、敖其镇南部及四丰乡南部，该区山势低缓，海拔高度在200米至400米之间，相对高差在100至300米之间。山体由混合花岗岩及白垩系火山岩、沉积岩组成。剥蚀作用较强，山顶呈馒头型，坡缓、沟谷及冲积沟发育使水土流失严重。

剥蚀堆积类型：该类型为丘阜状缓坡。呈带状分布于佳木斯市区南部，包括西格木乡、四丰乡、东西走向海拔高度在120至140米之间，相对高差40至60米。缓坡表面倾斜较大，剥蚀残丘零星分布其上。边缘冲沟发育，呈树枝状。山体由亚黏土夹碎石、残丘沙砾石及中酸性火山岩碎屑组成。

侵蚀堆积——级阶地：该类型主要分布于松花江右岸，包括长青乡、沿江乡、松江乡、大来镇的北部和敖其镇的北部。该类型阶地陡坎明显，界线清晰，高山河漫滩10至25米。前缘有机岩断续出露。阶地保持不完整，有残丘。地势微向北倾斜。西部冲沟发育。阶地主体组成物为第四系中上更新统冰水沉积物其下为中生界砂石、砾石及中酸性火山岩。

堆积类型：该类型由高漫滩、低漫滩和山间沟谷洼地组成。高漫滩分布在松花江右岸，超出江水位2.5至5米。滩地平坦开阔，东西长约40公里，南北宽约4至6公里。海拔高度80至83米，微地貌发育。砂垄、土岗、自然堤沟均有分布。后缘分布有淤泥质亚黏土；下部为沙砾石。

低漫滩只限于河流两侧低凹处，虽带状及岛状，一般高出河床1至2米。河曲，牛轭湖、沙滩主要沉积物为全新促进代或现代积砂、沙砾石层，是主要浅水分布区。该类型主要分布于松江乡、长青乡、沿江乡及敖其镇、大来镇。

第六节　气候气象

气候特点：郊区气候属于寒温带大陆性气候，具有明显的大陆性特征。春季多风易旱；夏季温暖多雨；秋季短、降温快；冬季严寒、漫长。近20年，气温稍有升高，降水稍有减少。

春季：始于3月，终于5月。气候特点为雨量少，温度小，升温快、蒸发量大，气候干燥。季平均气温4.3℃。最大风速可达11级，大风日数为全年最多，该季月平均大风天数为20.3天。占全年大风日数的46.6%。1958年大风天数为93天。季平均风速为4.6米/秒。降水量82毫米，占全年降水量的15%，常有春旱出现。从四月份起降雨量增多。个别年份春季雨量较多，伴有春涝。

夏季：始于6月，终于8月。季平均气温20.4℃，极端最高气温38.1℃；地面温度最高可达62.6℃。7月是全年最热月份，平均气温22.0℃。夏季降水量为319毫米，占全年平均降雨量的59.6%。夏季日照时间长，虽阴雨天多，但日照百分率仍达50%左右，可以满足作物在生产期对光照和热能的需要。

秋季：气温迅速下降，日照时数减少。季平均气温9.5℃，高于春温。秋分前后，作物停止生长。9月比8月气温下降6.7℃；

10月比9月气温下降8.7℃；昼夜温差大。秋季降雨量明显减少。季平均降水量186.9毫米，占全年降水量的20%。秋季常有大风天气出现，风力达7—8级，最大风速27.8米/秒。秋季晴天多、阴天少，日照时数424.6小时。各项气象要素比较适于农作物的加速成熟，秋季常有早霜出现。

  冬季：郊区纬度较高，距冬季季风源地较近，长期被冬季季风所控制；因而，冬季漫长，大雪纷纷。严寒天气长达120天之久。从12月27日开始，到次年的4月4日，气温稳定在0℃以下。季平均气温-13.4℃。一月份平均气温-19.5℃，历史上极端最低温度-41.9℃。季降水量28.2毫米，占全年降水量的5.2%。全年积雪日195.9天；平均雪深180.30毫米，最大积雪深度480毫米（1957年12月、1968年3月）。冬季常出现风雪交加的恶劣天气，给人们生活和交通运输带来困难。

  气温：郊区年平均气温2.9℃，最高年平均气温4.4℃；最低年平均气温1.1℃，变差3.3℃。

  气温变化的特点：7月份以前气温逐月上升；7月份以后气温逐月下降。春季温升快，土壤在3月30日开始解冻。4月5日前后可稳定通过0℃，土壤化冻50毫米左右。4月20日可稳定通过7℃，5月11日气温稳定通过10℃。全年有7个月气温平均在0℃以上。6、7、8月份气温变化较少。7月和8月平均气温都在20℃以上。9月份进入秋季，降温迅速，变幅较大，月平均气温13.8℃。10月份平均气温5.1℃，10月29日开始结冻，夜冻昼融。11月8日前后，大地封冻，进入严冬。11月份平均气温-6.6℃，12月份气温-16.4℃，冻土深度1.2米。

  南部低山丘陵区地势高；平均海拔300米。背部沿江平原地势低，平均海拔70米，南北高度相差230米。南部气温低年平均气温2.7℃，北部气温高，年平均气温2.9℃；南北温差0.2℃。

积温：郊区年大于等于10℃的积温平均2 591℃，分布由南向北依次递增，南部低山丘陵区年平均积温2 525℃。北部沿江平原区年平均积温2 591℃，积温最高年份3 029℃（1982年）；最低年份2 116℃（1969年）。

1978年大于等于10℃积温2 786.2℃，粮食平均亩产165.5公斤。1981年大于等于10℃积温2 439.9℃，粮食平均亩产76公斤。

蔬菜生产与积温关系更为密切，夏菜对积温比较敏感，旱黄瓜：大于等于10℃积温在2 300℃~2 600℃之间，产量最高；少于或超过这个指数，产量下降。茄子：大于等于℃积温在2 300℃~2 750℃之间，产量递增，超过这个指数，产量下降。郊区大于等于10℃积温一般在2 400℃~2 600℃之间，超过2 800℃的概率不多，积温指数适于蔬菜生产。

日照：郊区年平均日照时数2 525小时，其中：5—9月份1 175.3小时，占全年日照时数的46.5%。日平均日照时数7.7小时，3—5月份日照时数为723.6小时，日平均日照时数8.4小时，是当年日照最多的季节。10月至次年2月，日照时数688.9小时，日平均日照时数为5.7小时，是全年每天日照时数量少的季节。

全年太阳总辐射每平方厘米47千卡，5月份太阳总辐射量每平方厘米14千卡，为全年最多。12月份太阳总辐射量每平方厘米3.7千卡，为全年最少。

无霜期：南部低山丘陵区初霜日为9月15日，终霜日为次年的5月22日，无霜期116天。北部沿江平原区初霜日为9月22日，终霜日为次年5月3日，无霜期为129天。初霜日出现最早的年份是1978年9月7日；最晚的则是1956年10月8日，最早和最晚相差一个月。终霜日最早的年份是1976年4月26日；最晚的则是1955年6月9日，相差45天。无霜期最长的年份是1982年，长达159天；无霜期最短的年份是1972年，仅有106天，最长和最短相差

53天。

降水量：郊区年平均降水量535.3毫米，作物生长季（5—9月）降水量437.4毫米，占全年降水量的82%。7—8月是全年降水集中期，约占全年降水量的46%，在农作物生长期中水分条件良好。

南部低山丘陵区年平均降水量551.6毫米，北部沿江平原区年平均降水量523.3毫米，相差28.3毫米。

降水量各月差异明显，7月份高达126.8毫米；1—2月份仅有4.8~5.2毫米，各季降水年际变化也很大。佳木斯气象局1982年编写的《佳木斯三十年的降水资料》记载："冬半年各月降水的年际间变化比较稳定，夏半年各月的降水量变化很大。如：7月份历年降水量平均为126.8毫米，最高年份1956年7月份高达284.7毫米，易造成夏涝。最低年份1954年7月降水量仅11.8毫米，最高和最低相差273毫米，这一年出现夏旱。"

封冻期：佳木斯市郊区处北寒温带，纬度高，距冬季季风源地较近，长期被严寒所控制。因此，地表从10月29日便开始结冻，一直到次年的4月15日始化冻，结冻期长达150天。

江河封冻期11月20日至次年4月6日，计106天。土壤稳定封冻期11月8日，平均1.79米，最深2.1米。

第七节 人口与民族

历史上，郊区为满族人居住地，人烟稀少。随着清朝政府解除汉族人进入戒令，境内人口剧增。到1925年，区域内有住户4 634户，人口35 453人。1931年"九一八"事变后，1932年日军侵占佳木斯，在日寇铁蹄的践踏下，人民过着牛马不如的生活，人口不增反而减少。1945年日本侵略者投降时，郊区大地经历14年的亡国岁月，生灵涂炭。据统计，死于战乱、屠杀、繁重的奴役和饥饿的共有近万人。区域内住户减少600余户，人口减至1.56万人。1949年新中国成立后，党和政府十分重视人口的发展，郊区人口与日俱增，1953年全国第一次人口普查，郊区有人口25 453人。1964年，人口增至84 687人。郊区人口逐年增加。据1990年第四次全国人口普查统计，全区总人口为197 155人，其中汉族188 270人，少数民族8 885人，各占总人口的95%和5%。1994年5月，佳木斯市实行新的区划，将桦川县的建国、长发、松木河等3个乡镇，汤原县的江口、望江、平安等3个乡镇划归郊区管辖，区辖内总人口增至291 737人，其中汉族285 540人，少数民族10 168人，各占总人口的97%和3%。2004年，佳木斯市又实行新的区划，将郊区建国乡、松江乡划归东风区；四丰乡和平村、新丰村，长青乡江南村、五一村、长青村、万发村划归向阳区；将原永红区友谊和佳西两个街道办事处划归郊区，至此，全区总人口为275 877人，其中汉族264 154人，少数民族11 033人，各占总人口的96%和96.4%。郊区境内常住人口27.76万人，其中农业人口13.4万人。到2017年，经过几次区划调整，郊区人口住户为11.5万户，总人口为26.9万人，其中城镇常住人口为10.6万人。

民族情况：佳木斯市郊区沃野千里，水泽密布，群山巍峨，平原广袤，这里是一个多民族人民聚居地。在这里，各族人民在党的民族政策指导下，互相尊敬、和睦相处，发挥着本民族的特长优势，共创着具有郊区特征的生活文化，齐心协力地创建繁荣昌盛的大家园，有汉、满、朝鲜、回、赫哲、蒙古、苗、白、壮、土家、达斡尔、彝、瑶、鄂伦春等十几个民族。这里生活着我们国家最小的少数民族——赫哲族。生活在郊区这片疆域的各族人民，在抗击外寇、打击日本侵略者、解放全中国、参军参战、支援前线、剿灭匪徒、土地改革、恢复经济、创建革命老区的过程中，都做出了卓越的贡献，其成就之巨大，影响之深远，贡献之突出，永载中华民族史册。新中国成立后，党和政府特别关心重视少数民族的发展，郊区各族人民的聪明才智得到了充分的发挥，民族习俗得到了充分的尊重。各族人民心情愉快地投身到建设繁荣富强佳木斯市郊区的各项事业中。在郊区这片沃土上，没有种族歧视，没有民族纠纷，各族人民亲如一家。

汉族：汉族是佳木斯市郊区人口最多遍布全区城乡的民族，与少数民族和睦相处，是郊区各项事业建设和发展的基本力量。汉族居民在郊区繁衍生息有近400年的历史。这里的汉族居民的祖籍以山东、安徽、河南、辽宁、吉林等省份居多；通过长期相互交流和融合，日常生活始终沿袭华北、东北地区的习俗；语言大多数已习惯用混有黑龙江地方方言的普通话。到2017年，全区有汉族人口20.2万人，占总人口的97.5%。

满族：郊区的满族居民为清朝旗军丁户后裔，又称为旗人，多年来与汉族杂居。到2017年，郊区的满族人口由于与汉族长期共处融合，其服饰、饮食、婚嫁、丧葬等习俗，与汉族基本相同；全区有满族人口3 215人。

朝鲜族：朝鲜族有本民族语言和文字，在朝鲜族聚集村通用朝鲜语言，多数人同时掌握汉语。朝鲜族文艺、体育活动独具特色，其民族舞中的"长鼓舞"，体育活动中摔跤、荡秋千等传统项目依然活跃。在服饰上，妇女喜穿用丝绸制作的彩色短衣长裙。男人喜穿白色上衣，深颜色马夹，肥腿裤子。现在，除吉庆节日着民族服装外，日常服饰基本与汉族相同。在饮食方面，主食以稻米为主；辣白菜、烤鱼、狗肉为普遍食用的副食品。朝鲜族素有文明礼貌、尊老敬长风俗，妇女素有爱清洁和勤劳的美称。早在20世纪20年代就有朝鲜人迁入郊区，从事水稻生产。到2017年，全区有朝鲜族人口3 850人。

赫哲族：赫哲族是我国最小的少数民族，原有本民族语言，现均使用汉语、汉字，生活习俗大体与汉族相同。传统的"乌日贡节"为赫哲族的全国文体盛会，来自全省各地的赫哲族同胞聚集一堂，举行庆祝活动。郊区敖其镇敖其村的葛氏家族，为女真人后裔，现均为赫哲族，在当地定居已有300余年的历史。到2017年，全区有赫哲族人口1 202人。

回族：信奉伊斯兰教。郊区境内的回族居民通用汉语，仅有少数老年人在使用汉语中夹杂阿拉伯语或波斯语的个别单词。回族居民的服饰与汉族基本相同，只有部分回民在参加聚会活动时戴白帽。饮食方面十分讲究，忌食猪肉，一般善食牛、羊肉。到2017年，全区有回族人口1 264人。

蒙古族：郊区的蒙古族居民通用汉语，日常生活习俗与汉族相近。郊区境内蒙古族人主要分布在长青、西格木、四丰、敖其等乡镇。到2017年，全区有蒙古族人口818人。

第八节　社会概况

一、民风民俗

郊区居民的祖籍多数为河北、山东、安徽、河南、辽宁、吉林，其风俗习惯与华北地区相近。原本只过传统的春节、元宵节、清明节、端午节、中秋节、重阳节和小年。随着生活水平的提高，郊区人民在过好传统节日的同时，过起了新兴节日。随着党的移风易俗政策的深入人心，很多旧的、带有封建色彩的结婚、丧葬礼仪逐渐消失，取而代之的是文明、时尚的现代仪式。

但中华民族的孝敬老人、关爱儿童、助人为乐的传统美德，在佳木斯市郊区革命老区得到继承和发扬光大。

二、生活方式

解放前，妇女多以穿带大襟上衣为主，较富裕家庭女性有穿旗袍的；男人多穿对襟短衣或偏襟长袍，手工编制蒜头疙瘩扣，穿纳底布鞋。冬天戴双耳狗皮帽子，穿布制棉鞋或棉乌拉。鞋里都没有鞋垫，垫乌拉草，这种草细长柔软，用木棒砸过，再用手揉搓，垫在鞋里柔软如棉，既能保暖又能吸潮。解放后，广大农民的生活逐渐得到了改善。男女以对襟衣服为主，布料多为棉织品。"文化大革命"期间，中老年人服饰色调很单一（青、蓝、绿三种）。1980年，改革开放后，生活富裕起来的郊区革命老区人穿着打扮也发生了巨大的变化，已不再满足于冬穿棉、夏穿单，而是有了新的追求。冬天里，不但追求穿着的暖和，还追求穿着的时尚，美观大方，得体秀美；夏天里，追流行，赶浪潮。

饮食也发生了巨变。1949年新中国成立以前，此地种植业多以玉米、高粱、谷子为主，人们的主食多以粗粮为主。仅地主、富农或做生意人家能吃上细粮，也为数不多。在伪满洲国时期，老百姓家庭吃大米饭被称为"经济犯"，抓住不但抢走粮食，还要遭受毒打。新中国成立后，人们虽然能吃饱饭，但仍以粗粮为主，只有逢年过节才能吃上细粮。1984年以后，土地承包到户，农业旱田改为水田，农民的主食发生了变化，以大米、白面为主；副食鸡、鱼、肉、蛋才经常摆上餐桌。粗粮、山野菜成为调剂口味的奢侈品，平日的餐桌比过去节日的餐桌还丰盛。1949年10月新中国成立后，区内农民住房有了根本性的转变。搬出了"马架子"、地窖子，住进了新房子。1980年以后，土坯房都换成了砖瓦房。暖气代替了火盆取暖。到了2017年，农村兴建内外装修房屋的、白钢封闭的太阳房、小洋楼和别墅式房屋。拆除了土围墙，修建成透明的铁栅栏围着的农家小院。

出行方面。解放前，郊区人出行大多都是靠两条腿走路，地主人家夏日或骑马，或乘坐马车，俗称大车；冬天里坐马爬犁、狗爬犁。1949年新中国成立以后，党和人民政府十分重视农民的出行。由于郊区是佳木斯市辖区，市政府在安排交通线路时基本上延伸到郊区。当时，佳木斯市公交车延伸到糖厂，6线公交延伸到四丰乡，9线公交延伸到松江乡，5线公交延伸到肉联厂，近郊农民出行比较方便。到1984年改革开放后，村村通了大客车。摩托车已经非常普遍，有些人家买了小轿车，出门办事开车就走，甚至下地干活和外出游玩都要开小轿车。

三、宗教信仰

佛教：郊区境内佛教信众较少，基本都是在家中供奉"如来""观音"等佛像。1992年，有外地僧人在沿江乡民兴村南猴石山北坡建庙，称"大乘寺"，内驻僧、尼4人。到1999年，该庙宇因没有合法登记被取缔。2002年，经佳木斯市民委批准在四丰山水库东侧建玉佛寺，在四丰乡花园村南山建妙觉寺。为市、区信佛教居士提供活动场所。到2017年，全区有僧、尼10余人，佛教信众4 200人。

伊斯兰教：1980年，郊区境内仅有少数穆斯林信徒，由于没有固定活动场所，每逢礼拜都要去佳木斯市清真寺参加活动。1994年郊区实行新的区划，莲江口镇永红村划归郊区，该村为回民聚集村，全村有回民105人，当时村内设一处清真寺，为伊斯兰教徒活动场所，但尚未登记。通过郊区民族事务委员会办公室协调，于1996年得到佳木斯市人民政府承认，并由区、乡两级政府拨款进行修缮，使郊区中、远郊300多名伊斯兰教徒有了集会活动场所。到2017年，全区有伊斯兰教徒811名。郊区境内有2处回民穆斯林公墓。一处在莲江口镇，一处在西格木乡。

基督教：1990年以前，郊区境内信奉基督教的人很少，没有正式的基督教活动场所，以家庭聚会点形式进行活动，一般都是外地牧师到郊区传教。到1995年，随着宗教政策进一步落实，郊区开始对基督教场所进行公开登记，四丰乡新丰村刘修兰作为基督教教徒被推荐吸纳为第四届区政协委员，1996年当选区政协常委。到2017年，全区有基督教会18个，基督教教众1 860人。

第二章　抗日战争时期的革命斗争

　　1931年"九一八"事变,激起桦川县境内(今佳木斯市郊区)人民走上大街示威游行,抗日怒潮奔涌。1932年5月17日佳木斯镇被日本侵占,不甘心做亡国奴的人民自发地组织起抗日队伍,拿起火枪、大刀、长矛抗击日军,用鲜血和生命保卫家园。由于缺乏正确的领导,有的抗日队伍被消灭了,有的被打散了,但境内民众心中的抗日怒火越烧越旺。1933年,佳木斯西门外党小组成立。从此,郊区境内的抗日活动有了中国共产党的领导。1934年,汤原县中心县委在大来岗(今佳木斯市郊区大来镇)成立党支部,抗日活动呈现出十分活跃的景象。佳木斯西郊的敖其、大来一带成为下江一带抗日活动中心,抗日形势如火如荼。期间,中共北满省委下江特委机关先后在达木库和火龙沟活动长达2年之久,敖其、大来成为下江地区抗日斗争的指挥中心。郊区境内的完达山区,既是抗联部队的根据地,又是抗联部队的游击区。日伪统治者对此惊恐万状,惊呼:"三江省已变成了'共产乐土'!这里'地红三尺,老百姓是吃了秤砣,铁心跟着共产党。'"

第一节　早期革命活动

一、"九一八"事变，激起抗日怒潮

1931年9月18日，日本帝国主义发动了对中国蓄谋已久的侵略战争。消息传到桦川县境内，激起了民众的抗日怒潮。西门外小学的教师组织起来与佳木斯镇的中小学校一起参加抗日游行，敦促国民党政府抗击日本侵略者。国民党采取不抵抗政策，把军队撤入关内，任凭日本侵略者在东北三省烧杀掠抢，欺压百姓，践踏祖国的大好河山。1932年5月17日，日本侵略者侵占了佳木斯镇。桦川县（今佳木斯市郊区）境内，各种民众抗日队伍揭竿而起，抗日义勇军、红枪会、黄枪会、大刀会等抗日爱国武装，向侵占佳木斯城的日军发起了进攻，在境内摆起了抗日的战场。时任桦川县县长的张锡侯组织民团西进，迎击入侵佳木斯的日军，在今郊区境内与敌人展开浴血奋战。民间抗日武装红枪会、黄枪会攻打侵占佳木斯的日军，在马忠显大桥（今郊区长发镇大桥村）与侵略者展开了激战。初战告捷，当晚宿营时遭到日军增援部队的偷袭，损失惨重，被打得溃不成军，死伤近千人。佳木斯镇武国梁、武国臣组建抗日义勇军吉林独立军自卫团，有128人，枪70支，在太平川一带与日军周旋。1932年7月中旬，武氏兄弟率团从西面攻打佳木斯的日本驻军，由于敌强我弱，激战中伤亡很大，不得不退出战场，渡过松花江撤到汤原境内。这些抗日武装，由于缺乏正确的组织领导，加上使用长矛大刀等原始的武器，面对训练有素强大的侵略军，虽然敢于冲锋陷阵，但难以克敌制胜把侵略者赶出家园。那个时候，尽管有的民间抗日武装被打散了，有的甚至被消灭了。但具有抗击外寇，保家卫国光荣

传统的境内人民，一刻也没有停止抗日的斗争，抗日怒火依然燃烧，且越烧越旺。境内人民一边坚持不懈地抗击日军，一边寻找必胜的途径，直至找到了中国共产党。他们在党的正确领导下，在抗日战场上英勇顽强地战斗，打击日军的嚣张气焰。

二、早期党的活动

1930年11月，中共党员朝鲜人崔庸健在江北梧桐河福兴屯一带利用开办军事训练班和讲习所的方法传播马克思主义，开展党的活动为革命斗争培训骨干。当时莲江口、望江的进步农民就有人参加。崔庸健，又名金志刚，1900年生于朝鲜平安北道，1923年流亡到中国，就读云南讲武堂学习军事，毕业后任黄埔军校教官、区队长。1926年加入中国共产党，并参加北伐战争和广州起义。1928年初到东北，在通河大、小古洞进行革命活动。崔庸健和李仁根到汤原后，在福兴屯开展革命活动。在崔庸健和李春满、李仁根等人的组织领导下，革命活动像星星之火一样于福兴屯扩大到鸭蛋河、鹤立岗、七马架、格节河、太平川等地。斗争中，涌现出一批积极分子，都先后加入中国共产党，成为格节河、莲花泡境内第一批被点燃的革命火种的革命先驱。

1933年，正当桦川县西部（今佳木斯市郊区境内）的爱国志士急于寻找抗日救国出路的时候，中国共产党河北省委特派员苏梅、党员李向之等来松花江下游开展工作，发展党的组织和抗日武装。李向之到佳木斯后，找到曾在一起学习、思想比较进步的老同学董海云（董仙桥），住进了西门外董仙桥家。李向之知道董仙桥在学校期间就信仰马克思主义，受到了新文化思潮的影响，思想进步。李向之对董仙桥讲了全国抗日救国的形势，并明确指出："只有在共产党的领导下，才能打败日本帝国主义。"在李向之的启发下，董仙桥、李恩举、李淑范等3人提出了加入共产党的要求。1933年秋，李向之陪同中共河北省委特派员苏梅和刘公仁等5名同志来到佳木斯西门外董仙桥家。苏梅传达了上级党组织的决定，批准董仙桥、李恩举（李晋三）、李淑范（李益民）等3人为中国共产党党员，在桦川县西部（今佳木斯市郊区境内）点燃3颗革命火种，并成立佳木斯第一个党的组织——西门外党小组，董仙桥为组长，隶属中共河北省委领导。1934年3月后陆续吸收李淑云、杨德金、张维范、张俊林、白云龙、张志喜等，又点燃一批革命火种。随之西门外党小组改建为西门外党支部，董仙桥任支部书记兼管宣传工作，李恩举负责组织工作。支部隶属于河北省委。从此，这里的抗日斗争有了中国共产党的领导。

1934年，中国共产党领导的汤原游击队派人到佳木斯西部火龙沟一带进行抗日救国宣传活动，建立革命根据地。不久，汤原中心县委将共产党员刘善一派到大来岗进行党的活动。刘善一以在"世源泰"粮栈打斗作掩护（人称"刘斗佰"），通过秘密宣传开展抗日活动，培养和锻炼了一批党的积极分子。不久就发展了王尊相、丁世贤、林景昌等人入党，在郊区大来岗，点燃革命火种。

三、发展壮大党组织

从1933年秋，中共河北省委把佳木斯作为建党建军重要地区之一，指出佳木斯西门外党小组的中心工作：迅速发展党员，扩大党组织，为抗日队伍培养输送骨干力量，搜集敌伪情报等。

西门外党小组遵照中共河北省委，关于"积极慎重在具有爱国进步思想的亲朋好友和进步青年中间培养和发展党员"的指示精神，积极发展党员，扩大党的组织。1934年春，先后发展了城内第五小学青年教师杨德金、桦川中学六班学生白云龙、七班学生张志喜、西门外七校青年教师张维范和李桂芳（李新生）、张俊林加入中国共产党。不久，经中共河北省委特派员苏梅介绍，夏云峰加入了西门外党小组。至此，党员人数发展到11人，中共西门外党小组扩大为佳木斯西门外党支部，董仙桥任书记，李恩举负责组织工作。西门外党支部成为佳木斯地区首个受外省党组织领导的地下党组织，成为佳木斯地下党不断发展壮大的革命摇篮。

1935年夏，中共河北省委与佳木斯地下党的联系中断。

1936年秋，中共北满省委下江特委成立后，派老铁（宋绍景，原系西门外小学教师）到佳木斯，动员西门外党支部参加下江特委工作。老铁返回下江特委汇报后，下江特委派小孔立即随老铁到董仙桥家。经党组织研究决定：将河北省委领导下的佳木斯西门外党支部改为中共下江特委领导下的佳木斯特别支部，支部书记由小孔兼任，组织工作由老铁兼任，董仙桥负责宣传工作，李淑云负责机要工作兼妇女工作。下江特委指示佳木斯特支的任务是：加速发展党员，壮大党组织，为抗日队伍培养输送骨干力量，搜集敌伪情报。

中共佳木斯特别支部成立不久，上级党组织因工作需要，免去了下江特委委员小孔和老铁在佳木斯特支的兼职，同时决定隶属于吉东特委领导的桦川中学党组织同西门外党组织合在一起，于1936年冬成立佳木斯市委。董仙桥为市委书记，张耕野负责组织，周绍文、姜士元先后负责宣传。由此可见，西门外党组织的成立，为中共佳木斯市委的成立奠定了坚实的基础。

1935年至1936年，先后发展高鸣时、郑志民（冷云）、白长岭（赵敬夫）、姜士元（陈雷）、马成林、范淑杰等入党。

1936年冬至1938年春，中共佳木斯市委先后发展中共党员60多人，建立6个支部。即：西门外党支部：书记董仙桥兼，党员

13人；桦川中学支部：书记张耕野兼，党员21人；敖其党支部：书记李恩举，党员7人；悦来镇党支部：书记马成林，党员6人；梧桐河金矿党支部：书记马克正，党员9人；佳木斯道学校党支部：负责人马焕，党员4人。

1934年，中共汤原中心县委安排刘善一到大来岗工作。他以在"世源泰"打斗为掩护，通过秘密宣传和开展抗日斗争活动，培养和锻炼了一批党的积极分子，发展了一批党员，于1934年秋成立了达木库（今郊区大来镇北城子东北）党支部。此时，汤原中心县委派游击队交通员韩六和老纪到大来岗活动。很快发展了王尊相、丁世贤、林景昌为中共党员，并成立了大来岗党支部。1935年春，达木库党支部与大来岗党支部合并，成立岗区区委，归汤原中心县委领导。岗区区委书记刘善一，继任书记先后有韩六、王尊相和李清林。管辖敖其、王家沟、黑通、刘小房、南岭5个支部，党员发展最多时有30多人。

1935年5月，在岗区所属的黑通党支部的基础上，成立了通区区委，隶属于汤原中心县委领导，区委书记先是孙显清，后是山东杨，管辖黑通、沙岗、格金3个支部。

1936年1月，在岗区区委的基础上改称桦区区委。1936年11月，下江特委在达木库召开会议，研究决定在桦区区委的基础上成立中共桦川县委。桦川县委归下江特委领导。桦川县委在达木库诞生后，汤原中心县委管辖的桦区区委、通区区委划归桦川县委领导。至此，从佳木斯西门外（今郊区长青乡佳西村）至大来岗（今郊区大来镇）的党组织遍及了佳木斯以西各个村屯。

在地下党的组织和领导下，佳木斯西部大来、永安、黑通地区村屯抗日活动异常活跃，成为抗联部队的根据地，成为震惊日伪当局的"红地盘"，为郊区成为革命老区奠定了牢固的基础。

四、播散革命火种

1934年3月30日，佳木斯西门外党支部决定：派杨德金（化名杨水新）、白云龙（化名李雨时）到桦南土龙山谢文东领导的民众救国军中的"明山"队工作。在他们的启发下，祁致中（祁宝堂）决定跟着共产党抗击日本侵略者。从1935年起，佳木斯西门外地下党，把经过培养教育迅速成长起来的年轻党员和爱国青年，陆续输送到抗日队伍中，奔赴抗日救国战场，去开辟新的抗日根据地，组织更多的爱国志士投身到抗日救国的斗争中，去扩展"红色地盘"。

派冷云去悦来镇：1935年，佳木斯西门外党组织派桦川师范班女生，共产党员冷云到桦川县悦来镇，从事开展宣传抗日活动。冷云具有强烈的爱国主义思想，抗日激情强烈，决心为中华民族的解放而奋斗到底。为了实现自己拿起武器上战场，当一名抗联战士的夙愿和摆脱当伪警察的丈夫对自己的影响和妨碍，她坚决要求加入抗联部队。市委同意了她的要求。为了保证她的安全出走，不暴露她的身份和去向，市委精心安排，在悦来镇小学党组织的帮助下安排了一个进步爱国青年悦来小学教师吉乃臣，与她一起出走，造成了他们"私奔"的假象，掩护他们安全地到达了抗联五军。敌人信以为真，后来还在伪《三江日报》上发了一条标题为"悦来镇女教员桃色一束"的新闻。郑志民于1938年在与大批敌人激战中，因寡不敌众与另外七位女战友投入乌斯浑河中，壮烈牺牲，保持了抗联战士的民族气节。冷云的英雄事迹流传后世——这就是后来对青少年教育深刻的《八女投江》抗日故事，并拍成电影。

派马克正去梧桐河金矿：1936年，佳木斯西门外党组织派马克正利用其祖父生前在梧桐河金矿做事的关系，去梧桐河金矿发展党员，建立党组织，秘密做武装矿警反正工作。经过一段时间的艰苦卓绝的工作，马克正于1937年返回佳木斯，向西门外党组织汇报矿警起义条件已经成熟，董仙桥立即向高禹民汇报了情况。不久，在佳木斯西门外党组织的精心安排下，按事先约定，在抗联队伍的配合下，由马克正和陈方钧领导的六七十人矿警按规定的时间起义。带来除黄金外，还有白面和武器装备等大量军需物资。起义矿警到抗联六军编入一个团。马克正还在梧桐河金矿建立了党支部，发展党员9人，马克正任支部书记，隶属于佳木斯西门外地下党组织。

派李恩举去敖其：1937年，日伪当局在抓紧对抗联队伍"讨伐"的同时，还进行了严密的经济封锁，妄图扼杀抗日武装。为粉碎敌人的阴谋，佳木斯市委决定为避开敌人的注意力，将联络站与物资集散点设在农村敖其小学。同年春，市委通过关系将李恩举调到敖其小学任校长，同时担任地下党敖其支部书记。李恩举以校长身份为掩护，发动群众支援抗联。并以学校购置教学用品为由，给抗联部队购买油印机、油墨、蜡纸等宣传工具及其他物资，转送到抗联部队。一年内筹集、运送各种服装600余件、油印机4台以及大量药品、宣传用品等，有力地支援了抗日部队的对敌斗争。李恩举在郊区敖其境内发展党员7人，为壮大郊区的地下党组织做出了贡献。

自1935年至1938年，佳木斯西门外地下党组织，不但向各地派出一批又一批党员，还为抗联部队输送了大批骨干。先后输送去抗联和其他抗日队伍的同志有：李桂芳、张维范、郑志民、吉乃臣、白长岭、张金生、孙海梅、马克正、陈方钧、张俊林、葛宝云、郭维轩、张耕野、姜士元等人。他们后来都成了抗日部队的重要骨干，有的在对敌斗争中英勇牺牲，为中华民族的解放事业，献出了宝贵的生命。

派岗区区委员到岭南等地开展工作：1936年春，汤原中心县委从岗区（今佳木斯市郊区大来镇）区委抽调刘洪泰、赵玉洲（老米）、林景昌、丁世贤（老于）等人到岭南大砬子、暖泉子、山嘴子、杨树林等地（今归群胜乡管辖）开展工作，秘密组织发展党组织，开展抗日救国宣传活动。同年9月下江特委成立后，派高雨春去岭南协助刘洪泰等人工作。11月首先在西湖景一带建立起岭南特支。1937年2月发展建立了景区区委。1937年4月，景区区委发展扩大为依兰县县委。赵明久、丁世贤、宋正直先后担任过县委书记。刘洪泰代理依兰县县委书记。

派刘忠民去富锦筹建县委：1936年11月，工作在达木库的桦川县组织部长刘忠民被派到富锦安邦河区开展工作，发展党组织。1937年5月，曾担任过岗区区委书记的刘善一接任刘忠民区委书记的职务。同年7月富锦县委成立，刘善一任富锦县委书记。

当时，三江地区抗日烽火形成燎原之势，其革命火种来自于今日的佳木斯市郊区境内。

五、建立地下党组织

1935年到1938年，日本侵略者为了强化对三江平原的统治，纠集10余万日伪军、兴安军、警察进行联合"讨伐"，同时疯狂地进行"归屯并户"，切断人民群众和抗日联军的联系，实行经济封锁，企图将抗联队伍的将士，困死、饿死、冻死在深山老林里。由于敌人的围困在佳木斯周边的所有村屯，封锁所有的进山道路，抗联部队的粮食、服装及日用品得不到及时的补充，部队供给极为艰难。中共佳木斯地下党组织，认真贯彻北满省委的指示，积极筹备军需物资，支援抗日联军，打破敌人的经济封锁，反击敌人的重点"讨伐"。

1935年，佳木斯西门外地下党组织，派共产党员白云龙带桦川县太平镇附近的李祥屯（今佳木斯市郊区境内）建立联络站，因地处佳木斯南郊，起名"佳南联络站"，负责人白云龙。交通站的主要任务：沟通佳木斯地下党与饶河抗日游击大队的联系，输送情报和物资，宣传组织群众参加抗日。佳南联络站坚持3年之久。

1936年初冬，下江特委搬到桦川（今佳木斯市郊区大来镇）境内的达木库。同时，北城子建立了地下交通站。管廷贵成为下江特委远途地下秘密交通员。他胆大心细，经常往返于哈尔滨、鹤岗、桦南、勃利以及汤北山里之间，给抗日联军和地下党组织传送情报。人们都尊敬地称他"老交通"。

1937年春，佳木斯地下党组织把原来在西门外（今佳木斯市郊区佳西村）小学工作的李恩举调到敖其小学后，公开身份是学校校长，党内职务为中共敖其党支部书记，并兼中共地下交通站站长。李恩举以为学校购买教学用品为由，为抗联部队购买油印机、油墨、蜡纸等宣传用品及其他物资。巧妙地避开敌人，将自己所购买的和上级组织转运过来的大量物资秘密地送到抗联部队。

从1935年起，佳木斯地下党组织先后在郊区境内的格穆苏岭、泡子沿、敖其、火龙沟、北城子、大来岗等村屯，建立了地下交通站。这些交通站不但及时地把地下党传递出的情报送到抗联部队，而且将中共佳木斯地下党和各界爱国人士筹集的粮食、鞋帽、布匹和棉花等生活物资和枪械弹药，通过各地下交通站，源源不断地输送到抗联部队，有力地支援了抗联部队，为抗日战争的胜利做出了重要的贡献。

1938年"三一五"事件后，佳木斯市郊区境内的地下党交通站，由于叛徒出卖全部遭到破坏。

第二节 日本法西斯统治

一、强占农民土地

日军侵占佳木斯之后，看中了佳木斯这块既是三江平原的重要门户，又是水陆交通的主要枢纽，更是军事战略咽喉的要地。为了把佳木斯变成他们"围剿"抗联的军事基地，防御苏联入侵的桥头堡，他们肆意地强占农民的土地，建军营、修机场、设开拓团安置移民。日军在境内松花江南岸强占农民的良田修建军营和飞机场。出于战争的需要，日军在境内修建军营2处：一处在四丰乡复兴村，另一处在沿江乡的黑通村以北和福胜村南的农田里。修筑军用飞机场3个：一个是三合飞机场，位于长青乡五一村西500米处，飞机场东西长约3千米，南北长约2千米，占地面积约6平方千米。第二个是西门外飞机场，在佳西村南（今佳木斯市政府南侧），其面积约3平方千米。第三个飞机场在佳木斯市东郊（即现在佳木斯飞机场所在地），其规模大于三合飞机场。在境内的松花江北岸强占农民土地，建武装开拓团村。为了改变东北的人口结构，使东北殖民化和成为继续扩大侵略的基地，实行由日本向东北武装移民的政策。从1937年开始，以"治安肃政"为由，将境内的望江镇、莲江口镇、平安乡、松花江沿岸和绥佳铁路沿线村屯的农民全部驱赶出家园，以低价强行售卖了全部土地，建立了熊本、福岛、公城3个开拓团村，下设26个开拓团屯。他们把武装开拓团建在铁路沿线和沿江地带，其用意是在生产粮食的同时，守护铁路和江运航道。事实上，日本侵略者的如意算盘打错了，境内的抗联游击队和抗日救国会，频繁地扒掉铁轨、烧毁桥梁、颠覆列车，使侵略者掠夺当地资源的运输线处于瘫痪状态。

二、限制人身自由

日军入侵后，在地下党的领导下，境内成立下江一带的抗日活动中心。敖其、大来、火龙沟一带的抗日活动，出现了如火如荼的新形势。1938年，日本侵略者为了镇压人民的反抗，搞所谓的"匪民分离""治安肃政"，下令在境内实行归屯并户，隔绝人民群众和抗日联军的联系。日伪政权、伪警察署划出归并的中心部落地址，抓劳工在部落的周围，挖宽1丈、深9尺的壕沟，在壕沟的里面筑起1丈高的围墙，围墙的四角修4座炮楼，东、西各（有的在南、北）留一个门，由自卫团站岗放哨，昼夜看守。修筑土围子的过程中，日伪军强迫家家户户无偿出工出力。土围子修筑成后，日本侵略者给每户人家划出一块宅基地，盖不起房子的穷人，只能挖地窨子、搭马架子，遮风挡雨。限定时间，强行让村民搬进去，然后将原来的房屋全部铲平，以防止"土匪"（指抗联）利用。谁家要是没在规定的时间里搬进土围子，就把谁家的房屋一把火化为灰烬，将人驱赶进土围子里住露天地。村民被围在土围子里，日军还不放心，生怕村里再有人逃出去和东北抗日联军联系，或参加抗日联军，又推行"保甲制、连坐制"，只要一人逃跑，家里人和四邻都受株连。居民出入土围子须持身份证明，农民从事生产活动既限制时间，又限制出屯的距离。如发现远离村屯，或没在规定的时间内回来，都要受到严厉处置。不管日伪当局采取怎样残暴的手段限制人身自由都是枉费心机，土围子也割不断境内人民群众与抗日联军的联系。人民群众巧妙地在侵略者的眼皮底下，为东北抗日联军传递情报、运送粮食和军需用品。

三、推行奴化教育

日本侵略者，为了长期霸占、统治中国人民的需要，残暴地实施奴化教育。在境内的学校里，每天都要升伪满洲国国旗，向日本天皇"遥拜"，进行奴化教育，把日语当作主课，强迫学生学习，并肆意篡改中国历史、地理。其目的是使境内的人民忘掉自己是中国人，忘掉自己国家的文化、历史，甘心当亡国奴，成为他们的"顺民"和任其宰割的羔羊。在境内的民间，日伪当局通过各种手段宣传"大东亚共荣""日满一体""天皇至上"，鼓吹"日满亲善""五族协和"，他们是来帮助中国人建立"王道乐土"的。把赤裸裸的侵略行径，标榜为亲近和善。日伪当局为了束缚境内人民的思想，在境内残暴地限制人们的言论，到处张贴"莫谈国事"的标语，企图销蚀人民的爱国思想，凡是流露出对日伪统治稍微不满言论的人，一律被视为"政治犯""思想犯"，轻者关进牢房，重者处以死刑。针对日伪当局的奴化教育，境内的老师反其道而行，借助课堂教学和一切可以利用的机会，对学生进行爱国主义教育，让每一个学生都知道自己的祖国是中国、自己是中国人，时刻牢记自己是炎黄子孙；日本是侵略者，伪满洲国是傀儡政权，是一伙为日本侵略者做事的卖国贼。

四、设置"杀人魔窟"

1939年，日伪当局在郊区的万发屯路北荆棘丛生中建起一座高围墙，黑大门的秘密监狱。为了掩人耳目，开始挂了一块"三井花园"的牌子，后来，因为这个监狱出日本人大岛、福岛掌管，又受岛村所辖，便改为"三岛理化研究所"。

这座监狱，四周砖墙3米多高，上边架设电网。里面有18间双人牢房，门窗上安装牢固的铁栅栏，院里豢养十几条日本狼狗，终日吠声不息，阴森恐怖。大门常年紧闭，囚车经常出没。迫害被捕人员的手段繁多，拳打脚踢、鞭笞棒打是家常便饭。灌辣椒水，坐"老虎凳"，吃"红枣"，点"天灯"，等等，屡见不鲜。凡被抓进来的人都被折磨得死去活来。为了保全这座杀人魔窟的机密，审讯结束，如果敌人认为再也没有用处了，无论是铁骨铮铮的英雄好汉，还是出卖灵魂的癞皮狗，都一个不留地秘密处死，哪怕是被错抓的，也不能幸免。被关押在这里的人不仅仅是就地处死，还有的被送到哈尔滨平房区731部队，仅在福岛三郎任职的一年零两个月里，就有7人被送去进行细菌实验。

1945年8月8日，苏联对日宣战。就在日本法西斯灭亡的前夕，他们在这座杀人魔窟里进行了大屠杀，连为他们工作的4名白俄罗斯人和1名朝鲜人也不放过。

然而，在这场大屠杀中，却有5个人在他们的枪口下奇迹般地活了过来，使这座杀人魔窟昭然天下。透过日军在佳木斯市郊区建这座杀人魔窟，不难想象日本侵略者，给中国人民造成的多么深重的灾难。

第三节　重要会议

抗日战争时期，佳木斯市郊区西部的达木库、大来岗、火龙沟等地是中共地下党的领导机关的所在地，中共北满临时省委、中共下江特委、中共桦川县委、汤原县委等都曾经工作在这里。这里成了中共北满省委在松花江下游领导抗日斗争和中共党的地下活动的中心，党的很多重要会议在这里召开，重要指示和声音从这里发出。

第二章 抗日战争时期的革命斗争

一、依兰、桦川县委书记联席会议

1937年8月上旬，下江特委在达木库召开由依兰和桦川县委书记参加的联席会议，除议定了几件具体工作外，对特委组织作了变动：特委书记白江绪，分局书记小孔，组织委员老郎（兼桦川县委书记），调依兰县委书记赵久明（小魏）担任宣传委员，妇女委员刘志敏。会上还传达了中共北满临时省委调小王回省委工作，但暂时以省委巡视员的身份继续指导特委工作，并担任特委党员训练班的教员。

二、军政联席会议

1937年8月20日，中共北满临时省委随抗联部队从群胜火龙沟向依兰县境内转移的途中，当走出火龙沟地界时，北满省委主持召开了军政联席会议，主要决定了于"九一八"国耻纪念日举行联合大暴动问题，中共下江特委书记白江绪参加了这次会议，会上还决定调白江绪到六军政治部工作。同时，会议还做出了由中共桦川县委书记小孔临时代理下江特委书记的决定。

三、达木库会议

为贯彻8月20日军政联席会议精神，1937年9月14日，下江特委在达木库召开会议，北满临时省委特派员冯仲云参加了会议。为落实8月20日军政联席会议决定调白江绪去六军工作，加之妇女委员刘志敏准备回海伦故乡开展工作，会议研究了特委改组问题，决定由小孔接任特委书记职务，赵明久（小魏）担任组织委员，老郎担任宣传委员，妇女委员由妇女干事小周接替。会后不久，由于白江绪经不住抗日斗争艰苦环境的考验，思想动摇，借去六军的途中，携带公款与其妻子小秦（下江特委妇女干事）、小周（妇女委员）一起逃离革命队伍，回山东老家，成了党的叛徒。

四、宝宝山会议

1937年9月，大批日伪军警出动，焚烧房屋，强行驱赶分散居住的农民，疯狂地进行归屯并户，将太平川周围13个村屯强行并入太平川大屯。归屯并户，愈演愈烈。中共汤原县委于11月下旬，在七甲宝宝山（今郊区望江镇景阳、四合村）召开县委扩大会议，研究应对形势变化的策略，明确县委日后工作的方向。县委书记高雨春主持会议，并做了重要讲话。

第四节　抗日将领在郊区

在抗日战争中，东北抗日联军共有11个军，在郊区境内活动有4个军，即三、四、五、六军。他们和日军交战，取得了多次胜利。有些抗联的指战员，壮烈牺牲在这块土地上，名垂青史，千古流芳；有些抗联将领，不顾个人生命的安危，深入虎穴，开展抗日工作，解决抗联部队难题，成为抗日民众的榜样。

一、冯仲云在西门外做党的工作

冯仲云，抗日联军第三军政委。1937年秋末，冯仲云任中共北满省委宣传部长，在敌人调动重兵疯狂扫荡三江抗日游击区，汤原、富锦、依兰的一些党组织相继遭到破坏的险恶形势下，亲自来佳木斯巡视党的工作。冯仲云住进佳木斯西门外董仙桥家，他向佳木斯市委提出，设法给他找个社会职业作掩护，以便长期在佳木斯活动。冯仲云在实地考察和听取中共佳木斯市委书记董仙桥汇报后，指示：佳木斯暂时停止发展党员，停止活动，通知所有党员都要有应付万一的思想准备。了解到董仙桥和张耕野，在这几年工作中接触关系人太多，容易暴露政治目标，他们要求带一部分党员和青年学生去抗联武装队伍。冯仲云指出，在敌人大"围剿"中抗联大部队已经远征西满，小部队有的转战到偏僻林区，有的与敌人转战中，部队缺乏武器，同志们暂时不要去部队。并提议董仙桥和张耕野担任北满省委特派员，领导中共佳木斯市委，把市委工作交给一位不被敌伪戒备的党员担任。当时研究决定由姜士元（陈雷）接任市委书记。但由于形势发展紧张起来，交接工作未能进行。

在敌人疯狂搜捕的白色恐怖的日子里，冯仲云秘密在佳木斯工作了27天后，平平安安地离开了西门外屯，毫发无损地回到省委工作岗位。

二、夏云杰到大来岗布置任务

抗联六军军长夏云杰，为了一个亟待解决的难题亲自到大来岗，给当地地下党组织下达任务。1936年10月，日本关东军所谓"讨伐"正酣，调集伪第三军区齐齐哈尔骑兵某团为主力，以汤原日军守备队为后盾，以汉奸廉成平为首的汤原治安队两个连为先锋，向汤原游击根据地展开疯狂进攻。同时，更加严厉地封锁人民群众对山里抗联部队的供给，企图把抗联将士饿死、冻死在冰天雪地的大森林里。抗联六军军长夏云杰为了保存实力，避开敌人的正面进攻，以一部分部队留汤牵制敌人，率主力部队冲破重围转入敌后，开辟新游击区。转移途中，军长夏云杰看到穿着单薄衣服的战士，在刺骨的寒风里瑟瑟发抖，心急如焚。由于敌人严密的经济封锁，隐蔽在山里的被服厂制作棉衣缺少布匹，进入了冬天，将士们未能穿上棉衣。在一个滴水成冰的日子里，夏云杰迎着凛冽的寒风找到了大来岗地下党组织，把购买布匹的任务交给了大来岗地下党组织。夏军长考虑到日伪军对过冬物资管控得非常严格，在短时间内搞到大量的布匹是一项十分艰难的任务，一般人不但完不成任务，弄不好还可能断送生命。夏云杰对顾老太太，舍生忘死支援抗联部队的事早就有耳闻，认定唯有顾老太太能用最短的时间完成这一艰巨的任务，使抗联将士及早穿上棉衣。于是，夏云杰指示大来岗地下党组织请顾老太太出面帮忙，他还亲自把十多两黄金交给她作为购买布匹的费用。顾老太太欣然地接受了任务，把黄金放在大铁车装油的竹制油瓶里，到了佳木斯街托人把金子兑换成现钱，用大来岗世源号和源隆号商店的名誉，通过关系购买了棉绒衣和棉绒裤700余套送到抗联部队。顾老太太没有辜负夏军长的期望，圆满地完成了这一艰巨任务，抗联战士很快就穿上了棉衣。

三、祁致中到泡子沿取子弹

抗日联军第十一军军长祁致中，原本是桦川县驼腰子金矿的工人。1933年6月，祁致中不堪忍受日本人的欺凌，卖掉结拜兄弟们凑到一起的金末子，买两支手枪率领矿工暴动走上了抗日救国的道路。参加抗战后，人称祁老虎。祁致中为了实现在共产党领导下抗日的理想和追求，于1935年12月带一部分队伍，经猴石山区，在泡子沿附近渡松花江转战到汤原境内。汤原县委决定，由夏云杰领导的反日游击总队配合祁致中队伍活动。配合活动的第一场战役中，夏云杰看到祁致中见到敌人，就如猛虎下山，把机枪架在马脖颈上向敌人冲去，敌人很快被打垮了。祁致中的勇猛顽强作风，令夏云杰感叹不已，十分敬佩。在祁致中当上抗日联军独立师师长的时候，身为抗联六军军长的夏云杰，在异常艰苦的环境中连自己部队的给养、武器、弹药都很难筹集的情况下，还给祁致中的部队补充弹药。有一次，夏云杰请居住在泡子沿的顾老太太筹集子弹。顾老太太将子弹运到家里，正准备深夜用船送走的时候，抗联独立师师长祁致中带领着战士来到她家。他将夏军长一封亲笔信交给顾老太太，信上提到几个月来独立师连续作战攻打大、小罗勒密街、半截街、新开道、楼山局等敌伪据点，子弹消耗很大，希望她将近期买到的子弹全部交给祁师长。顾老太太看完夏云杰的亲笔信，对夏云杰敬佩得五体投地，更加坚信共产党一定能带领人民把日本侵略者赶出中国。

天亮前，祁致中和弟兄们吃饱饭之后，带着子弹离开了泡子沿。

第五节　抗日救国会建立

1934年佳木斯成为伪三江省省公署所在地，日伪当局对周边村屯的统治日益加强。地下党为了发展抗日势力，在郊区发动群众，组织抗日救国会，开展各种形式的抗日斗争。当时救国会最活跃的是大来、永安、泡子沿等地。抗联部队往来这些地方，总能得到人民群众的掩护和支持，军民亲如鱼水，日军把这些地方叫作"地红三尺"的"共产乐园"。

一、针锋相对，建立抗日救国会

沦陷时期，尤其是1936年至1938年，日伪当局为了控制老百姓与抗日联军的联系，用强制的手段推行"归屯并户"，在他们确定的地域建起土围子，将中国老百姓"圈在里边"，并采取"保甲连坐"，一人"通匪"，株连邻里。企图掐断抗日联军的供给线，将抗日联军困死、饿死在大山里。当时，地下党有针对性地建立起抗日救国会，通过抗日救国会及其所领导的肃反队、游击队、妇救会、青年抗日先锋队、儿童团等群众组织，为抗联部队提供给养和军需物资。佳木斯西郊多山区和半山区，因为便于与日伪军周旋，成为抗联部队的游击区和根据地，抗日活动开展是最活跃的。敌人建立的"甲"越多，地下党建立的抗日救国会也就越多。

抗日救国会在共产党领导下，发动群众与日伪保甲制相抗衡，支援抗日联军打击和消灭日伪军。1934年至1938年间，郊区西部地区先后成立了岗区、黑通、草帽顶、三合4个抗日救国分会和24个抗日救国会。这些抗日救国分会、抗日救国会均在桦川县抗日救国支会领导下进行活动。

4个抗日救国分会是：岗区抗日救国分会、通区抗日救国分会、草帽抗日救国分会和三连抗日救国分会，均在现在的郊区境内。

岗区抗日救国分会设18个抗日救国会：

第一救国会为大来、山音；

第二救国会为达木库、南北城子；

第三救国会为卧龙、兴力、黑背；

第四救国会为西火龙沟、中兴、中大；

第五救国会为胜利、双龙；

第六救国会为杨昆屯、白英武屯；

第七救国会为小城子、六房子；

第八救国会为民胜、西敞开子、姜永泉；

第九救国会为荆家一带；

第十救国会为桦树、巨发、巨城；

第十一救国会为裕太、仁和；

第十二救国会为裕兴、巨发（一带）、小三姓；

第十三救国会为马家沟、猴石山一带；

第十四救国会为兴川；

第十五救国会为三合一带；

第十六救国会为永安、兴隆；

第十七救国会为敖其、西敖其；

第十八救国会为江通一带。

通区抗日救国分会设6个抗日救国会：

第一救国会为桦树屯；

第二救国会为孙家岗；

第三救国会为黄家磨房；

第四救国会为刘大眼珠子屯；

第五救国会为江北沿的康路屯；

第六救国会为三连屯。

上述抗日救国会，在组织和发动群众支援抗日联军的工作中都取得了显著的成就，使郊区大地成为坚实的抗日根据地。当时，在群众中，流传着这样的顺口溜："抗联部队来了如到家，吃穿住行全包下，休养生息精神抖，驰骋疆场把敌杀。"这就是革命老区人民热爱抗联部队的真实写照。

中共下江特委成立抗日救国总会，所属的五个县成立抗日救国支会，县所辖的区委成立抗日救国分会，各支部成立抗日救国会，抗日救国会是基层组织，日伪当局在当地设多少个甲，地下党组织就成立多少个抗日救国会，同日伪当局形成并展开针锋相对的斗争。

二、抗日救国会的任务和行动

抗日救国会及其领导的其他群众组织的主要任务：为抗联募捐款、掩护照料伤病员、反特除奸，抗日救国会听从党的统一领导，配合抗联部队开展武装斗争等。救国会是抗联部队的可靠后方。

当年，郊区西部的抗日救国会经常统一行动破坏敌人的交通线，砍断敌人通讯的电线杆子。1936年9月，成立不久的北满临时省委，指示哈尔滨以北各县，统一行动，破坏敌人的交通线。中共下江特委接到通知后，迅速组织抗日救国会中的广大群众做好行动准备。准备的工具有铁锹、铁镐、柴草、火油，参加行动的人员，大都选择20至30岁的青壮年，分成几个小队，每个小队20人。中共桦川县委主要负责达木库（今郊区大来镇境内）、火龙沟（今郊区群胜乡境内）一带。这一带是日伪由佳木斯通往汤原、依兰等县的交通要道，道上有数十座桥梁。各行动小队一齐行动，在同一时间，将火油倒在桥柱、桥板和桥栏杆上，将柴草放在桥上桥下，用火燃烧后，行动小队迅速撤走。但见几十堆大火熊熊燃烧，大、小桥梁很快坍塌。敌人莫名其妙，当即派出军警队侦察。但路上桥梁皆毁，汽车过不去，交通受阻。敌人抓不到破坏桥梁的人，强令沿途的老百姓重新修桥。

1936年底，北满临时省委统一组织一次破坏敌人的通讯设备的行动。桦川县党组织接到通知后，仍然组织20人一伙的行动小队，带着斧头、带着刀锯，在同一时间里，将佳木斯通往依兰道路两旁的电线杆子锯断无数根，同时把电线一节一节地砍断，使敌人电信网络中断数日。

抗日救国会这样的行动多得不胜枚举。抗日救国会对敌人的每一次破坏行动，都给敌人造成棘手的麻烦、巨大的损失，阻止了敌人"围剿"抗日联军的军事行动。

三、岗区救国会转运游击连和武器

1935年5月的一天，岗区抗日救国分会接到上级党组织的指示，让他们把江北游击连和他们的武器弹药，由松花江北送到江南。救国会想出了一个巧妙的办法，把游击连和运送武器的人，化装成为一支送殡的队伍，船上装着一口大红棺材，内装枪支弹药，棺材前有打灵头幡的人，两旁和后面坐着40多名穿孝服、戴孝帽掩面哭泣的送殡者，还有吹鼓手吹着喇叭。这时天下着雨，人们的哭声和喇叭声交织在一起，凄凄惨惨。送殡的船向江南徐徐开来，一边走着，一边向江里撒纸钱，引魂白幡，随风飘舞。在江南岸的日本兵看见觉得新奇，大声喊叫："死啦死啦的有！"送殡的人们到达江南岸下船。日本兵上前阻拦，强行检察。当棺材撬开缝时，微光中看见里边确实有个死人，脸如黄纸，双眼紧闭，紧接着里面一股腥臭味喷出来。日本兵被连吓带熏，连连挥手，催促把棺材抬走。出殡的人抬着棺材，稳稳当当地向游击队驻地达木库（大来镇北城子附近）走去。日本兵不但未加阻拦，而且还催着走开。天近中午，到达目的地。打灵头幡的汉子把灵头幡往地上一摔，拿起斧头，起开棺材，人们七手八脚把藏在里面的枪支弹药全部拿出来。大家欢呼雀跃，相互拥抱，笑着说："日本兵上当了。"岗区抗日救国会，又一次圆满地完成了党组织交给的任务。

四、保卫达木库

抗日战争时期的达木库是一个有几十户人家的小屯子，位于松花江南岸，屯内树木参天，周围是望不到边的草塘，离佳木斯市很远，非常偏僻。如今这个小屯已不复存在，但达木库这个名字连同它在抗日战争中的重要地位，将永远载入佳木斯的史册。

1936年至1937年，桦川县委、下江特委机关同驻在这里。达木库成了下江党的最高领导机关所在地。北满临时省委冯仲云等领导，时常来到这里传达党中央和省委的重要指示，下江特委以及桦川县委的抗战指示从这里发出。

自1936年初冬，下江特委机关搬入达木库阎会财家后，保卫达木库，成为当地地下党组织和抗日救国会的重要任务。儿童团团长阎会财，率领儿童团员肩负起为下江特委站岗放哨的任务；抗日救国会组织强壮的会员，日夜守护着下江特委；桦川县委游击连活动在达木库东三四十里的地方，经常与敌人周旋，转移敌人的视线。为了防止下江特委机关暴露，特委的很多工作都是通过桦川县委和郊区境内的地下党组织去完成，极大地缩小下江特委的目标。有了来自郊区境内的地下党组织、抗日救国会和人民群众的多方面的保卫，下江特委机关在佳木斯市郊区境内活动两年多的时间（期间也曾转移到火龙沟、戈金等地），敌人一直没有发现。直到1938年3月，因叛徒告密，方暴露目标，组织遭到破坏，被迫转移。

五、视死如归的抗日救国会会员

郊区境内的抗日救国会会员，在参加宣传抗日道理，为抗日联军筹备物资、资金，搜集日伪情报，破坏日伪各种交通、邮电设施，铲除汉奸、特务，优抚抗联家属等活动中，表现十分积极。其中，不乏足智多谋、机智勇敢、不怕牺牲的民族英雄。他们用鲜血和生命，为佳木斯市郊区成为革命老区打下坚实的基础。

卢成山：卢成山是戈穆苏岭（今西格木乡平安村）抗日救国分会会长。戈穆苏岭抗日救国会在他的领导下，一次次出色地完成地下党交给的任务，为抗战做出了积极的贡献。鉴于戈穆苏岭抗日救国会会员在抗战中的突出表现，在日伪当局严酷封锁抗日群众与抗日联军联系，抗日联军最艰苦的岁月里，中共佳木斯西门外党组织把地下交通站，建到了戈穆苏岭。交通站在卢成山领导抗日救国会会员的掩护下，畅通无阻为抗联输送给养、药品和军需物资。1938年初，卢成山在一次抗日活动中，没有逃过敌人的魔爪。他被捕后，敌人对其实施严刑拷打，遍体鳞伤，奄奄一息的情况下也没能撬开他的嘴。惨无人性日本鬼子，使出最后一招，把卢成山拖到狼狗圈旁，威逼无效之际，扔进狼狗圈，卢成山活活被狼狗咬死。

王忠仁：王忠仁是大来岗达木库屯抗日救国分会会长。1938年初春，大来岗警察署派一个特务以到达木库葛家鱼亮子为名，探听了一些抗日救国会的事情。第二天，敌人来了20余名警察，首先闯入抗日救国分会会长王忠仁家将王忠仁逮捕。随后，从他家柜底下翻出一支枪。敌人对王忠仁严刑拷打，灌辣椒水，酷刑之下，也丝毫没有撬开王忠仁的嘴。最后，敌人把王忠仁拉到冰封的松花江上，凿出了一个冰窟窿，指着冰窟窿威胁王忠仁说："再不招供就把你塞进去。"王忠仁面对敌人恐吓，怒目而视，视死如归，只承认自己是抗日救国会会员。日军在无计可施的情况下，残忍地把王忠仁塞进冰窟窿里。

张锡君：张锡君是火龙沟救国分会会长。1938年初，在日伪当局加紧对抗日军民镇压，残酷封锁抗联的情况下，张锡君为给抗联购买过冬棉鞋，装扮成乞丐，背着破旧不堪的钱褡子，手拿打狗棍，每到一个商店买一两双鞋，装进钱褡子里就走，丝毫不引人注意。他还把粮食放到给日伪军送谷草的车里，大摇大摆地通过敌人的关卡，一路畅通无阻地将粮食交给抗联部队。

郊区境内的抗日救国会员，为了赶走日本侵略者不惜牺牲自己的生命，在敌人的严刑拷打下，视死如归。"三一五"事件中，被日伪当局逮捕的抗日救国会会员有：大来岗城子甲的尤大荣，西火龙沟的钟世奎，东火龙沟的王立清、王文宽，火龙沟的刘庆林，双龙沟的陈恩生，木舒吐的关海峰、关海昌，大来岗杨昆甲的王永庆，永安甲的张连福、张珍、赵春、赵忠德、于德袁、王兴录、张万臣，兴隆甲的张财、周英，泡子沿甲的王志宽、杨德山，敖其甲的林永茂、阎会福、年会等。

第六节　党组织领导的武装暴动

一、格区人民大暴动

格区人民暴动，也叫宝宝山暴动。1935年以后，日本侵略者残酷统治愈益加剧，地下党格区区委所在的四合村亦被敌人当作据点，自县城调来30名日军守备军驻防。守备队司令明越大佐恶如豺狼，枪杀了有反满抗日嫌疑的伊、高两名保长后，用刺刀挑起尸体扔到粉房门外粪堆上，用来恫吓抗日群众。此举不但没有吓倒抗日的民众，反而激起了民众更加高涨的抗日怒潮。

1937年9月，汤原中心县委在格区凤阳屯高连家召开常委会议，在下江特委的领导下，决定以格区为中心，组织汤原县4个区抗日群众进行一次暴动。县委书记高雨春、组织部长周兴武、宣传部长张玉凤、青年部长高玉斌等县委成员均直接参加此次大暴动的组织领导。县委会议拟定将抗日群众集中在宝宝山上，引蛇出洞，与日军较量。会后，格区区委及救国会深入各村发动群众参战，以团、营、连、排建制组织编队。

9月17日，格区各村屯的抗日群众按预定计划，手持土炮、抬枪及大刀片、红缨枪等土造武器自四面八方集聚在宝宝山上。一时间宝宝山上红旗招展，大刀闪亮，仅格区即有500人汇于指定地点。按照指挥部命令，暴动群众将宝宝山东侧格节河大桥及西侧望江镇景阳村北木桥烧毁，切断敌人守备部队与汤原至鹤立的交通线，将汤原至丁家粉房电话线砍倒30多根，拆除电话线，断绝四合守备队与汤原联络。入夜，修战壕、挖掘掩体等任务均已如期完成。自宝宝山至老母猪岗长达13里的蛇形壕堑中隐蔽着暴动群众据守待命；妇救会、儿童团送水送饭，联络不绝。

9月18日晨暴动正式开始，宝宝山上誓师大会后，在景阳屯桥头将一贯与人民为敌、效忠日寇的伪甲长高彦臣处决。

枪声响起，驻在丁家粉房的日军守备队发觉群众行动异常。但宝宝山上千百抗日群众声势浩大，吓得敌人惊恐万分。明越大佐向鹤立、汤原搬兵，但电话不通，在据点中不敢伸头。暴动指挥部连续6次派人送信叫阵引蛇出洞："明越，你天天找抗联，现在来了，较量较量吧！"日军司令明越愈加龟缩不出，直至天黑后，刮去胡子化装成民众，带心腹护兵钻玉米地溜山根逃回汤原城里。驻莲江口日军守备队得知消息，也吓得逃往江南；汤原、鹤立敌人均在暴动声威下未敢出动。

格区大暴动中，望江村（西兴）的邓玉春等10人编入了战斗队，另8人被编入担架队。他们在暴动中各个英勇顽强，不怕牺牲。

二、"三一二"暴动，山林警察起义

哪里有压迫，哪里就有反抗。在日伪时期，日本侵略者不但欺压百姓，就连为他们卖命出力的伪警察们都不放过。1943年发生的四合山山林警察暴动起义震惊东三省，是中国人民不受外寇欺辱、不愿当亡国奴的真实写照。

四合山山林警察队副队长日本人伊色，对山林警察残酷虐待，生活上克扣，精神上摧残，动辄拳打脚踢，山林队员对其恨之入骨。姜永茂早就想除掉他。1943年3月初，姜永茂和尹国志等人密谋起义，决定去苏联边境，投奔抗联部队。参加密谋的齐志海心怀叵测，于3月12日去伪警察署告密。张江发现，立即报告姜永茂。姜永茂当机立断，决定马上起义，告诉张江迅速集合队伍。自己闯进日本队长办公室，一枪击毙正在挂电话的伊色，然后打死了伊色老婆。随即下令打开仓库，让队员换上新枪，带足子弹，正式宣布起义。姜永茂携家带眷，率领29人，兵分两路奔赴七星砬子。一路由四合山出发，往南经杨家岗到达子营；另一路经高永禄屯到达子营。在达子营会合后，没有休息就出发，直到傍晚才到七星砬子。

当晚10点钟，日伪军追击部队600多人，包围了起义队伍，13日清晨，日伪军开始攻山，伪警察在前，日军在后，起义的伪警尉齐志海，一边往山上爬，一边喊话，叫姜永茂放下武器投降。姜永茂义愤填膺，怒不可遏，一枪就将其击毙。这一天，敌人连续发动几次进攻，都被起义队伍打退，死伤60多人。到下午4时，日军调来炮兵，开始轰山，姜永茂和3名队员，在硝烟弥漫的炮火中壮烈牺牲。姜妻也负重伤，不久身亡。起义人员面对弹尽粮绝的局面，决定撤走。晚10点开始突围，几次都没有冲出去，便把队伍化整为零，分散撤离，转移阵地。

起义队员张江，领着姜永茂的儿子姜殿文、姜殿武，逃出封锁线，被敌人冲散。姜氏兄弟在申家店被伪警察逮捕送到佳木斯，关押在伪三江省警务厅。张江和途中遇到的另一名队员夜间在刘凤楼屯隐蔽，被伪屯长告密，不幸在草垛里被日军机枪射中牺牲。之后，日伪军在车站、码头、各村屯设卡。先后逮捕起义队员17人，押到四合屯东山，集体枪杀。姜永茂的儿子姜殿文因年龄幼小，被判处徒刑。1945年解放后出狱，参加人民解放军。

这次起义因寡不敌众，惨遭失败，但至今人们还传诵着他们抗日救国的英雄壮举。

三、梧桐河矿警起义

佳木斯西门外党支部和桦川中学党支部合并成为中共佳木斯市委不久，决定到敌人统治比较薄弱的地方开展工作，发展抗日武装力量，同日伪军进行武装斗争。共产大员马克正向党组织汇报，梧桐河金矿有矿警队，那里日伪统治比较薄弱，可以争取他们反正。并说明自己同族的爷爷马仿潜，生前在该金矿影响很大，可以利用爷爷的关系来到梧桐河金矿。

1937年春，马克正利用爷爷的关系来到梧桐河金矿。他对矿上的头头说："祖父去世了，家里生活非常困难，不能继续求学，想在矿里找点事做。"矿头头知道他家里情况，又见他聪明伶俐，中学文化，就安排他在矿里当文书，马克正工作不久，就和矿里人混得很熟，大家都不把他当外人。1937年2月27日，马克正以探家为名，向市委作了汇报，市委书记董仙桥听取了马克正的汇报后，认为他已经站住了脚，决定增派负责士兵工作的陈方均同志去梧桐河金矿配合马克正做矿警的反正工作。为加强领导，市委决定成立梧桐河金矿党小组，马克正同志为组长，直接由市委领导。

马克正按市委指示，返回金矿，做通矿头头工作，把陈方均以自己"表哥"的名义，安排到梧桐河金矿当上了矿警。陈方均到矿警队后，慷慨解囊，常买些烟酒送给矿警，很快和矿警队的几个头头混熟。矿警们有什么话都愿和陈方均讲，他们把陈方均当知心人，对他毫无戒备。马克正、陈方均经常利用茶余饭后，巧妙地向他们宣传日军侵略中国的罪行，并抓住日本人对大多数矿警待遇低的情况，激发矿警的反日情绪。在他们的秘密活动下，矿警们对日军越来越不满，许多矿警都起来和日军对着干。在工作中，马克正了解到，矿警里有个大个子，枪法好，有威信，要把他争取过来，矿警就会全拉过来，马克正经过很多耐心细致的工作，终于把大个子矿警争取过来，并形成七八名骨干队伍，基本上掌握了矿警队。

矿警起义准备工作基本就绪。1937年5月末，陈方均回到佳木斯，向市委领导人汇报了情况，并把矿警队起义时间定为6月22日夜间2点钟，以鸣枪为号。这天，陈方均夜里10点到12点值班。他对接岗说："我一会帮你值班，省得你一个人孤单。"快到2点的时候，陈方均来到岗哨，听到远处有狼嚎叫，知道是接应部队来了，他立刻对站岗的矿警说："有狼叫，打它两枪。"话音刚落，陈方均就向空中打了两枪。接应的部队回应了两枪，联系上后，陈方均急忙跑进屋，告诉矿警们起义的时间到了，矿警们都跑出来集合。少数矿警开始有点犹豫，一见大势所趋，也站进起义的队伍里。马克正向矿警讲了话，宣布起义。马克正和大个子矿警用枪逼着保管员，打开金库、仓库，往外搬东西。起义的矿警们带着缴获的黄金和几千斤大米、白面、枪支及十多车被服，投入接应的抗联六军四师的队伍中。等矿头们知道了这件事时，起义部队早已走远，他们气得发疯，束手无策。后来，由陈方均、马克正率领的这支矿警起义队伍扩编为抗联六军的二十九团。这支抗日队伍活跃在鹤岗、富锦一带，成为一支抗日劲旅。

第七节　主要战斗

一、夜袭大来岗警察署

1931年"九一八"事变后，这里的人民群众在地下党的领导下，成立抗日救国会，开辟抗日游击区，创建抗日根据地，配合抗日联军给日伪当局以沉重的打击。因此，盘踞在佳木斯的日军首脑对此惊恐万状，惊呼："三江省已变成了共产乐土！"声称这里"地红三尺，老百姓是吃了秤砣，铁心跟着共产党。"

敌人为了控制这块"红地盘"，切断岗区人民群众与抗日联军的联系，在大来岗不仅设置了警察署，而且配备了一个40多人的警察马队。

日伪当局在大来岗增加武装，无疑是对抗日斗争构成威胁。为此，中共桦川县地下县委决定尽快拔掉这两颗"钉子"，以便打消敌人的嚣张气焰。

为了摸清敌人的情况，打有准备之仗，一举拔掉王锡坤带领的警察马队这颗"钉子"。1936年3月，岗区区委针对王锡坤警察马队经常活动在刘小坊屯的情况，决定派人前去侦察。区妇女部部长陈二丫主动提出利用和王锡坤有点贴亲的关系，以串门的方式去刘小坊。区委同意了她的请求，并嘱咐她要尽快发动群众，把抗日救国会建立起来，并在可能的情况下，争取王锡坤反正。

陈二丫到了刘小坊住在"姐夫"王锡坤家。第二天夜里，王锡坤带人回家把正熟睡的陈二丫叫醒，捆起来吊在房梁上拷打。陈二丫经受不住酷刑和姐姐的引诱，嫁给了王锡坤做小老婆。并将大来岗地下党组织和桦川地下委活动地点全部告诉给王锡坤。王锡坤掌握了地下党的活动情况后，整天带着马队到处抓人，有时还带着陈二丫四处认人，只要她一点头，人就被抓走。一时间，大来岗地下党组织难以开展工作，有几个村的抗日救国会会长被捕，解往佳木斯，押进监狱。

面对敌人的猖狂活动，桦川县委和岗区区委共同研究袭击大来警察署，消灭警察马队，活抓王锡坤和陈二丫，惩治汉奸和叛徒，为被捕入狱的同志报仇。

中共桦川地下县委决定在1937年2月，农历大年三十晚上攻打大来岗警察署和王锡坤马队。

腊月二十九正值中午，中共桦川县委书记尹洪元亲自来到大来岗，等候与岗区区委书记王尊相接头，研究袭击大来岗警察署的计划。尹洪元在万家油坊万中海家等到12点多钟，不见王尊相，便吩咐同来的县委青年部部长小马，看见王尊相后通知他当天晚上在马甲长家接头，然后离开了大来岗。

过午1点多钟，王尊相与岗区宣传委员老纪来到大来岗。小马看到王尊相、老纪二人，转达了县委书记的指示，便回到了县委所在地——达木库。

小马走后，王尊相和老纪也离开了大来岗，来到山音屯的支部书记董老疙瘩（绰号）家。午后2点多钟，王尊相、老纪二人正在董家喝酒。突然，王锡坤带领马队包围了院前院后（王尊相、老纪二人的行动被王锡坤的特务发现）。喝酒时，王尊相把用于袭击警察署的3支手枪都压在屁股底下，他没有来得及掏出来，就被缴了械。王锡坤把王尊相、老纪二人带到外面，刚一出里屋，王锡坤开枪从背后把王尊相打倒在外屋的锅台边。到了院子里，又开枪把老纪打死。然后，王锡坤带几个警察把董家翻了一阵子，见没有什么可疑的东西，就拿了些准备过年的白面和猪肉，回到大来岗。

王尊相和老纪惨遭杀害的消息很快传到了达木库，中共桦川县委当即召开会议，认为岗区区委刚失去了领导，再去攻打大来岗警察署不利。因此，决定要在正月十五进行夜袭行动。

地下党员大来小学校长宋绍景会同警察署的几个内线，把大来岗警察署和王锡坤马队的岗哨、宿舍、仓库等处绘好了线路图，送到桦川地下县委。

正月十五夜晚，由岗区游击连和县肃反队加上下江特委、桦川县委、岗区区委的全体干部共计200多人火速行军,来到大来岗,他们先留一部分守住通往东西两头的公路,以便阻击佳木斯或依兰来增援的敌人。其他人都挨近了警察署隐蔽起来。

子夜时分,忙碌了一天半宿的人们都疲劳地进入梦乡。这时,警察署的西南角岗楼传来3次火光。原来这是内线传出警察们都已入睡的信号。

县委书记尹洪元大手一挥,轻声地说:"上!"行动大队立即分成几股,从四面包围了警察署大院。此刻,县肃反大队队长李六子将准备好的梯子搭在院墙上,首先翻墙进入院内。紧接着,几十名队员也随之入内。

李六子迅速接近警察署长(绰号李老太太)的宿舍,轻轻推门而入,还没等警察署长清醒过来,就被李六子用枪给逼住并轻喝:"不许动,把手举起来!"李署长乖乖地当了俘虏。

其他队员迅速进入警察们的宿舍,只见40名警察已酣然入睡,几十支大枪都放在地中间的枪架上。队员们迅速把枪拿下,然后厉声地将熟睡的伪警察们喊醒。

听到"不许动!""不许动!"的喝令声。伪警察们都昏头昏脑,不知所措,任凭队员们摆布。

这时,李六子逼着警察署长打开仓库门,几个队员把一箱子弹和棉大衣、棉鞋、棉帽都搬到院外,外面接应的队员用小车把这些战利品运到村外。

县委书记尹洪元命令游击连的战士都穿上伪警察的服装,换上伪警察的长枪,把子弹都推上膛,到后街去找王锡坤。留下的同志看押被俘虏的警察。

当尹洪元带领游击连战士们接近王锡坤的马队时,不巧被马队的岗哨王聋子发现了。王聋子端着枪大声喝道:"谁?干什么的?"战士们都没有回答。王聋子看见过来的是一队"警察"

时，便把枪背在肩上，大咧咧地往前凑，边走边嚷嚷："你们到哪里去抓赌？等我一会儿，下岗后我也跟你们去。"原来王聋子是想要捞点油水。

他这一嚷嚷不要紧，急坏了下江特委肃反队的雷队长，如果王聋子靠近他们一定会认出这帮"警察"是假的，必然会暴露目标，于是，性子急的雷队长当下一扣动扳机，子弹正打入王聋子的前胸，就听"哎呀"一声，王聋子一头栽倒在路边的壕沟里。

枪声一响，马队早有准备，两挺机枪在院子里扫射，两条火舌压得同志们抬不起头来。还没等队员们攻进院里，就都撤出来。县委书记尹洪元见攻打警察马队难以成功，便一声令下，迅速撤出大来岗。

这次夜袭大来岗警察署，共缴获了40多支长枪和10余支短枪，还有许多子弹及军用物品。拔掉大来岗警察署这颗"钉子"，震慑了敌人，伪警马队再也不敢在大来岗一带轻举妄动了。

二、智取黑通伪警察所

1936年9月20日晚上，寂静的村子，一片漆黑，只有警察所里灯火通明，伪警察们白天四处勒索，晚上狂嫖滥赌，吆五喝六的声音传出很远。远处不时传来几声"汪汪"的狗叫声，在灰暗的月夜中回响，格外阴森恐怖。

夜里，轮到伪警察刘金祥站岗。午夜时分，伪警尉张义生醉眼惺忪地出来查岗。发现哨位上无人，便气急败坏地回到警察所，让人把刘金祥找来。原来，刘金祥目睹日本侵略者的暴行和伪警察分所长孟警尉、张义生等人为虎作伥、横行乡里的所作所为，他心存不满常常一个人喝闷酒。这天，他又跑到村里一户人家喝闷酒，回来倒头就睡误了岗。张义生看见刘金祥进来，不容分说，抡起皮带，劈头盖脸就打下去。血顺着他的两颊、嘴角慢慢地流淌着，他被打昏了。全所的人被惊醒了，看见刘挨打，心中不免升起一种兔死狐悲的感觉。张义生在众人的劝解下，虽然住了手，但还余怒未消。他气势汹汹地站在屋当中，大声骂道："今后都他妈小心点，谁要是跟老子耍心眼、不讲交情，就别怪老子无情。"说罢气汹汹地走了。

刘金祥被人挽回宿舍，躺在炕上，心里真不是滋味，委屈和愤恨一起涌上心头。他无声地哭泣起来。

第二天早上，他的好朋友伪警士唐效师端着一碗面走进来，见他面容憔悴，便悄悄地对他说："老刘，心要放宽些，凡事忍耐些吧。"听他如此说，刘金祥像个孩子似的失声痛哭起来，他呜咽地对唐说："大哥，这明摆着和咱们过不去，我真想和他们拼了。"

唐效师赶紧安慰他说："兄弟，千万不要胡来，俗话说'留得青山在，不怕没柴烧'，咱们总会有出头之日的。"说罢将面条递给他说："趁热吃吧，有话等你好了再说。"刘金祥感激地说："放心吧大哥，我听你的。"唐效师走了，留给他的不单是一碗面，更主要的是朋友间的温暖。此后，唐常来看他，两人的关系比以前更加密切了。

一天晚上，唐效师悄悄地对刘金祥说："兄弟，听说日本兵在江北挨了抗联的伏击，死伤很多人。这回把日军打疼了，昨天孟所长和张警长被找去开会，要严查抗联的活动。你我可得多个心眼。"刘金祥听罢，回答道："大哥，你还不知道我吗，真让我遇见'北边'（指抗联）的人，我说不定跟他们走了，脱下这身老虎皮，跟他们打日本人去。"唐效师问："兄弟，你真有此心？"刘金祥站起来，激动地说："大哥，我说到做到决不食言，就怕人家不要咱这号人。"

唐效师紧紧抓住他的手，半响才说："好兄弟，这话千万不要对外人说，咱们心中有数就行了。"

唐效师还真有点本事，没过几天，他便和一个叫"老米"的人联系上了（老米，本名赵海洲，是当时抗联三军六师地下交通员）。一天晚上，老米在村外找到唐，对他说："老唐，有人想和你谈谈。"唐效师问："是谁？"老米神秘地小声说道："见面就知道了，赶紧跟我去。"唐效师有点丈二和尚摸不着头脑，便紧跟在他的后边，来到村西一座小马架前。他进屋一看，炕沿上坐着一位生人。他穿着一身几经缝缀的青布裤褂，清瘦的脸膛上，挂着微笑。一双炯炯有神的眼睛，和善地望着他们。在他的手指间，夹着粗大的喇叭筒式的烟卷，正在津津有味地吸着。老米上前，在他的耳边低声地说了起来，他一边听，一边连连点头，并笑着站了起来，老米介绍说："这是抗联的崔指导员。"崔指导员走到唐效师面前，握着他的手，笑着说："你的情况他都跟我说了，我们欢迎你弃暗投明，这是一条光明的道。"唐效师紧紧地握着崔指导员的手，如见久别的亲人。接着，他们三人坐在一张小炕桌的周围，低声地说了起来，直到掌灯时分才分头走出这座马架房。他们决定由唐去争取刘金祥，并约定农历九月十五再联系。唐效师像酒后初醉，满脸通红，一边轻快地走着，一边哼着没戏文的京腔。晚饭后，他悄悄地把刘金祥拉到外面，把白天的事告诉了他，然后说："兄弟，这事都说给你听了，你要告发我，可得一大笔赏钱，还能升官。"说完把脸扭向一边。刘金祥一听急忙回答说："大哥，你怎么能这样说，我姓刘的不是没良心的人。你如果信得过我，就把我带上，死而无憾。"唐效师回过头来，急忙抓住他的手说："兄弟，我是和你开个玩笑，何必认真。从今以后，你我就是生死兄弟，咱们一块投抗联打日本人去，死了也能对得起祖宗了。"

农历九月十五的晚上，按约定他们又在马架屋会面。除了原来的3个人，又多了个刘金祥。他们商定，九月二十这天，该轮到唐效师、刘金祥站岗，决定里应外合，端了这个狗窝，打掉孟、张这两条疯狗。

农历九月二十日的晚上，呼啸的秋风吹得残枝败草呼呼作响，漆黑的夜伸手不见五指。黑通警察分所里，早已鼾声如雷。

刘金祥和唐效师，紧紧握着手中的枪，全神贯注地盯着前面，等待着战斗的到来。唐效师在院子里密切地监视着东西厢房。这黑通警察分所是四合大院，西厢房是伪警察的宿舍，东厢房是所长孟警尉和张警长的住所，上房办公用。在午夜时分，刘金祥突然发现在他前面不远处，有一团微弱的火光在风中摇曳着，紧接着又出现两次。信号，刘金祥赶忙揿亮手电筒，在空中划了三个圆圈。接着，黑暗中走过来三个人，除老米和崔指导员外，还有一位生人。老米悄声地介绍说："这是苏连长。"苏连长问刘道："有变化了吗？"刘金祥说："没有情况，动手吧。"苏连长随即轻轻地拍下手，黑暗中二十几名抗联战士，动作敏捷地来到跟前。只见苏连长一挥手说："照计划行动！"二十几名抗联战士顺着打开的角门，悄悄地来到院内。唐效师赶紧走过来，悄悄地说："都睡死了。"随后，兵分两路，唐效师引路，由苏连长带7名战士直扑东厢房。其余跟崔指导员冲向西厢房。

东厢房内，一盏马灯吊在柱子上，发出浅淡的光亮，两把盒子枪分挂在南北墙上。孟、张二人张着大嘴，酣然大睡。苏连长带领战士进去后，两名战士直扑挂枪的地方，将挂在墙上的枪摘下来，接着，苏连长大喊一声："举起手来！"孟警尉似醒非醒地嚷道："半夜三更，嚷什么？"这时，苏连长用冰冷的枪管顶着他的脑袋说："不许嚷！起来穿衣服！"声音不高，却彻底地使他们清醒了。孟、张二人一看眼前的架势，顿时像一摊稀泥堆缩在床上，头上的冷汗如注。战士们掏出绳子，将这两条"狗"捆了起来。

另一路，由刘金祥带领，崔指导员率领其他战士扑进西厢房。手电光下，二十几名伪警察挤在一铺大炕上，头东脚西正在梦乡。战士们迅速抱走架在枪架上的枪支，崔指导员手握匣子枪，大声喝道："不许动，举起手来！"被惊醒的伪警察吓得缩成一团，有一个伪警察伸手去抓枪，却被眼前横过来的刺刀吓得缩了回去。二十几名伪警察糊里糊涂地当了俘虏。

这时，苏连长进来与崔指导员悄悄合计了一下，便让战士们把俘虏集中在一起。向他们讲了抗日的形势，劝其迷途知返，向他们宣布了孟、张二人的罪行。崔指导员厉声说道："根据他们顽固效忠日伪、甘心当汉奸，顽固地与人民为敌的罪行。我代表人民宣判他们死刑！"孟、张二人一听，浑身筛了糠，连连磕头，祈求饶命，但已无济于事，"砰砰"两声枪响，孟、张二人和死狗一般扑腾栽倒在地，在场的日伪警察们吓得面如土色。

崔指导员对他们说："你们不要害怕，只要你们今后改邪归正，不做坏事，不为虎作伥，我们一律不杀。但你们要记住自己是中国人，做事要上对得起祖宗，下对得起子孙后代。不要成为被人们唾骂的汉奸贼子。如再要干坏事，这地下躺着的就是你们的下场。"说罢，让战士把他们锁在西厢房里，游击队员便迅速地撤离黑通村。唐、刘二人也同时参加了抗日游击队，走上了光明之路。待村里的自卫团发现后，游击队早已渡过松花江，消失在茫茫的黑夜中。

这次战斗，前后不过十几分钟，干净利索地除掉了两个罪大恶极的汉奸，缴获长短枪20余支、子弹千余发。这次战斗，打击了敌人的猖狂气焰，鼓舞了抗日人民的斗志。

三、袭击黑通自卫团

1938年腊月里的一天,驻扎在汤原境内的抗联六军某部团政治部徐主任和所属一连的朱连长率领一百多名战士,从北岸过江,准备袭击黑通自卫团。

黑通村当时属于桦川县管辖,在佳木斯西20华里处,是佳木斯去往依兰县的必经之路。1936年秋,这里的警察分所被抗联游击队连窝端了后,日伪当局十分震惊,为防"后患",在黑通村路南设置警察马队,以防猴石山一带抗联队伍的袭击。又在江边不远处设置自卫团部,充实了团丁队伍,由原来的30余人增加到70余人。伪警察所重新进行调整,并充实武装设备,警察们都配有长、短枪各一支。村子周围的围墙也加了高,堑壕又深挖2尺,在敌人的眼里,这里已经是壁垒森严。

徐主任和朱连长率领战士午夜时分来到黑通村北门外。朱连长命令几名战士铺木板架桥,他们迅速地过了城壕,竖起已准备好的梯子,朱连长首先带领几名身强力壮的年轻战士翻过城墙。

他们来到城门下,只见两个守门的团丁都坐在长凳上,抱着长枪,早已进入了梦乡。这时,有两名战士闪电般地蹿到守门团丁的背后,每人搂住一个,把嘴用毛巾堵住,两个团丁还没有醒过来,就当了俘虏。其他几名战士已将城门打开,百余名战士一拥而入,进了村,这一切行动,都在神不知、鬼不觉中迅速地进行着。这是一个四合大院,院门紧闭,朱连长命其他战士都隐蔽起来。他领着一名战士来到门前,假装是换岗的团丁,轻轻的敲门声,惊醒门内的把门团丁,只听门内人自言自语说道:"怎么这么短时间就要换岗,困死人了。"边说边去开院门,没等门全打开,朱连长一把搂住团丁的脖子拖到门外。当团丁知道是抗联队伍打进来了,两腿像筛糠似的站都站不稳了。这时,徐主任过来问团丁："院里有多少人？都在干什么？"

团丁战战兢兢地回答："长官饶命，我说，我说，东厢房有30多人都睡着了，团长他们正在上屋打牌，其他团丁都去南道巡逻去了。"

朱连长叫两名战士看好团丁，同徐主任商量一下，便率领一部分战士迅速占领大院，徐主任率领一部分战士掩护。

他们来到院内，见上屋灯还亮着，不时传来阵阵打牌声。这时一名班长问朱连长："怎么办？"朱连长果断地说："先抓打牌的团长。"战士们便向上屋奔去。

就在这时，只听上屋门内传出"汪汪"的狗叫声。原来战士们的脚步声惊动了自卫团的大黄狗。

狗一咬，屋内打牌声立即中止。团副刘万义叫身边带班团丁张福去看看怎么回事。自卫团团长张广林有些不耐烦地说："深更半夜的有什么事，快打牌。"四个人又继续打起牌来。

张福端着枪来到门外，顺厢房来到院中间，一眼看见一群人站在那里，张福急忙问道："谁？"话音未落，朱连长抬手就是一枪，只见张福"妈呀"一声，栽倒在地。

屋里人听到枪声，知道事情不妙。顿时慌作一团，打牌的地主阎太吓得钻到牌桌底下，团副傅中随即打碎吊灯，便向外开枪。这时在西厢房睡觉的30多个团丁听见枪声也都爬起来，一齐冲出门外进行射击。

朱连长立即指挥战士撤到东厢房和北屋院墙，利用长廊的柱子作掩护，进行反击，双方展开了激烈的枪战。

战斗中，有几名战士冲进自卫团的马厩，将十几匹战马击毙，然后，把马厩点着。

这时，在村中的伪警察们听到枪声，匆忙赶来增援。

在院外，徐主任率领另一部分战士阻击伪警察。

院内，激战已经持续一个多小时，自卫团的孙福、何焕章、杨德纯当场被抗联战士打死。

抗联的朱连长和另外一名战士在战斗中不幸中弹，壮烈牺牲。

天将拂晓，徐主任考虑不宜恋战，便当机立断，命令战士们撤离战斗。

这次战斗缴获步枪10余支，俘虏了团丁田国祥，把自卫团的大院全部烧光。

当敌人的增援部队赶来时，抗联战士已经乘船安全地转移到松花江的北岸。

四、将计就计，收缴地主武装

1935年2月12日，元宵节前，夏云杰、戴鸿宾率领战士300多人，去现在群胜乡的火龙沟收缴地主自卫团的武装。当时，火龙沟大地主姜海泉得到消息，听说日伪军要来本村，立即组织秧歌队，准备欢迎。抗日联军的徐光海、裴敬天与指挥员夏云杰商量，决定将计就计，率领部分战士，穿上伪军服，化装成一队伪军，打着伪军军旗，列着整齐队形，向村里走去。地主姜海泉有眼无珠认为是伪军到了，便率领秧歌队和自卫团，锣鼓喧天地出村迎接。夏云杰率领战士，没等地主醒过味，突然一声号令，一齐动手缴了自卫团的部分武器——数十支步枪，胜利返回抗日根据地。

五、横穿"铁打"的伪三江省省会

日伪时期，佳木斯市是伪三江省省会所在地，由武装到牙齿的日军精锐部队及甘心情愿地为日本效力的伪军把守，在日伪当局的心里，佳木斯城是一座坚不可摧的堡垒、铁打的营盘。

1938年春，抗联六军二师师长张传福率领部队在佳木斯地方游击队的配合下，从日军的蒙古力飞机场（今佳木斯飞机场）对日军发起进攻。在张传福的指挥下，抗联战士和游击队员奋不顾身，浴血奋战，英勇杀敌，攻克了敌人的一道道防线，无坚不摧，一直打到佳木斯西门外（今郊区长青乡佳西村），横穿了"铁打"的伪满洲国的三江省省会。战斗从黄昏打到第二天日出，整整一夜，缴获了日伪军大量枪支弹药、马匹等物资。这场战斗沉重地打击了敌人的嚣张气焰，助长了抗日联军的威风。

第八节　对抗联的支援

1937年"七七"事变，即卢沟桥事变。日本帝国主义制造卢沟桥事变之日，即是全国抗日战争爆发之时。从此，东北抗日游击战争摆脱了孤军独战的局面，成为全国总抗战的一个重要组成部分，其战略任务也因此发生了重要变化。正如毛泽东在《抗日游击战争的战略问题》一文中指出的那样："东三省的游击战争，在全国抗战未起以前当然不发生配合问题，但在抗战起来之后，配合问题就明显地表现出来了。那里的游击队多打死一个敌兵，多消耗一个敌弹，多钳制一个敌兵使之不能入关南下，就算对抗战增加一分力量。至其给予整个敌军敌国以精神上的不利影响，给予整个我军和人民以精神上的良好影响，也是显而易见的。"

抗战期间，佳木斯市郊区境内的地下党的领导下的抗联部队，之所以能够大量地消灭和钳制住日伪军，是因为有佳木斯市郊区革命老区人民临危不惧的掩护和支援。

一、兄弟诱敌，抗联和乡亲脱险

1937年10月14日傍晚，抗联三军一个小分队从依兰顺大来岗来到猴石山东南坡的春元屯驻扎。

春元屯（今佳木斯市郊区沿江乡新华村），当时仅有几十户人家，在屯边挨道第一家便是屯长张永春家，张永春虽说是伪屯长，可暗地里却是我抗联地下交通站站长。张家兄弟和母亲三人相依为命，其母亲和弟弟张永福受张永春抗日思想的熏陶和影响，都成为地下交通站的交通员。抗联小分队一进屯，便迅速地隐蔽在张永春和其他几户农民家里。准备明天一早翻过猴石山去江北岸攻打汤原县城。夜里9点多钟，在屯外放哨的战士突然发现一支队伍黑压压地由北面过来，当来到屯子东头时，队伍停了下来。放哨的战士大声喝道："喂！干什么的？"对方没有回答，哨兵知道可能遇到敌人，便躲进高粱地里朝天鸣枪报警。"砰！"的一声枪响，划破了宁静的夜空，敌人的队伍马上趴在地上，窥测着周围的动静。原来这队人马是日伪军追剿抗联，在伪警察田恭和吕殿启带领的从黑通村往西格木一带搜捕抗联队伍的日军。日军在没有任何发现的情况下，把屯子包围起来，日军的一个小队长正唔啰哇啦地同翻译对话，气势汹汹地准备血洗春元屯。就在这危险时刻，张永春挺身而出，从容不迫地来到屯边，在敌人队伍面前同翻译说明来意。日军小队长听说来人是屯长时，便恶狠狠地问道："刚才是谁打枪？""太君，刚才是看地的良民放的洋炮，吓唬小偷的。"张永春镇静地回答道。"马胡子在哪里？"日军小队长问。"马胡子天黑时往南边去了。"张永春非常认真地说。日军小队长听说抗联队伍往南去了，命令张永春找个人给带路去追剿。

张永春借去找向导的机会回到家里同弟弟和母亲商量对付

敌人的办法。此时，百余名抗联战士也十分焦急，只等连长一声令下，与敌人决一死战。张永福听到屯边日军的嚎叫声，洋马的嘶鸣声，知道情况十分危急，此刻耽搁每一分钟，抗联战士和乡亲们的性命就多一份危险，于是他坚定地说："好！大哥！还是我去给日本兵带路，把他们引走，你们赶快领战士们进山藏起来。"说罢，张永福便冲出自家园子，来到邻居李信家骑着李家的小白马来到了屯边。刚到日伪军马队跟前，就被两个伪军拖下马来，一个日本兵不分青红皂白抡起枪托向张永福的头上狠狠地砸下来，张永福当即昏倒过去，过了一会儿，他从昏迷中醒来，听见翻译正向日军小队长解释说："他不是马胡子，是给太君拉道（带路）的良民。"日军小队长假惺惺地来到张永福面前，狰狞地笑道："你的好好地带路，皇军大大地有赏。"当时，张永福心中只有一个念头，要尽快把敌人引开，使抗联战士和乡亲们脱险。张永福带领敌人每到一个屯，日伪军都要找村长或屯长出来训话。然后挨家挨户进行搜查。稍有怠慢，便举手就打。当到德胜屯，日军为了寻开心，强令屯长刘卢国趴在冰冷的水沟里，不准出来。午夜时分，日伪军经哗啦沟过山，在朱家店（今群胜乡巨城村）驻扎下来。

第二天早上，没有发现抗联队伍，敌人才知道上了当，强令张永福立即带队回屯。此刻，张永福不顾处境的危险，早已把个人的生死置之度外，他慢腾腾地骑马走在前面。心急如焚的日军小队长不时地用鞭子抽打张永福的小白马。可张永福为了让抗联部队更安全脱险，带领鬼子去潘家屯经马家沟绕了个大弯子才回到春元屯。

在抗日战争时期，佳木斯市郊区地域，像张氏兄弟那样不顾个人安危、掩护抗联战士的人不胜枚举。

二、乔装蔽敌，掩护伤员

1938年2月，中共地下党员赵明久、刘禹民在西部黑通屯救出了被敌人打伤的中共下江特委书记黄诚植，他们将黄诚植送到地下党佳木斯西门外李淑云家里进行养伤。一天伪警察来搜查，李淑云叫黄诚植男扮女装，装作有伤寒病，躺在炕上呻吟，骗过敌人，掩护黄诚植脱险。原来，在几天前下江特委书记黄诚植正在带领几个区委干部在黑通屯一间小屋子里开会。秘密传达上级指示。突然，啪啪……玻璃窗上清脆响了四下，这是放哨的同志发出的危险信号，敌人又来偷袭了。黄诚植一掌打翻油灯，顿时屋里一片漆黑，他和同志们赶紧冲出屋外，上了一个土堆。这时敌人已经包抄过来，子弹嗖嗖地从头上掠过。黄成植拔出手枪，一连击倒3个敌人，随后一挥手："同志们，冲！"说完就带头冲出包围圈。为不暴露下江特委所在地达木库，他奋力向东奔跑去。跑着跑着，他觉得臀部被什么东西撞了一下，扑通摔倒在地上。他明白自己受伤了，为不被敌人俘虏，他咬着牙向前爬去。忽然，他意外地发现前边不远的地方有一堆玉米秆，便乘着漫天大雪就钻了进去……想着想着，他又昏了过去。后来，他便被赵明久等人救下，送到李淑云家中。就这样，中共下江特委书记黄诚植幸免于难。

三、筹转物资，支援抗联

为了打破敌人对抗联的经济封锁，桦川县（今佳木斯市郊区）的抗日救国会千方百计地把衣物、粮食转送给抗日联军。粮食是群众自愿筹集的，衣物除了妇救会的妇女自做的外，还要到城里购买。在日伪当局的严密封锁下，到场内买东西是很困难的事。敌人在各大商店都设有便衣特务，发现购买东西多的人，便衣就要追问。为了对付便衣特务的监视，救国会派人进城买东西想出了各种巧妙的办法。火龙沟抗日救国会的张锡君,到佳木斯给抗联买胶鞋时,为了不引起敌人的注意,他装成要饭的乞丐,背着破烂不堪、脏兮兮的钱褡子,每到一家商店买两三双,放到城外的老倪家,然后再到另一家去买,三四天时间就能买40多双,带回去后转送给抗日联军。张锡君给抗联六军送粮食用的办法更巧妙,村民赶车给日伪军拉谷草的时候,把小米、白面、胶鞋和帽子等物资放在谷草里。名义上是给日伪军送谷草,实际上是给抗联送粮食和物资。由于打着给日伪军送谷草的幌子一路上畅通无阻,顺利地将物资交给了抗联。活动在佳木斯市郊区境内的主要有抗联三军、六军,他们主要在南部山区活动,打击日伪军。当时抗联最缺少的就是武器。抗联部队的军需物资和武器来源除缴获敌人的外,很大部分是抗日救国会会员冒着生命危险筹借的。救国会筹集武器的办法:一是缴获日伪军的武器;二是发动群众捐献钢铁,送到抗联兵工厂制造武器。为了对付敌人抗日救国会发动群众将所有的钢铁都藏起来,使敌人一点也搜不到。当时东北抗联独立师,在桦川县南部七星砬子山里有一座兵工厂,所用的铁器原料大部分是由本区境内群众供给的。抗日联军能够在山里坚持战斗,是和郊区革命根据地的人民支援分不开的。

第九节 "三一五"事件

1938年3月15日,由佳木斯日本宪兵队长儿岛正范中佐和伪三江省公署警务厅长岛崎负责,协同指挥调动了佳木斯日本宪兵队以及分驻在伪三江省各地的日、伪军队、警察署、宪兵队、警护队、特务机关的人员即1 088人,自3月15日凌晨开始,至4月20

日，先后逮捕佳木斯、桦川县、汤原县、依兰县、勃利县、富锦县、鹤立镇、林口等地区的共产党员、抗日救国会会员和爱国人士共计365人。使中共北满临时省委和吉东省委领导下的下江特委和下江地区各县党组织都遭到了严重的破坏，各地基本上暂时停止了党的活动。这次日伪疯狂地对中国人民和共产党人的血腥镇压，被称之为"三一五"事件。

"三一五"事件是日伪当局经过精心策划和长时间准备的。早在1936年末就阴谋策划着这样一次彻底破坏中共党组织的大逮捕，只待时机成熟便确定日期，在三江省各地统一行动，以免"漏网"。企图以破坏党组织来切断抗联部队与人民群众和中国共产党三者之间的联系。

日伪特务分头进行长期"侦察培养"，打开突破口，利用酷刑和利诱，迫使那些地下党内部目的不纯、意志薄弱的软骨分子叛变投敌，提供情报和组织情况。

1937年10月20日，佳木斯日伪警察大队特务逮捕了中共桦川县通区（黑通）区委组织委员刘国有（绰号老程）和宣传委员王迪臣。他们认为在这两个了解党组织情况的重要人物身上，一定能够弄到他们所需要的情况，利诱未成便企图以严刑逼供，弄清楚桦川及通区、岗区、景区地下党组织的全部情况，可二人坚贞不屈，直到被严刑拷打致死也未暴露组织情况。后来，有一些叛徒出卖了党组织。为他们提供了中共地下党组织及外围组织抗日救国会的机构、负责人姓名、住址以及活动情况。随后，他们又继续"侦察培养"了近两个月，到了3月15日便实施抓捕。

"三一五"事件之中，今佳木斯市郊区境内被逮捕的共产党员有：岗区区委书记李清林，宣传委员刘高平（别名傅金库）。通区第三支部书记曹殿礼，组织委员黄金，党员郑殿彩、何有才，交通员源宪福。岗区抗日救国会会长郭志臣。下江特委交通员（公开身份敖其小学校长）李恩举。境内被逮捕的党外积极分子有：大来岗城子甲救国会十家代表尤大荣，火龙沟救国会会员钟世奎、王立清，火龙沟救国会青年队长刘青林，火龙沟救国会十家代表王宽文，双龙沟救国会会员陈恩生，木舒吐救国会会员关海峰、关海昌，杨昆甲屯救国会肃反队长王永庆，永安甲救国会征税员张连福，永安甲救国会会员张珍、赵春，永安甲救国会交通员赵忠德、王德袁、王兴录、张万臣，泡子沿救国会会员杨德山及十家代表王志宽，敖其救国会会员林永茂、阎会福、年会，达木库救国会征税员赵德，会员杨连成。还在火龙沟搜查"押收文宪"51册。

"三一五"事件之后，郊区境内被逮捕的党员除了极个别的意志薄弱者经受不了酷刑而叛变外，其他都表现得很坚强。原中共佳木斯市委书记、桦川中学教师董海云（董仙桥）和敖其小学校长李恩举在狱中经受严刑拷打的情况下，还在继续引导狱中斗争，虽受多种酷刑，也未暴露组织，表现出共产党员的高贵品质和民族气节。李恩举同志和一些被捕的党员、群众，就是这样在狱中活活被敌人拷打、折磨而死。为了保全党的组织，保全被捕的同志们的安全，他们宁可被折磨死，也不屈膝变节。

第十节 抗日英烈

在日伪当局不断对抗日运动进行血腥镇压、残酷破坏的情况下，佳木斯市郊区境内的抗日军民，依然积极行动，浴血奋战，前赴后继，血染疆场在所不惜，与日本侵略者进行着英勇顽强的斗争。涌现出不计其数的抗日烈士、抗日英雄和抗日著名人士。

一、著名抗日英烈

1.刘德生（1892—1937），原名刘建业，原籍山东省莱阳县。1897年出生。1910年春，刘建业随父亲、祖父来到格穆苏岭南（西格木乡）尖山下迎山村落户，开荒种地。

刘德生少年时代，在村私塾馆和佳木斯桦川中学读书，成绩优秀。中学毕业后回乡，同父母一起种田。

"九一八"事变后，中共汤原县委派一批党员、干部和中年知识分子，深入农村，进行抗日宣传，发动和组织群众开展抗日斗争。在中共党员沈殿斌的启发引导下，刘德生抗日救国思想日益强烈，决心为中华民族独立、为祖国解放而斗争。1934年哗啦沟一带建立了中国共产党的基层组织，刘被吸收为共产党员，任哗啦沟支部书记。

1934年9月的一个深夜，日军"讨伐队"300余人，"讨伐"抗日部队。路过西格木村临时宿营，分散居住在老百姓家里，一个日本兵住到刘德生家。午夜，日本"讨伐队"紧急集合出发。住宿在刘德生家的日本兵因沉睡未醒而掉队。"讨伐队"走后，刘德生同他母亲和儿子用绳子将日本兵勒死，把尸体运往野外掩埋，同时把枪隐藏起来。日军"讨伐队"途中发现少一个士兵，立即返村寻找，逐户搜查均未发现。数日后，刘德生将步枪送给了抗日游击队。

当时，日本侵略者为控制人民群众与抗联的联系，强制推行保甲连坐法。每10户为1排，1个自然屯为1个甲。分别推选排长、甲长。中共地下党组织决定借选派甲长之机，将地下党员安插进去，以便利用合法身份开展抗日工作。经过多方面活动，刘德生被推选为排长。

1937年，日本侵略者实行归屯并户政策，强令分散在小屯的居民搬至大屯，并在大屯周围挖城墙壕，修围墙。为了粉碎这一阴谋，刘德生在各屯秘密发动群众，抵制并屯。当地群众根本不愿意离开故土，便以耕作不便为由拖延搬家。伪政权也担心操之过急激起民愤，不得不作出让步，同意小屯暂不搬到大屯，零散住户向就近村屯靠拢。刘德生领导的反归屯并户斗争取得了初步胜利。

在日伪军对抗日游击区进一步加紧经济封锁和全面"围剿"的形势下，刘德生继续为抗日游击队筹备和转运物资。他和抗日群众多次冒生命危险，将布匹、衣服、鞋帽、药品等物资转送给抗联部队，并给抗联部队做向导。

1937年秋的一个夜晚，抗联六军20名战士，在刘德生的引导下，袭击格穆苏。俘虏伪警察10余人，缴获步枪10余支及全部弹药和装备。

在中共地下党组织领导下，刘德生在市郊区草帽顶屯、史和屯、泡子沿村、平安屯发展20多名党员和交通员。

1937年冬，由于叛徒告密，刘德生被驻佳木斯日本关东军逮捕，押在日本司令部的地下室监牢里，日军对其进行多次审问，严刑拷打，逼其交出共产党人名单和活动计划。刘德生坚贞不屈，只字不吐。被捕第5天后，被日军杀害，时年45岁。3日后，刘德生亲友在牧羊人的帮助下，找到刘德生的遗体，安葬在刘德生的家乡。

2.李廷章（1901—1938），化名老左、老宗、老谷。1901年7月3日出生于辽宁省海城县南台子乡吴树村一个贫苦农民家庭。幼年曾读私塾，16岁时在县城一家糕点铺学徒。3年后，失业回乡务农。1929年，辽宁海城闹灾荒，生活极度困难，被迫和父亲携带全家投奔其岳父母，来张福昌屯（今敖其乡兴利村）落户。

"九一八"事变后，1932年5月日军侵略者占领佳木斯镇，

第二章 抗日战争时期的革命斗争

人民群众在日伪政权的统治下过着牛马不如的生活。李廷章为了全家人的生活，经人介绍到大来岗源隆号粮栈做饭。两年后，又被世源春杂货铺老板雇佣。在此段时间里，和该商号"斗官"中共地下党员王恩久结为挚友。在交往中，王恩久经常向李廷章宣传革命思想和中国共产党的抗日救国主张，使李廷章认识到，劳苦大众只有在中国共产党的领导下，团结起来，打败侵略者，才能过上好日子。打那时起，李廷章经常为地下党送情报，传消息，走上了革命道路。在残酷的斗争中，李廷章经受了锻炼和考验，1934年经王恩久介绍，光荣地加入了中国共产党。成为大来岗为数不多的共产党员。

李廷章入党后，和王恩久一起做党的秘密工作。他向群众宣传抗日救国的主张，鼓动人民群众为抗日救国有钱出钱，有物出物，有枪出枪。在李廷章的鼓动下，宏克力、大来岗、火龙沟、水曲柳沟一带，一批抗日积极分子踊跃将布鞋、手套、衣服、粮食、药物和枪支送给抗日游击队。

1935年，日军对抗联的封锁日益严密。在白色恐怖中，李廷章经常只身到佳木斯搜集敌伪情报和给抗联购买物资。他的频繁活动，引起了敌人的注意，1936年6月，被大来岗警察署逮捕。他被捕后，坚贞不屈，拒不暴露地下党的情况，在酷刑之下，他严守党的机密，使敌人一无所获，最终被保释放。

1937年秋，李廷章在一次执行任务中，途经敖其兴利屯东岗时被跟踪的伪永安警察所3个警察逮捕，押送到永安警察所。在敌人准备将李廷章押送伪三江省警察厅的前一天夜晚，地下党组织利用内线，同抗联六军一部分同志，乘夜袭击永安警察所，把李廷章救了出来，下江特委决定调他到抗联六军新收编的地下武装——倪团（四师二十三团）任政治部主任。

在国家和家庭这个天平上，李廷章选择了国家。父亲几次劝他脱离部队，养家糊口，可他却耐心地说服老人："不消灭侵略者，怎么建设国家，拿什么糊口……"正当李廷章率兵驰骋战场之际，妻子惨遭雷击。在回家奔丧时，李廷章目睹自他到部队后家庭生活困窘，3个年幼的儿子给地主扛活放牛，老父亲和年幼的儿子、女儿无人照料的情景，心里十分难过。尽管如此，他仍以国家民族利益为重，妥善地安排一下老父和两个幼子，便领着长子李德福、次子李德久、三子李德保和内弟韩彦堂回到了部队。后来，长子、次子和内弟都在抗日的战场上献出了宝贵的生命。

1938年5月10日，抗联六军四师二十三团，在李廷章带领下，奉命准备渡江会合大部队西征，在马家沟屯休整时，被敌人发现。西格木警察所和自卫团向佳木斯伪军警司令部报告，敌人随即组织人马"围剿"。第二天早晨，抗联哨兵发现敌情，鸣枪报警，在敌强我弱的情况下，李廷章首先想到的是同志们的安全。他当机立断，边指挥战斗，边掩护部队撤退，不幸身中数弹，壮烈牺牲，时年37岁。

李廷章同志虽然牺牲了，但他为中国人民的解放事业所做出的贡献，永远被广大人民群众所传颂，人民将永远铭记。

3.李恩举（1895—1939），又名李晋三。1895年生于吉林省榆树县城南六坡东怀家屯一个农民家庭，14岁入私塾读书，考入官立中学。因生活穷困，中途辍学回家务农，后又以教书谋生。1929年，李带领全家投奔姐夫董海云（即董仙桥），迁居佳木斯西门外（郊区长青乡佳西村）小学先后担任教师、校长。

1929年，国民政府实行县政改革，各省举办区县人才训练班。桦川县政府用考试办法选拔区长，择优送省培训。李为改变家庭困境，试图以自身的学识在政府谋一官职。遂报名投考，中第二名。但因既无政治靠山，又无经济后盾，终被排斥于外。冷酷的现实使他更感到社会的黑暗及旧教育制度的腐败，因而愤愤不平，决心向旧势力挑战。

1931年"九一八"事变后，李目睹祖国大好河山被日本侵略者践踏蹂躏，义愤填膺，毅然决然地率领部分进步师生，参加桦川县中学和桦川女子师范班师生举行的游行示威，抗议日本侵略者的侵略罪行，为民族觉醒呐喊。

1932年5月，日军侵占佳木斯后，各学校校舍成为军营，学生无法上课。面对侵略者的野蛮行径，李强压心头怒火，与教员宋绍景一同带领西门外小学部分进步师生，投笔从戎，参加抗日队伍。但因交通堵塞，此行未果。1933年6月，中共河北省委特派员苏梅来佳木斯开展党的地下工作。李恩举与董海云、李叔范一起，被吸收为中国共产党党员。1934年春，佳木斯西门外党小组发展为党支部，李担支部组织工作。李恩举在积极培养发展党员、壮大组织的同时，向人民群众宣传党的抗日主张。利用教师身份向学生讲述爱国故事，启迪学生的民族感情。

1937年，日伪当局对抗联队伍进行"讨伐"，并实行经济封锁，妄图扼杀抗日武装。为粉碎敌人的阴谋，地下党组织决定避开敌人的注意力，将联络站与物资集散点设在西郊敖其小学。市委通过关系将李调到敖其小学任校长，同时担任地下党敖其支部书记。

到任后，李恩举以校长身份为掩护，发动群众支援抗联。并以学校购置教学用品为由，给抗联部队购买油印机、油墨、蜡纸等宣传工具及其他物资，转送到抗联部队。一年内筹集并运送各种服装600余件、油印机4台以及大量药品、宣传用品等，有力地支援了抗日部队的对敌斗争。

1938年，斗争形势急剧恶化。3月13日，地下党员小方（高贵林）叛变，出卖了李恩举。李在汤原执行任务时被捕。他趁敌人不备，逃出虎口，将这一紧急情况报告党组织，并回家销毁文件。不幸被追捕的敌人赶到，再次被捕。

李被关押于日本宪兵队。警察特务对李施以酷刑，妄图使李供出佳木斯党组织的全部情况。李毫无畏惧，视死如归，始终没有暴露党的机密。1938年5月，李被判徒刑10年，押往哈尔滨道外第一监狱。

李在狱中继续以大无畏的革命精神与敌人斗争，向难友们宣传抗日救国的思想及"跟着共产党走，中国才能有光明和希望"的真理。在李的发动和组织下，难友多次进行绝食斗争，抗议敌人的迫害和虐待。当敌人发现李为组织者后，连续对其施用酷刑。1939年4月15日，李恩举死于狱中，年仅44岁。

4.高雨春（1911—1938），别名长腿、大周、老王、李永才，辽宁省辽阳人，1911年出生。1928年至1931年先后在辽宁、吉林等地当过税收员、小学教员、省财政厅文书、自卫团文书，1932年迁入汤原县鹤立岗经商。1934年6月投入抗日救亡运动，一年后经汤原中心县委书记周云峰介绍，加入中国共产党，积极参与组织抗日救国运动。1936年3月，受党组织委派在兴山（今鹤岗）煤矿与地下党员刘忠民在两个月间发展党员10名、救国会会员600多名。同年5月26日，接应反日游击总队攻打兴山街，使游击队战士顺利攻入，炸毁吊桥、仓库，打下矿警事务所，解除矿警武装，击毙日本军官金田和山口为市、桥田德次郎及伪警察队长赵永富，缴获武器辎重甚多。1937年7月后任汤原中心县委书记期间，在敌人严密封锁下四处奔波，为抗联筹得经费8 000余元（伪币）及大批军需物资。1937年9月，县委酝酿组织"九一八"民众武装暴动，高雨春亲自组织领导格区抗日群众千余人在宝宝山（今望江镇景阳村附近）于17日上午，持火炮、土枪、大刀、长矛集结于中心会场，誓师动员，然后烧毁交通道路桥梁2座，砍倒通讯电杆30根。18日将景阳村的汉奸甲长高彦臣公审后毙于景阳桥头，散发传单，示威游行，使日军在暴动声威下龟缩躲避。打消了敌人的嚣张气焰。

1938年1月26日，中共下江特委书记黄诚植在佳木斯西郊达木库（今郊区大来镇北城子附近）中共汤原县委书记高雨春家开会时，遭到敌人突然袭击受伤。高雨春将自己生死置之度外，掩护黄诚植成功脱险。同年"三一五"事件中，因叛徒出卖高雨春被捕，拘押在佳木斯宪兵队，受尽酷刑，终不屈服。后被解至哈尔滨，日伪以"其人奸猾诡辩，智能实为罕见，大胆策划推行大暴动，无悔改之意，判处死刑"。高雨春牺牲于1938年8月21日，时年27岁。

二、抗日英雄

1.董仙桥（1895—1990），原名董海云。吉林省榆树人。1912年至1917年先后入北京大学、哈尔滨师范学校学习。回到佳木斯后，在佳木斯私立华文任高级班教师，后转到桦川中学任教。1933年夏，中共河北省委派共产党员李向之来佳木斯一带联络抗日武装，发展党组织。因与董仙桥是同学、同乡，遂寄宿于董家。由于较长时间交往，董仙桥受李向之进步思想影响，政治觉悟和政治思想进步很快。同年9月，河北省委特派员苏梅通过考察吸收其为中共党员，并在董家（今长青乡佳西村）建立佳木斯第一个党的组织——西门外党小组。董仙桥为组长，党员有李淑云、李恩举和李淑范等。

党小组成立后，董仙桥带领党员广泛联系进步人士和青年，宣传中国共产党反满抗日主张，发展党的组织。到1934年春，小组党员由3人发展到11人，党小组也升格为西门外党支部，董仙桥任支部书记。1936年10月，中共下江特委将西门外党支部改为特别支部，董仙桥负责宣传工作。1937年1月，随着形势的发展，中共下江特委决定将西门外特别支部与隶属于吉东特委的桦川中学区委合并，成立中共佳木斯市委员会，董仙桥任书记。

1938年春，日伪加紧打击抗日力量。进行大搜捕。3月15日，佳木斯地下党组织遭到破坏，董仙桥与30多名中共党员、抗日救国会会员被捕。在狱中，日本宪兵队对董仙桥施以酷刑，董仙桥坚贞不屈，拒不招认。日本特务西藤采取软化手段将董仙桥的女儿带进刑房诱惑说："只要你承认是共产党员，交出同伙即可释放。"董仙桥大义凛然、不为所动。敌人气急败坏将董仙桥装入麻袋中摔打，致使一只胳膊骨折。在毫无所获的情况下，将董仙桥押解到哈尔滨伪高等法院审理。1939年4月被判处20年徒刑，直到1945年8月15日日本投降，董仙桥出狱，被关押6年之久。

1945年8月东北解放。11月，董仙桥返回佳木斯担任第一任人民政府市长。新中国成立后，董仙桥历任松江省人民法院院长、吉林省高级人民法院院长、吉林省政协常委、副秘书长、副主席等职。

董仙桥离休后多次回佳木斯，协助、指导整理佳木斯党史资料和地方志资料，回到郊区长青乡佳西村，故地重游。

1990年3月22日，董仙桥因病逝世，享年95岁。

2.李义民（1901—1988），女，原名李淑范，又名李一民。1901年出生于吉林省榆树县南六坡怀家屯，系李恩举的妹妹。1927年于吉林女子师范学校毕业后，跟随长兄李恩举来佳木斯，受聘于西门外小学任教。李义民读书时受到新文化思潮和民主革命思想影响，养成自立自强的性格，具有强烈的爱国意识。"九一八"事变后，李义民义愤填膺，毅然投身抗日救亡工作，与其担任校长的哥哥李恩举一道组织学生游行示威，宣传抗日救国道理，为抗日将士募捐。佳木斯沦陷后，目睹日本侵略者的暴行和人民遭受涂炭的悲惨情景，立志救国救民，积极寻求抗日救国之路。1933年春夏，中共河北省委特派员李向之、苏梅到佳木斯发展中共地下组织发动抗日斗争。李与他们接触后，深受启迪与鼓舞，为其宣传的抗日救国道理和共产主义思想所折服。同年9月与董仙桥、李恩举一同加入中国共产党，成为佳木斯第一个中共党小组的成员之一。

此后，按党组织要求，积极开展革命工作。坚持为抗日队伍募集军需物资和钱款，为抗联传递情报。为筹措党组织活动经费，李义民节衣缩食，甚至变卖家中什物。1934年冬，中共河北省委特派员苏梅由苏联返国途中遇敌负伤，李义民不顾环境险恶，毅然将其安置家中，精心护理，经月余使其伤好后安全归队。1935年李义民被调往悦来镇北门里小学任教。在十分险恶的环境下，仍机智勇敢坚持对敌斗争。为抵制奴化教育，李义民不顾日伪当局禁令，利用各种时机潜移默化地向学生灌输爱国主义思想，教学生学习注音字母与民族文化知识。1937年春，在抗联部队攻打悦来镇时，李义民与几位进步教师暗中撕毁被供奉如神明的伪满皇帝溥仪挂相和伪满洲国的"诏书"。

1938年3月15日，中共佳木斯地下组织遭到严重破坏，被迫停止活动。市委书记董仙桥被捕，其兄李恩举被捕后牺牲，李义民侥幸脱险。1939年被调往长发屯小学，1941年又被调往黑通小学。在与党组织失去联系的情况下，她坚持革命信念和抗日爱国思想，以坚贞不屈的民族气节感染启迪学生。1944年1月，日伪当局以"思想犯"家属为由，勒令其退职。

1945年"八一五"光复后，李义民找到党组织。1946年在东北军政大学经短期培训结业后分配到市公安局工作。一年后又重返教育岗位，到市第五小学任教。在教学工作中，一丝不苟，兢兢业业。为培养大龄工农子弟，学校成立速成班，李义民主动承担这一任务，刻苦钻研探索速成教学法，为教好大龄工农子弟倾心尽力，获得显著成绩。新中国成立后，李义民不追求名利，为教育事业默默奉献。因教学成绩突出，多次被评为优秀教师并当选市人民代表。1958年离休后仍热心社会工作，曾担任永红区14委街道委员会主任。她工作认真负责，关心群众疾苦，为辖区内居民排忧解难，深受称赞。1988年因病在佳木斯市逝世，终年87岁。

3.陈雷（1917—2006），原名姜士元，曾用名陈雨田。1917年生于黑龙江省桦川县（今郊区群胜乡群胜村）。1931年"九一八"事变后，在桦川县立中学读书，1933年在学校参加抗日活动，1936年2月加入中国共产党。1937年9月，中共北满临时省委宣传部长冯仲云来佳木斯检查工作，发现市委领导人董仙桥、张耕野目标太大，容易暴露，就决定让他们以省委特派员的身份，继续在佳木斯活动，让年仅20岁的姜士元担任市委书记。1938年3月15日，董仙桥等被日特逮捕入狱，佳木斯地下党组织遭到严重的破坏。陈雷躲避在桦树屯（今郊区群胜乡桦树村）的姨母家，十多天后，在当地抗日群众的帮助下找到了东北抗日联军六军四师二十三团，通过部队与省委接上关系。省委派陈雷到东北抗日联军第六军，先后任政治部组织科科长、宣传科科长、师政治部负责人、游击队长，北征部队第一支队政委。1938年7月，陈雷在西征途中肩部受伤，忍着疼痛，坚持西征。1939年3月下旬，陈雷所在的抗日联军，被迫越境，进入苏联。1939年7月，陈雷随赵尚志返回东北抗日战场。1941年12月29日，陈雷和抗联三支队长王明贵率部队转战到库楚，遭铃木"讨伐队"的包围，从中午激战到深夜，被迫转移阵地，胜利脱险，越境进入苏联境内休整。在苏联国际红军八十八旅一营担任政治教员。1945年9月到1952年8月任苏联红军绥化卫戍区副司令员、绥化中心县委书记，龙南纵队政委、黑龙江警卫一旅政委、龙南专署专员，西满第三地委副书记兼三分区副政委、黑龙江省委秘书长。1952年8月至1966年8月任黑龙江省省委常委、省政府副主席、主席。省政府副省长、省委书记处候补书记、书记。1966年8月"文化大革命"中遭受迫害。1975年8月参加哈尔滨轴承厂基本路线教育工作队，任党支部副书记。1977年6月任黑龙江省建委主任、党委书记。1977年12月任黑龙江省革命委员会副主任、省委书记。1979年12月任省委书记、省长。1982年8月任省委副书记、省长。1985年5月任省顾问委员会主任。1988年离休。

陈雷热爱家乡，热爱家乡人民。离休后，经常回到群胜乡。关心群胜乡的经济建设和各项事业发展。家乡的山山水水到处留下他的足迹。他曾经写下"老兵重上猴石山，锐志何曾减当年。北望松江思壮士，故泉涓涓泪不干"的豪迈诗篇。在苏木河，他写下"群山环抱苏木河，生产参茸岁岁多。人杰地灵酿美酒，客公栖此任消磨"的浪漫诗句。他关心家乡人民的生活。为郊区争得革命老区的荣誉，帮助故乡（群胜）兴办工业，为郊区党史、地方志提供资料，就连群胜乡新建学校落成剪彩，他都从哈尔滨专程赶来参加。他是家乡人民永远的骄傲。

2006年12月5日，陈雷因病在哈尔滨逝世，享年89岁。

4.刘洪泰（1902—1964），1902年12月生于山东省莱阳县一个偏僻的小山村。后跟随父母迁至大来岗火龙沟（今郊区大来镇中大村）居住。1932年参加中国共产党。"九一八"事变后，刘洪泰看到李杜真心抗日，保家卫国，便参加了李杜的抗日自卫军第三团。1933年1月，在他所在部队退入苏联境内之前，刘洪泰等人被党组织留在地方从事抗日工作。

1933年春节后，刘洪泰率领林景昌、赵玉洲、白士杰等十余人到依兰县东北部西景湖山区建立抗日游击区，并开展群众性救亡活动。刘洪泰等人,以木匠、货郎、泥水匠、卖零工等职业为掩护活动于大石砬子(今郊区高峰乡)、山咀子(今依兰县西湖景村)、暖泉子(今依兰县宝泉村)等村屯,他们走村串户向群众宣传抗日道理发动群众。当年7月,在西湖景区建立了依兰县第一个抗日根据地——景区。刘洪泰任区委书记。西湖景屯恶霸地主孙景文,家住三合院,土围墙,有炮台4座,炮台内设有"抬杆"(打铅弹、犁铧碎片的土炮)4架,长枪8支,短枪1支,是个"响窑",不易进出。刘洪泰为除此霸,于1935年元宵节,与抗日联军五团联合组织了一个60余人的秧歌队,以"拜年"为名,来到孙家,在休息时,秧歌队人员突然亮出武器,占领了4个炮台缴了武器,将孙活捉,就地镇压。这一行动为发动群众开辟根据地打开了局面。

  1936年初,刘洪泰根据中共依兰县委的指示,派抗日工作人员白土杰和农民于宽潜入驻依兰县伪军三十八团进行抗日宣传,说服迫击炮连连长白福厚率该连和二连一共二百余人起义。队伍开往景区途中将王德安的伪自卫团全部缴械,并镇压了保董王子精。4月,刘洪泰率5名抗联战士,去景区山咀子屯。通过内线争取伪三保自卫团团长张广文率150余人,带200余支枪和大批子弹反正,编入抗日联军第六军十七团。夏季,刘洪泰率人袭击金沙河子宝局所,缴获枪支30余支,战马一匹,击毙伪警11名,受到抗联军里的表扬。

  同年,刘洪泰派赵玉洲打入伪军三十四团(驻地太平镇)当兵,宣传抗日救国思想瓦解伪军斗志。1937年4月,抗联三军、六军先遣队230人在西湖景区暖泉子一次反"围剿"中与伪三十四团相遇,其中爱国士兵,用子弹"射空"并在其防线上为先遣队突围让路,减少了伤亡。1937年5月赵玉洲利用大烟土(鸦片)从伪军三十四团中换出"三八式"步枪7支、子弹1箱,为抗联部队补充枪弹。刘洪泰等人组织的地方游击队开始30多人，到了1937年春，发展成两个连120多人。

1938年初，刘洪泰任中共依兰（农村）县委书记。

1938年3月15日，由于叛徒告密，刘洪泰在桦川县四区火龙沟（今群胜乡）被日本守备队包围。刘洪泰孤身奋勇还击，弹尽被俘。在押往依兰县时，唯恐逃跑，将刘洪泰两个大拇指用钉子钉在车厢板上，后押到伪满首都新京（今长春）判刑15年。东北光复后出狱，1945年9月，参加八路军五十六师四六八团。曾任连长、营长、科长、处长等职，1964年12月因病医治无效病逝于江西省九江市。享年62岁。

5.徐自贞（1890—1947），女，人称顾老太太。1890年生于安徽省寿县，少年自学，粗通文字。14岁时嫁给顾克俭，后随夫迁至吉林，最后定居大来岗卧龙屯。继而购置土地自耕和出租，家产日渐丰盈。在日军侵占时，已拥有200多公顷土地。期间，其夫顾克俭去世，徐即独立撑持家业。后与正直、忠厚的长工杜养性成婚。后迁至泡子沿。

1936年初，中共岗区区委经过对顾老太太的观察、考验，认为她确实始终如一地竭诚支持抗日活动，于是决定派老刘（王恩久）等人到泡子沿与顾老太太接触，并通过她建立抗日群众组织。顾老太太十分拥护王恩久的众人拾柴火焰高、组织起来力量大的抗日主张。经过她秘密串联，在泡子沿很快成立了"抗日救国会"。首批会员大都是她的亲属、干亲、义子和可靠的街坊邻居。顾老太太任该会委员。相继又成立了"抗日妇救会"和"抗日儿童团"。各个抗日组织成立后，这一地区的抗日救国活动出现了前所未有的新局面。儿童团团员站岗放哨、传递情报；妇救会会员为过路的抗日队伍烧水做饭、赶制冬服、护理伤员；抗日救国会的会员为抗日部队筹款、筹粮，动员青年参加抗日队伍，护送抗联干部和地下党负责人等。

随着泡子沿一带抗日斗争的发展，以及所取得的成绩，王恩久认为顾老太太之所以能把这一方群众组织起来积极进行抗日活动，不仅仅是凭着她在群众中享有的威望和仗义疏财，更主要的是她坚信只有共产党的领导才能打败日本侵略者，才能救中国。为了抗日，她不惜倾家荡产，一次又一次冒着生命危险为抗日队伍筹集给养、军火和掩护同志，而且，她把二儿子顾传厚（即顾峰，1936年5月入党）送到抗联部队。

1936年冬季，抗联部队在山里的被服厂定做棉衣缺少布匹，抗联六军军长夏云杰把购买的任务交给了大来岗地下党组织，并指示请顾老太太出面帮忙，还把十多两黄金交给她作为购买布匹的费用。顾老太太欣然地接受了任务，把黄金放在大铁车装油的竹制油瓶里，到了佳木斯街托人把金子兑换成现钱，用大来岗世源号和源隆号商店的名誉，通过关系购买了棉绒衣、绒衣裤700余套送到江北部队。圆满地完成了抗联交给的艰巨任务。顾老太太没有辜负夏军长的期望，一次又一次冒着生命危险，将物资和子弹送给抗联六军。

一次，她将子弹运到家里，正准备深夜用船送走的时候，抗联独立师师长祁致中带领着战士来到她家。他将夏军长一封亲笔信交给顾老太太，信上提到几个月来独立师连续作战攻打大、小罗勒密街、半截街、新开道、楼山局等敌伪据点，子弹消耗很大，希望她将近期买到的子弹全部交给祁师长。天亮前，祁致中和弟兄们吃饱饭之后，带着子弹离开了泡子沿。

对于顾老太太频繁的抗日活动，日本侵略者早有觉察，只不过是没有掌握真凭实据，才迟迟没有拘捕她。日本特务机关曾多次派特务去大来岗、泡子沿一带侦察，结果是一无所获。1937年5月的一天，伪三江省警务厅突然以"通匪嫌疑犯"的罪名拘捕了她。日本鬼子经过一番诱惑、逼供、敲山震虎般的审讯，没有得到任何事实证据，不得不以"取保外控"待调查之后再处理而释放了她。

顾老太太被释放还不到3个月，8月初的一天下午，佳木斯日本宪兵队和伪三江省警务厅突然出动大批军、警、宪、特将大来岗镇围个水泄不通。顾老太太被赶到警察署的时候，院子里已经挤满了在镇内居住的男女老少，房顶上和门前各架一挺机枪，四周有荷枪实弹的日本宪兵和伪警察。院中心放着一张长桌，一个戴着黑布面罩的人坐在桌案的后面，两只阴险凶狠的眼睛在人群中不停地搜索着猎物。

这人就是泡子沿的何有连，这次就是他来指认她的。何有连和顾老太太原来都住在泡子沿。他是个游手好闲的地痞子，被日本人收买当了汉奸特务。看到何有连，顾老太太明白这次是凶多吉少了，于是便做出了在狱中斗争的准备。她暗自决定，必须找机会向被捕的十几个人说明白，不管下一步情况如何凶险，大家也要咬紧牙关挺过去，死活不能承认与抗联有联系。在押上船之前，她把自己的想法告诉了姐夫朱应选，要他一定转告大家，只要不招供，警察署就没法定罪，要大家相信，乡亲们和山里人一定会千方百计营救他们。在船上，她和丈夫杜养性、儿子顾传忠关在一间底舱。她深情地对丈夫和儿子说："这些年来，你们为我担惊受怕，吃了不少苦。不管将来情况怎样，我问心无愧，我做了一个有良心的中国人应做的事。我们这次被捕，不管受多大的折磨，也不准牵连别人，更不能承认我们和抗联有关系。要死，就死我们一家子，死个清白。"

事实也正是这样，在长达八九个月的监押过程中，面对敌人种种严刑拷打，顾老太太一家始终坚贞不屈，敌人从他们嘴里什么也没得到。

顾老太太一到警务厅，日本人就给她个下马威，不容分说，反剪双手吊在刑房里就是一顿毒打。一个满脸横肉叼着烟卷的日本人，直到吸完半截烟才说："顾老太太，三个月前，我提醒你，不要敬酒不吃吃罚酒。你在大来岗、泡子沿一带干反满抗日的勾当不是一天两天，也不是一两个人。今天你都亲眼看见了。我们逮捕的这是几个人，有哪个不是你的同伙。"

顾老太太在监牢里，经过死去活来，百般折磨；火红的炉钩子在她的左眼上哧哧作响，她依然咬紧牙关，没有暴露地下党和抗联的任何机密。后来，屯里的救国会会员和她的亲属把她保释出来。

顾老太太出狱后，乡亲们见她变成了另一个人了。白了双鬓，枯瘦如柴，满脸灼伤，瞎了左眼，瘫痪在炕上，整天流血不止。自她被捕后，经伪军警多次抄家，全部家产荡然无存。她回到家的第一顿饭，是从邻居那里借来的碗筷。

为了还清外债，顾老太太卖掉了土地。儿子逃亡他乡，儿媳早已跑到娘家避难。家破人散，缠绵病榻，孤苦伶仃，凄凄惨惨。她在孤独、抑郁和期望中，一直苦熬到东北解放。

1945年"九三"东北解放后，她参加了合江省民主大同盟，1946年2月21日被选为合江省政府委员，成为合江省的知名人士。她怎么也不会想到，赶走了日本侵略者，自己却因为曾经是地主而被村农会误杀。当省政府领导，得知情况，为时已晚，成为历史憾事。

6.董杰（1920—1989），女，曾用名董耀坤，生于吉林省榆树县。1920年，其父董仙桥随着哥哥董海山带着刚出生的董杰一起迁居到佳木斯西郊三合屯，后又搬到西门外落户。

1927年，董仙桥在中国大学法律系毕业后到吉林省第五中学当教员，1929年任吉林省立第五中学校长，董杰与母亲从佳木

第二章 抗日战争时期的革命斗争

斯去吉林,进入吉林省师范附小一年级读书一直高小毕业,随父母回到佳木斯。1931年考入桦川县第七高级小学三年级读书,同年9月18日,日本帝国主义占领东北三省,1932年夏季,学校停课,从此失学。

1933年学校复课,董杰考入桦川县立中学师范班读书,就在这年秋季,由河北和当地抗联来的人开始不断地到董仙桥家活动。他们一来,董杰和弟弟便去大门外站岗。在幼小的心灵里,深深地打上了革命的烙印。

1934年,西门外建立了党小组,董杰父亲是党小组组长,并在他家建立了交通站,董杰一面读书,一面积极地参加了革命活动,董仙桥经常派她进城去了解敌情,探听消息。当时抗日队伍需要部分的药品均由她进城去买。

1934年初,中共河北省委特派员苏梅从苏联回来冻坏了脚就住在董杰家,董杰除了进城买药、拿报纸文件外,还负责照顾苏梅的生活和治疗,一直护理3个月。党组织召开秘密会议时,董杰就负责送信联络、站岗放哨。

1935年,中共佳木斯市委组织决定她为专职的机要通讯员。当时佳木斯市地下党另外两名负责人张耕野和张宗兰住在城里,董仙桥住在城外,他们之间联系及文件传递,多是由董杰来做。当时地下党给抗日队伍送去的棉帽、靴子、印刷机等物品,从购买到包装董杰是主要参与者之一。八女投江中的冷云(原名郑志民)参加抗联队伍,是董杰和马成林护送走的。

1938年3月5日,中共佳木斯市委决定将党的重要文件迅速转移,并把这个任务交给中共党员李淑云(董杰母亲)、张宗兰和董杰。3月6日下午,张宗兰和董杰打扮得非常入时,到张耕野家。不一会儿化装成要饭的李淑云来到门口,张耕野的爱人金淑英便把已经装好的文件及浇水冻好的大萝卜和一些冻土豆子、冻白菜塞到李淑云的篮子里。李淑云向西门走去，张宗兰、董杰尾随在后边。当她们到西门时，张宗兰、董杰的打扮引起守门的日本兵注意，大叫："两个姑娘过来，检查的有。"张宗兰、董杰十分镇静走过去，打开旅行袋，把书、本子一件一件地往外拿，日本兵无心搜查，两眼直勾勾地盯着两个漂亮姑娘。这时，李淑云走过来，日本兵一见是要饭的，直捂鼻子，挥手撵她快走。张宗兰、董杰看着李淑云安全地出城了，又和日本兵胡缠一会儿也出城了。1938年3月15日中共佳木斯市委遭到破坏，但文件已经转移了，没有落到敌人手中。

　　1938年"三一五"事件后，佳木斯市党组织被破坏，董杰以送饭送药的办法给狱中同志带去密信，有一次宪兵似乎有所察觉把她打昏在地不省人事。

　　自1939年到1942年董仙桥被押在哈尔滨伪监狱和押在长春监狱时，董仙桥给他哥哥董海山的信件都是由董杰传递的。

　　1945年东北解放后，董杰于10月进合江省军政大学学习，1946年9月10日被分配到佳木斯市第四区工作。1947年3月加入中国共产党。历任军大学员、萝北县城西两级学校教师、佳木斯白酒厂指导员、佳木斯火柴厂支部书记、佳木斯市粮库党支部书记，离休前任佳木斯市物资局化轻公司老干部管委会副主任。1989年12月，中共黑龙江省委批准为地师级待遇。1989年12月病故，享年69岁。

　　7.管廷贵（1877—1975），原籍安徽省人。出身于贫苦农民家庭。1894年（清光绪二十年）来到东北，在汤原县黑金河金沟里干活。1931年"九一八"日本帝国主义侵占东北后，他结识了积极组织抗日救国活动的夏云杰。他在夏云杰的影响下参加了抗日工作。中共下江特委迁到达木库以后，管廷贵是下江特委远途地下秘密交通员。他胆大心细，经常往返于哈尔滨、鹤岗、桦南、勃利以及汤原北山里之间，给抗日联军和地下党组织传送情报。为了躲过敌人严密盘查和搜索，有时绕道几十里，有时只能在黑夜里行走，有时一天要走一百多里路，每次都能圆满地完成任务。人们都尊敬地称他"老交通"。

管廷贵当时化名田兴仁。住在北城子村农户尹振江家，平时就在尹家干活，为避开日伪警特的盘查，认北城子田兴帮为兄长。

1947年原北满临时省委、东北抗联领导人冯仲云来到汤原县，派人找到管廷贵，因他年纪大，又是独身。就把他送到佳木斯市军人疗养院疗养。

1953年管廷贵一心回农村，于是他又回到大来镇北城子村与田兴帮住在一起，后来又到尹振江家住过一段时间，政府发给他生活费每月20元。

1975年3月管廷贵病逝于北城子村，享年98岁。在他病逝时，佳木斯市革命委员会为其召开追悼大会。对革命老人给予充分的肯定。

第三章　解放战争时期的贡献

经过14年的艰苦卓绝抗战，1945年8月15日本侵略者被赶出中国，佳木斯光复。在郊区境内人民欢天喜地欢庆胜利的日子里，国民党赶来摘桃子。他们采取委任许愿的手段，网罗日伪残余、土匪汉奸。没几天的工夫，佳木斯市境内的国民党党部牌子林立，企图窃取中国共产党带领人民浴血抗战取得的胜利果实。那段时间里，郊区境内土匪四起，太阳刚落山，土匪便闯入村屯，烧杀抢掠，闹得人心惶惶。境内的劳苦大众发出了"赶走了日军，又来了豺狼"的哀叹。在国民党势力肆意破坏、土匪猖獗、民不聊生的历史时刻，代表广大人民利益的中国共产党，为争取中国人民革命的胜利与国民党反动派进行了针锋相对的斗争。

1945年9月15日，党中央做出关于建立东北根据地的决定。并决定派出十万军队、二万干部挺进东北。李范五、李延禄等一大批干部和军队从革命圣地延安出发前来佳木斯，与这里的地下党及抗日联军一起，清剿匪患，消灭日伪残余，开创巩固根据地。

为了加强合江省的领导力量，1946年党中央派来中央政治局委员张闻天，成立了中共合江省委。在党中央和合江省委的领导下，佳木斯市三区（郊区的前身）及大来、永安、黑通、长发、莲江口等区的人民，开始了建立人民武装、清剿土匪、土地改革、建党建政、生产运动、参军参战、支援前线等项工作，为建立巩固的东北根据地，为解放全中国做出了应有的贡献，写下了光辉的历史篇章。

第一节　发展党员建设民主政权

一、秘密建党

1945年8月15日日本侵略者投降，东北光复。欢天喜地的佳木斯市及周边乡村的人民，满以为能过上好日子，怎么也不会想到，国民党明目张胆地网罗日伪残余、伪满警察、土匪汉奸扩充自己的势力，肆无忌惮地大搞破坏和暗杀活动。在佳木斯市城里，国民党特务组织"铁血暗杀团"的副团长乌捷飞，公然闯进市政府会议室枪杀副市长孙西林和公局副局长高英杰。在县城，他们疯狂残暴地杀害合江省委派下去的干部和土改工作队员。一段时间里，合江省委派出6名县长，其中有3人被杀害。在乡下，他们纵容地主恶霸横行乡里，欺压贫苦农民；勾结土匪，无恶不作。闹得农民不敢参与"土改"并分享胜利果实。

在这种形势下，中共合江省工委向下派工作团，发动群众开展减租减息运动，并在积极分子中发展党员，壮大党的力量。合江省工委派王发宽、黄建平带领工作团进驻桦川县黑通区（今佳木斯市郊区沿江乡）。为了防止党组织遭到破坏、新发展的党员惨遭杀害，工作队在群众中秘密发展党员，确定发展对象后，都在庄稼地里谈话、发展和宣誓。当时黑通村的张连富、何振清都是在高粱地里入党的，属于秘密党员。1946年，黑通村入党有顾信、钟凤生、秦秀文等8人。到了1947年，黑通村已发展党员

15人。有的是在江边捕鱼时发展的,有的是在地里干农活时发展的。他们只知道自己被发展入党了,且不知道其他人谁是共产党员。

1947年10月10日《中国土地法大纲》公布之前,进驻佳木斯市三区(郊区前身)的工作团在近郊村屯秘密发展党员43人,建立了9个党支部。各党支部的党员名单如下:

竹板屯(前后竹板、范家屯)支部:陈洪福(支书)、王中才、齐凤贤、刘海臣、王江、彭起先、宋杰峰等7人;

柳树岛(前后柳)支部:马长山(支书)、孙喜海、(后接任支书)、薛凤英(女)、齐文廷等4人;

三合屯(后三合)支部:赵彦山(支书)、刘振东(后接任支书)、杨玉林、齐文彬、国洪才、马素芳(女)等6人;

佳西村支部,纪福(支书)、李树森、任进举等3人;

复兴村(新立屯、平吊子屯)支部:管连训(支书)、陈有信、王春保等3人;

小西南屯(王三五屯)支部:谭国富(支书)、徐贵、杨玉林、刘海全等4人;

江山村支部:吴广富(支书)、张王氏(女)、马才、常俊岩、郑宗贵等5人;

集农村支部:李子英(支书)、侯继福、李永和等3人;

万发屯(万合、万兴)支部:黄天石(支书)、王洪、陈长业、刘凤友、吕永印、王秀范(女)、王恩延、郑殿清等8人。

这些党员大部分都是各村屯政权、农会、自卫队、妇女会的负责人和骨干力量,他们在斗争中发挥了骨干作用。

时归桦川县管辖的大来、永安、黑通、长发、松江等区村屯有党员165人,时归汤原县管辖的莲江口区的村屯有党员75人。至此全区农村有秘密党员286人。这些党员在秘密建党、土地改革初期乃至公开建党时都发挥了很大的作用,是辖区农村党组织发展的中流砥柱。新中国成立后,有的走上了领导岗位,有的参军随军南下,为解放全中国贡献了共产党员应有的力量,他们是郊区建设革命老区的宝贵财富,郊区人民永远怀念他们。

二、整党运动

在对敌斗争和土地改革运动中,个别党员没有经过阶级斗争的严峻考验,思想、生活、工作作风上存在着非无产阶级思想,主要表现在阶级斗争观念淡薄、追求个人生活享受、官僚主义作风上;再加上建党初期,党的力量相对薄弱,在大量发展党员的过程中,缺乏对发展新党员的考察,导致一些投机分子、阶级异己分子混迹党内。党内这些问题的出现,在人民群众中产生了不良影响。这些问题,引起了中共中央的高度重视,及时发出了关于在全党范围内开展整党的指示。

1947年冬,合江省委根据党中央和东北局的部署,在全省党员中开展了以三查(查阶级、查思想、查作风)和三整(整顿组织、整顿思想、整顿作风)为内容的整党运动。这次整党对党员进行正面思想教育,重点是新党员的教育提高。主要是解决党的地方组织,特别是农村基层组织中存在的组织不纯和作风不纯问题。

1947年12月15日,中共合江省委召开了直属单位党员整党大会,省委书记张闻天在会上发表了《整顿我们党的任务》的讲话。他指出:"如果这些缺点存在发展下去,那么我们的党就会蜕化,就会变质,就不能领导中国革命到胜利,我们必须毫不迟疑地以最大的决心整顿我们的党。"佳木斯市三区(今佳木斯市郊区)在这次整党中:一是召开全区党员干部大会,传达贯彻省、市委整党运动精神,提高党组织的凝聚力和战斗力。二是在运动中，每个党员干部都要认真总结个人的思想、工作，查摆问题，做到有则改之、无则加勉。三是通过整党整风使各个党支部都严肃了党的纪律，清洗了阶级异己分子、堕落分子、蜕化分子、投机分子。通过这次整党运动，纯洁了党的队伍，提高了党员的思想政治觉悟，致使三合屯的谭新芝、刘长海，佳西的王禄，竹板的彭起先、宋杰峰，万发的苏长山、黄钱均等优秀青年共产党员走上了区、乡领导岗位。佳木斯市三区区委在整党运动后，被中共合江省委、中共佳木斯市委评为生产先进区。

三、公开建党

1948年春，剿匪斗争和土地改革取得了决定性胜利，辽沈战场敌我力量的对比也发生了有利于我军的根本变化，同时面临着发展生产、巩固政权、支援前线等更加繁重的任务，各方面工作都需要加强党的领导。在平分土地运动中涌现出的大批积极分子，不但有入党的要求，而且很多人具备了党员条件。中国共产党在群众中的威信日益提高。翻身的农民感到没有共产党就没有新中国，没有共产党就没有今天的幸福生活。在这种新形势下，根据中共中央《关于东北积极地、公开地、审慎地建党工作的指示》和东北局的部署，中共合江省委把建党工作由秘密转向公开。

按照省委的统一部署，全省各市、县委自觉地把公开建党提到重要地位，当作中心任务之一。佳木斯市三区（郊区前身）区委和桦川县县委、汤原县委在现在的郊区范围内开始开展公开建党，举办了建党训练班，培养了基层干部，提高了党员干部的思想认识、领导能力和工作水平，学会了建党工作方法，使他们都能胜任建党的工作任务。公开建党是党的建设上一个有历史意义的转变，标志着党的建设已经发展到一个新阶段。

经过培训的建党工作队深入到郊区所辖的各区、村屯境内，大张旗鼓地、积极慎重地公开建党工作，宣传中国共产党是怎么诞生的，什么是共产党，为什么要建党，党与人民群众的关系，什么样的人才能参加共产党。使人民群众了解了党的性质、任务、奋斗目标以及党员应尽的义务，从而为公开建党打下了良好的群众基础，积极踊跃加入党组织的人逐渐增多。三区的乡、村和当时归桦川县、汤原县所辖的大来、永安、黑通、长发、蒙古力、莲江口等区按照合江省、市、县委统一要求，各地把建党工作由秘密转向公开。

公开建党后，中共三区区委将所辖的8个村重新规划建立3个乡，即一乡、二乡、三乡。组建了乡党支部，支部书记均由区派工作队指导员担任。乡党支部建立两个月后，支部书记均由副书记接任。当时三区所属的5个街也均设立党支部。到1949年7月，全区党员已经发展到97人。

公开建党期间，桦川县所辖的大来岗、永安、黑通、长发、蒙古力等5个区委在中共桦川县委的领导下，自1948年2月公开建党以后，各区都选择一个群众基础好的村子做试点，通过宣传教育，边发展党员，边将党支部和党员在群众中公开。到1948年10月，以上各区所辖村屯普遍建立了党支部，农村党员发展到304人。到了1949年，仅桦川县九区（今郊区黑通村）的党员队伍就发展到11人。期间，郊区境内的所有村屯都有了党员，都建立了党组织。松花江北岸的莲江口区在中共汤原县委的领导下，也同时开展了公开建党工作。县委和区委派建党工作队深入到各村屯，一边建党，一边领导大生产运动，翻身农民对中国共产党有了深刻的了解，在原有党员的影响和带领下，一大批进步青年农民积极靠近党组织，主动找工作队和村党支部领导谈心，表示要加入中国共产党为老百姓服务，做新社会的新主人。到1949年前，莲江口区所辖各村屯相继成立了党支部，共发展党员36人。

公开建党加快了党的发展速度，壮大了党的队伍，提高了党员的质量，扩大了党的影响力和号召力。

四、成立农会，训练干部

土地改革是一场翻天覆地，史无前例的农村大革命。这场大革命运动是在中国共产党领导下，农民自己组织起来，同压迫他们的封建势力的代表地主阶级进行斗争。这个组织是农会。

在暴风骤雨的斗争中，农会的主要任务就是领导广大农民搞土改运动，在一些没有建政的地方，农会包揽了行政事务，权力极大，以致有生杀权，被称作农村的"苏维埃"。因此，中共桦川县委要求非常严格，上任之前要进行集中培训。农民组织对农会干部要求也是很严格的。凡新当选的乡村、区农会干部上任时都要举行宣誓仪式。农会干部的誓词是："我今天当选某某村农会干部，做咱们穷人头行人，我宁愿豁出命来为穷人翻身干到底。我一要办事公正，二要吃苦耐劳，三要和和气气，四要有错就改。不怕坏蛋收买吓唬，不贪小便宜，不吃里扒外；不虚头滑脑，瞒上欺下；不要压力派，乱打乱罚。以后我如果违背自己的誓言，愿受纪律处分。"乡、村农会组织设会长、副会长，自卫队长、妇女会主任等。到1946年7月，佳木斯市近郊9个村屯都成立了农会，江山村农会会长为张文，齐家屯农会会长为李家和，西南屯农会会长为杨玉林，竹板屯农会会长为彭起先，柳树岛屯农会会长为赵石。当时，轰轰烈烈的土改运动需要大批积极分子。深入到各村屯的工作团为了壮大队伍，充实力量，吸收一部分农民积极分子参加工作团到外村参加"土改"工作。当时抽调的有竹板屯的宋杰峰、彭起先、西门外屯的苏长山，江山村的邓宗桂、常俊岩等。这批农民积极分子经过在区里的短期培训后，便分赴各村屯开展工作。后来都成为区、乡领导干部。

农会下设：自卫队、妇女会、儿童团等。自卫队是农会领导下村屯的武装组织，主要任务是保卫农民翻身及斗争果实不受侵犯，保卫地方安全，看管及监督斗争对象，配合"土改"工作团及武装部队打击土匪，起地主富农的黑枪及站岗放哨，盘查外来人员，配合做好除奸工作，等等。妇女会是组织妇女参加社会活动的组织，受农会的领导。妇女会主任在农会中担任委员。妇女会由广大成年妇女组成，任务是配合"土改"斗争，搜查和监督斗争对象的家属，为前方战士做军鞋并协助农会完成其他工作。儿童团是少年儿童的组织，由8至15岁儿童组成，受农会领导。儿童团的主要任务是配合自卫队站岗、放哨、查路条、监督斗争对象等。

第二节　开展土地改革运动

一、反奸清算，减租减息

1946年3月20日，中共中央东北局发出了《关于处理日伪土地的指示》，要求把"所有东北境内一切日伪地产的开拓地、满拓地以及日本人和大汉奸的所有土地，应立即无代价地分给无地或少地的农民所有，以利于春耕，以增民食、避免荒芜"。为巩固新成立的人民政权，提高群众的阶级觉悟，根据中共中央和东北局的指示，中共佳木斯市三区（今佳木斯市郊区前身）区委书记韩进臣率领工作团48人到西门外屯、东西竹板屯、范家屯、三合屯、陶家屯、复兴屯，发动群众，开展反奸清算斗争。三区当时有村屯17个，农户1 244户，人口6 059人，耕地2 912.8垧。其中敌伪土地1 742.3垧，占59.8%；私人土地1 170.5垧，占40.2%。当时，正处春耕季节，竹板屯农民代表宋杰锋、彭起先找到佳木斯市民主政府，迫切要求分发敌伪土地。所以，三区进行清算斗争首先从竹板屯、三合屯、西门外屯开始进行。竹板屯、西门外两屯集合400多户农民，首先找大汉奸、恶霸地主秦文勋算账，开展了暴风骤雨式的反奸清算斗争。当即让秦文勋退回一年的剥削款1.9万元（东北流通券）。在三合屯，农民斗争了恶霸地主徐太昌，并把他家的浮财、车马全部没收。在这场斗争中，三区初步清算出现金70万元（东北流通券）、大车28辆、马49匹，没收土地60垧。清算斗争了大汉奸、恶霸地主、伪警察、伪区村长、封建把头、土匪头目。其中镇压土匪2人。同时根据佳木斯市民运工作委员会的指示精神，中共三区区委将曾经被敌伪侵占的土地分给农民，并做出规定，为新分到土地的农民颁发土地执照，作为私有财产。到6月底，三区平分敌伪土地1 740.3垧，5 149人得到了土地。

在分配敌伪土地和对地主汉奸清算斗争中，佳木斯市三区区委注重在农村培养大批农民积极分子，各村首先成立党组织，随后又相继成立了农会、农民自卫队、妇女会、青年团等群众组织。翻身后的农民在中国共产党的领导下，自力更生，更加积极地投入到轰轰烈烈的土地革命的暴风骤雨中。1946年4月上旬，中共佳木斯市三区区委遵照中共中央东北局《关于处理日伪土地的指示》和合江省工委的有关指示，在调查登记、评议的基础上，把曾被敌伪霸占的土地分给农民并作出新的规定：第一，发给土地执照，作为农民私有财产；第二，凡分给的土地在一年内不许典卖，如有典卖，全部没收；第三，对于分到的土地要积极耕种，不许荒芜；第四，根据地块远近，可以私自转让，可以私自转换。此次发放土地证的工作中，三区共分敌产土地1 740.3

垧，5 149人获得了土地，人均4.5亩。

与此同时，桦川县管辖的长发区、大来岗区、永安区、黑通区、蒙古力区，鹤立县所辖的莲江口区相继开展反奸清算斗争。长发区地处山区，距佳木斯仅十几公里，日本侵略者投降后，土匪蜂起，拉杆子组成土匪队就有几十个，各村地主多与土匪勾结，给土匪送粮、送枪，窝藏土匪，互为靠山。土匪的骚扰使老百姓人心惶惶，不敢接近工作队员。工作团进点后，首先改编了长发区驻防的自卫团，撤换了混进团内的几个坏头头，清除了内部与土匪勾结的人，搜捕了屯内暗藏的土匪。随后，工作团便扎根串联，访贫问苦，搞调查研究，发动群众，组织积极分子队伍，清算地主，尤其对那些通匪的地主分子，给予严厉的打击。在行政村建立农会，选出农民的领路人，并且组织农民武装，巩固斗争成果。在清算斗争中，工作团发动群众算了三笔账，即土地占有账、政治压迫账和经济剥削账。在算经济剥削账时，长发屯大地主刘升剥削穷苦人共有7大手段：第一，用马工换人工。农民没有畜力，耕地用他的一个马工需要还三个人工。平均一年要为他还几个月的马工。第二，拖赖工钱。凡给他打短工的，从不给现钱，拖到粮食涨价时才还钱。第三，叫工夫跳行市。以高价把工夫匠拉过来，但开工时却按低价付给，欺骗穷人。第四，重利盘剥。春借一斗，秋还一斗半。第五，白占小学生劳动。农忙季节，他以伪村长的威力，强迫屯里学校学生到他家地里干活，白尽义务。第六，借权势克扣农民。在伪满时期，他以伪村长的权威，义务工都摊派在农民头上，他家从不出工。第七，依附日本人的势力发洋财，到解放时，他拥有土地300多垧，牛马80余头（匹），成了当地头号地主。通过算刘升的剥削账，使群众认识到，地主的土地和财产不是自己劳动得来的，而是靠压榨、剥削穷人的血汗而来的，人民的血汗还给人民是理所当然的。

　　通过揭露地主的罪恶史，农民受到启发教育，理直气壮地平分了日伪土地和地主的土地及财产，从政治上、经济上彻底打掉地主阶级的威风。

　　在反奸清算斗争中，当时桦川县管辖的长发、大来、永安、黑通、蒙古力等区共平分敌伪、地主土地2.3万垧，有3 850户，2.85万人分得了土地，翻身的农民喜气洋洋地拿到人民政府颁发的土地证。1946年，当时莲江口区归鹤立县管辖，1948年10月划归汤原县。莲江口区时辖今望江镇、平安乡地域。日本侵略者占领佳木斯后，便有了大量的日本移民来到中国，时称日本开拓团。1938年，在莲江口一带建立移民点26个，每点均有10到30户移民，每户有土地10垧，并在点上建砖瓦结构房屋，每户2至4间。当时，莲江口共有日本移民土地约4 600垧，房屋1 250间。在1946年反奸清算斗争中，这些敌伪土地全部平均分给了当地农民，房屋分给特别困难的农户居住。

二、开展土地改革运动

　　1945年，抗日战争胜利后，随着以反奸清算、减租减息为内容的群众性运动的深入开展，农民群众迫切要求直接从地主手中取得土地。中共中央于1946年5月4日发出了《关于土地问题的指示》，把减租减息政策，改为没收地主土地归农民所有的政策。要求各级党委必须明确地认识，解决解放区的土地问题是我党目前最基本的历史任务，是一切工作的重中之重，必须以最大的决心和努力，放手与领导发动群众开展土改运动，实现"耕者有其田"。各区都按照省委制定的18项基本原则，给群众性的土地改革运动以正确的指导。

　　1946年秋，佳木斯市三区开始了轰轰烈烈的土改运动。土改运动全称"土地改革运动",是中国共产党领导广大农民废除封建的土地所有制,开展农民的土地所有制的革命运动。土改运动开始之前,组成了土改工作团,并对其进行了工作前的培训。工作团进驻村屯后,首先通过给农会干部和积极分子讲课,召开群众诉苦大会,清算地主剥削账等形式,提高农民的阶级觉悟。然后,在群众发动起来的基础上,以农会为主,经群众推选,成立分地领导小组或分地委员会,具体领导评分土地工作。在丈量土地和平分土地采取的具体步骤是:

第一,由农会干部和农会小组长参加,评议各家的阶级成分复查人口,每家应分土地数量,并按成分评定分地等级。第二,丈量土地,把全村所有土地包括已分的敌伪分子土地和私人土地全部丈量,掌握全村土地总数和分布情况。第三,评议土地,按土地的质量划分四个等级。第四,分配土地,确定每户分地数量和等级,落实地块。分地时很热闹,各村屯像大办喜事似的,打着红旗,敲锣打鼓。男女老幼跟随着分地小组的干部到地里看分地。分到地的贫雇农满心喜悦地把写着自己名字的界牌,亲自在地界处打上桩子。从东到西,从南到北,相互议论和计划都种什么、怎么种,家家户户喜气洋洋。

三区各村屯分到地的农户为1 137户,占总户数的91.4%;有5 305人分到了土地,占总人口的87.6%。平分土地2 196垧,占土地总面积的75.4%。平均每人分到土地4亩,最多的是万兴屯(今长青乡万兴村),平均每人1.2垧;最少的是齐家屯,平均每人8分地。

三、"夹生饭"的出现及处理

在土地改革初期,由于受到传统观念的影响,大多数群众对共产党不了解,个别村屯的农民存在怕"变天"的思想顾虑,不敢撕破脸皮同地主斗争。还由于初参加工作团的成员对发动群众缺乏足够的耐性，因而出现了包办代替和选择积极分子不当的现象。再有就是有些地主在暗中操纵其代理人利用假农会搞破坏活动。致使有的村屯群众没有被真正地发动起来，地主也没有真正被斗倒。时任中共合江省委书记的张闻天把这种情况汇报给中共中央东北局副书记陈云，陈云把这种情况概括为"半生不熟"的"夹生饭"。根据陈云的建议，东北局下达了关于解决土改中"半生不熟"的"夹生饭"问题的指示。

1946年11月，中共佳木斯市三区区委开始在农村开展土改回头看工作，发现还有部分村屯存在假分地、瞒地、转移浮产，对地主斗远不斗近，还有部分土地没有插牌子、换新照，个别村的地主、富农分子的威风还没有被打掉；有的村政权农会中混进了坏人。

中共三区区委指令驻村屯工作团着手解决"夹生饭"的问题。但是周边市、县却掀起了"砍大树、挖财宝"的运动，并进城揪斗清算城市工商户，近郊各村屯也受到影响，斗争打击面不断扩大，使部分中农的利益也受到侵犯，有的中农怕挨斗，主动交车、交马、交地。工作团团长王震得知小西南屯有5户中农的车马被农会查封，准备第二天召开批斗大会把车马分给贫雇农的情况后，他立即召开农会干部和积极分子会议反复讲解党的政策，不能侵犯中农的利益，"不管外地怎么干，我们不能干"。并连夜把5户中农找到农会，给他们赔礼道歉，并将查封的车马一律返还，使他们很受感动。因此，三区的煮"夹生饭"和"砍挖"运动得到了及时纠偏，既没有使煮"夹生饭"扩大化，也没有出现进城斗争工商业户的现象。

在重煮熟"夹生饭"的过程中，佳木斯市三区花大气力清理混进村政权、农会和基干队里的坏人，把混入到村屯政权组织和农会、基干队内的西门外屯长（伪满屯长）张自安，三合屯基干队长（伪装贫农的地主）徐润昌、基干队员张青山（伪满时伪军），春耕生产队队长（地主兼砖厂经理）王玉，竹板屯农会会长（一贯道教徒）王思财等人清理出去。混进村屯政权组织里的坏人被清除后，吸收了一批阶级觉悟高、敢于同坏人作斗争的贫苦农民，增强了村屯政权的战斗力，焕发了农民同地主斗争的积极性。在重煮"夹生饭"的斗争中，揪出地主23户，富农24户，没收房屋85间，粮食38石，车辆117辆，驭马198匹，耕牛157头，山羊66只，农具家具1 380件，衣物2 300件，金银首饰65件，现金1 300万元。

到1947年6月，"土改"重点煮"夹生饭"的阶段基本结束。

与此同时，在重煮"夹生饭"和平分土地过程中。桦川县领导的大来岗、永安、黑通、长发、蒙古力等区及鹤立县领导的莲江口区在工作团的领导下，广泛发动群众，深入开展反奸清算、煮"夹生饭"、"砍挖"斗争和平分土地运动。尤其省委书记张闻天三下桦川县会龙山，发现长发屯区李焕章隐瞒历史，伪装积极，欺骗工作团和人民群众，先后当上了村、乡、区农会会长，并接受国民党的加封，被封为国民党地下救国军的旅参谋长。他明为区农会会长，却是敌人安插在农会组织中的土匪胡子。查明事实后，中共合江省委同意桦川县政府意见，于12月22日在长发区会龙山召开四乡和附近区、村群众大会，处决了混进农会罪大恶极的奸细李焕章。这次斗争，大长了贫苦农民的斗志，大灭了地主、富农、反动分子的威风，受到广大人民群众的热烈拥护。

1948年2月，中共合江省委宣布：合江土地改革运动在全省范围内基本结束，农村的中心应立即转移到农业大生产运动和支援前线工作上来。

四、郊区土地改革试点村纪实

"穷棒子"屯本名竹板屯,是前竹板、后竹板、范家屯这3个自然屯的统称。地理位置在佳木斯市区西北,距离城西门只有3里路。由于临近市区,土地肥沃,每小垧地可产两千多斤杂粮或一千多斤小麦,而当地农民还处于极度贫困状态,所以,在土地改革时,佳木斯市把此地作为试点屯。

"穷棒子"屯在民国初期是一片荒地。1919年,依兰县三大家族中葛家、卢家来人占地开荒,按现在的地理位置来说,西起友谊糖厂,东至铁道沿线,南抵佳依公路,北达松花江边,这一大块土地都由这两家占地户占有。他们雇工开荒,招人种地渐渐形成了4个自然屯,其中西头的牤牛哈(今中兴屯)除外,其余3个自然屯都属于"穷棒子"屯。

伪满时期,这一带的土地大部分被日伪征用。从1939—1941年,敌伪先后强征铁路用地、电台用地、寄骨寺用地、生活必需品会社和关东军仓库用地等等,达6次之多,把"穷棒子"屯的总共393垧可耕地征去313垧。剩下80多垧地,也被地主、富农所占有。敌伪征用的土地有一部分尚未占用,由他们转手租给"二茬地主"(经营地主)。这样,伪满时期住在这里的贫苦农民只能当雇工或者租种小块土地。

这里3个自然屯居住的贫苦农民,原有100多户。1939年,市内拆民房建满赤医院,把彭起生等60多户城市贫民赶到这里。转年(1940年),日本关东军在市区西南岗修建兵营,又把高平成等50多户贫民赶过来。这以后,"穷棒子"屯的贫苦农民达200多户。这些贫苦农民无地可种,无业可就,"配给制"的生活必需品又是最低的"三等",吃的是豆腐渣、橡子面、榆树皮和野菜,穿的是更生布、麻袋片、洋灰纸袋,铺的盖的都是草,这种生活在我国广阔的土地上、悠久的历史中，可算穷得少有了。特别是被敌伪强迁过来的100多户城市贫民，不但无衣无食，连一所破草房子也没有，每户人家只能在指定的地方搭小窝棚、挖地窨子或者盖个小马架子，冬不遮风，夏不挡雨，阴暗潮湿，活像人间地狱。最贫困的彭起先一家，每天只能吃一顿饭，饥饿难挨，竟然跑到孤儿院去偷喝泔水。钱永利一家7口，连一条破裤子都没有，出不了屋，大人、孩子蹲在小炕上发愁。夏俊生穷得生不了火，把一个两岁的孩子活活冻死在屋里。就这样，这3个自然屯统称的竹板屯，被人改称"穷棒子"屯，穷出了名气。

土地改革开始时，"穷棒子"屯各阶级占有土地的统计数字如下：

地主、富农6户，人口59人，占有土地26.5垧，人均4.5亩，占私有土地的31%，主要是菜田；中农13户，人口80人，占有土地56.5垧，人均7亩，占私有土地的67.5%，主要是江套地；贫农270户，人口1 328人，其中4户占有土地0.5垧；雇农32户，人口44人，无地；手工业者1户，4口人，无地。

1945年11月21日，佳木斯成立以李延禄为主席、李范五为副主席的合江省政府。12月10日，又成立了以董仙桥为市长、孙西林为副市长的佳木斯市政府。于是，反奸清算、减租减息、没收敌伪土地和财产，以及改造旧政府的斗争，在佳木斯市一带迅速开展。

"穷棒子"屯的敌伪土地和财产，于1946年初，由佳木斯市公产管理局收归国有。这313垧收归国有的土地，最初是以每垧预收600元至800元（东北流通券）的租金或秋后交付8斗大豆的粮租出租的。屯里322户当中有199户贫苦农民租不起土地，这些土地全被富户租种，贫苦农民仍然无地可种。

1946年1月29日，中共合江省委根据中共中央和东北局的指示作出了《关于加强群众工作的决定》。佳木斯市根据这项决定，选择了"穷棒子"屯，作为农村工作的试点屯。以彭梦庚为团长的民运工作团，于3月初进驻"穷棒子"屯。工作团进屯以后，走家串户，访贫问苦，一面宣传中国共产党和人民政府的各项政策，揭露敌伪、国民党和土匪的罪行，开展减租减息、救济贫困户和组织群众的工作；一面进行调查研究，分析屯里的阶级状况。工作团发现，屯政权虽然经过改造成立了屯里的农会，农会会长却是富农王世福。此人当过伪区长，还管过日伪的寄骨寺，群众叫他"死人会长"。而且，这个屯政委员会还是由屯里的地主、富农把持着。工作团在访贫问苦中找到了一无所有的彭起先，以及贫农孙洪福、小学教员宋杰锋等20多名贫苦群众。这些群众最关心的问题，正是开春没地种。他们反映："人民政府发放救济，'管一饥，管不了百饱'，庄稼人没地种，以后生活怎么办？"工作团完全支持这个正当要求，动员他们组织起来进行斗争。经过贫苦群众的反复酝酿，成立了农民会，彭起先当选为主任，丁树春等7人当选为委员。

  农民会一成立，大家要求分土地。这件事，在酝酿会上发生了争议。一些富户认为，没收的敌伪土地已经由他们租到手，不应再分。更多的贫苦农民则是坚决要分。他们对农会说："他们能告状，我们就不能找省政府吗？"于是，农民会选出彭起先、宋杰峰等20多人为代表，到人民政府要求分地。政府答应了贫苦农民的要求，公产管理局废除了全部公有土地的出租合同。不过，这次分地的办法有点偏差，不是把国有土地分配给无地、少地的贫苦农民，而是不分贫富，按全屯人口平均分配。这次分了国有土地284垧，贫苦农民人均分得2亩地，而地主、富农和中农，加上原来的私有土地，人均占有却达到了8亩地。王世福一家7口，新分2垧2亩地，加上原有4垧地、9间房屋、4匹马、1挂车、1个豆腐坊，一下雇用了8个人，既种菜园又种大田，真是锦上添花。至于两手空空，仅仅分得人均2亩多地的贫苦农民，还需要雪中送炭。

1946年5月4日，中共中央发出了《关于土地问题的指示》。指示中要求各地党委必须明确认识，解决解放区的土地问题是我党目前最基本的历史任务，是目前一切工作的最基本的环节。必须以最大的决心和努力放手发动与领导群众，来完成这一历史任务。同时指出：在广大群众要求下，应坚决拥护群众在反奸、清算、减租、退租的斗争中，从地主中获得土地，实现"耕者有其田"。

进驻"穷棒子"屯的工作团，和农民积极分子商议之后，下决心发动群众开展"找穷根、挖穷根"的诉苦活动，在诉苦的基础上进行反奸清算，向地主、富农、把头作斗争。这时，农民会骨干彭起先、宋杰峰向工作团团长彭梦庚提出，可以先斗汉奸把头秦文勋。秦文勋是伪满蔬菜合作社的总把头，统管竹板屯、西门外屯、三合屯、万发屯的菜田，无恶不作，盘剥入骨，是这一带菜农身上最凶狠的吸血鬼。工作团同意后，又与西门外屯农民会取得联系，两屯共出400人，打着红旗，带着武装，浩浩荡荡开进佳木斯市，来到秦文勋的住处。但是，由于秦文勋的母亲住在竹板屯，事先给儿子报了信，秦文勋已经躲藏起来，进城的农民扑了空。农会不肯罢休，又从秦文勋的住处找到他经营的买卖"天成号"。于是，秦文勋托人"说和"，表示愿意"赔罪"。这时，缺乏斗争经验的农民群众只提出清算当年的剥削账。这次清算的结果，秦文勋退赔东北流通券19.9万元，初步解决了贫苦农民当年春耕的牛犋、种子问题。这是"穷棒子"屯农民取得的二次胜利。

1946年冬，中共合江省委发出了《关于深入土地斗争的指示》，各地农村掀起了轰轰烈烈的煮"夹生饭"的群众斗争。进驻"穷棒子"屯的第一批工作团，已于夏季调赴新区开展工作。中共佳木斯市三区党委组织了以刘区长为首的土改工作团进驻这里。工作团员有王之臣、顾文祥、籍福、孙春林等8人。屯里的老骨干也发生了一些变化，宋杰峰当了三区副区长，彭起先参加了工作团，屯里农民会长由孙洪福担任。大规模的清算斗争就从这时开始。这一批先后被斗的有王世福、范洪生、韩刚才、秦文勋、葛庆林、石庆祥、石宝财、王好义等8家。被抽（抽出多余的土地、车马和浮财）的有梁福宾、吴永龙等15家。在被抽的户数中有些是中农，这样是违反了中共中央关于保护中农的政策规定，事后又进行了退赔纠偏。可是，尽管如此，由于本屯地主、富农不多，因而农民获得的斗争果实仍然很少。这些斗争果实包括：房屋5间，大车16挂，马（牛）32头，农具、家具50件，衣服、被褥100多件。这些东西要分给270户贫下中农，是件很不容易做好的工作。农民会组织贫农代表进行评议，把车、马、农具分配给8户贫雇农户，生活用品分成三等份给最困难的贫雇农。

贫雇农最关心的还是土地问题。这一次是把地主、富农的全部土地，以及中农的多余土地，合起来统一分配。农民会组织了土地分配领导小组，抓管土地分配工作。基本的分配办法是把屯里住户按照不同的阶级成分分开，同时把土地划成四个等级，按人的成分分给不同等级的土地。一等是烈军属和雇农，分近地、好地；二等是贫农，分好地；三等是中农，分次地；四等是地主、富农，分远地、次地。人均分得3亩地，大人每人得1份，10岁以下的孩子每两人得1份。

1947年2月春节前夕，"穷棒子"屯开大会公布了土地分配方案，并用大红纸张贴了分配名单。贫雇农和下中农欢天喜地，锣鼓喧天，扛着红旗，扶老携幼随土地分配小组跑到大地，听候挨户点名分地。分到土地的贫雇农民，一步一步地丈量自己的新分土地，手扶地界标桩，一锤一锤打进地。大地上一阵阵响起"共产党万岁！""毛主席万岁！"的口号声。

竹板屯在土地改革中为佳木斯市三区的试点村，在典型引路上，起到了抛砖引玉之作用，为三区完成土改工作任务做出了榜样。

第三节 发展农业生产

土地改革之后，翻身的佳木斯市三区（今佳木斯市郊区）广大农民获得了土地，发展生产的积极性空前高涨，准备在属于自己的土地上靠勤劳过上好日子。中共中央东北局于1946年3月发布的《关于开展生产运动的指示》，要求各级党组织和政府在"以农业为主"这一发展生产总方针的指导下，用一切办法增产粮食和其他农产品，使广大农民的生活得到改善，有能力支援前线。但是，由于郊区的农村刚从半殖民地半封建社会解放出来，个体农户普遍缺少劳力、生产工具、种子、畜力和资金，很难维持生产和生活。在这种情况下，靠一家一户独立耕种分到手的土地，难免出现土地撂荒现象。为了把分到手的土地"全部种上，消除撂荒"，大部分农民迫切要求进行互助合作，发展生产。但也有些人有顾虑，怕自己会吃亏，怕受贫困户拖累，不愿意参加互助合作发展生产。鉴于这种情况，三区区委、区政府根据上级"要善于根据当地人民的习惯和需要，发动劳动互助运动"的要求，下派工作团深入村屯做宣传讲解生产互助的必要性和迫切性。为促进农业生产力的发展不误农时，三区区委、区政府在各乡村遵循自愿互利的原则，号召农民换工插犋，组织生产互助合作的劳动组织。一场互利合作的农业大生产运动在三区轰轰烈烈地开展起来了。在领导农业大生产运动中,三区制定了一系列的政策和措施。诸如:颁发土地证书,确定土地财产私有权;奖励先进,倡导勤劳致富;总结经验,推广农业技术;给互助组发放贷款等。极大地调动广大农民劳动致富和参加互助合作的积极性。从1946年春天开始,三区就组织临时性生产互助组79个。一般都是5至7户成立一个组,农忙时互相耕助,农闲时自动解体。尝到互助合作好处的农民,将临时互助组转为常年互助组。长年互助组,春、夏、秋三季坚持在一起从事农业生产劳动,冬季也在一起搞副业生产。常年互助组的农户,把土地、牲畜、农具和劳动力统一入组基本不变,由组内农户推选出来的组长领导议定计划与作业安排,劳动力调整、半劳动记工,秋后按土地用工扣除之后互找差额,打粮归己,副业劳动分配利润。到1948年春耕季节,三区有很多临时互助组发展成为常年互助组。互助组发展到180个。占全区农户总数的83%。三区在组织农业生产互助组方面工作突出、方法得当,春耕生产速度快、质量好,没有出现撂荒地现象,被省委、省政府评为春耕生产先进区。在农业大生产运动中,全区各乡村为改变农业技术缺乏、生产落后状况,大力开展推广优良品种,增施粪肥,精耕细作,推广新式农具以提高农业生产技术,改良耕种方法,增加产量和劳动效益。到1949年春,全区已经推广大豆、玉米、小麦、谷子、高粱等十几个优良品种。为了防止水患,保护农田,确保粮食增收,三区区委、区政府动员群众利用农闲兴建农田水利工程。为防御松花江洪水,竹板屯、中兴屯、蒙古力、四合等村屯组织人力修筑防水堤坝。经过大生产运动,繁荣了农村经济,改善了农民生活。1949年佳木斯市三区粮食产量达到10万吨,农业产值达到1 229万元,超过增产计划近一倍,副业生产也大幅度提高,增加了农民的收入,生活大有改观。

第四节 反奸和剿匪

一、贯彻执行中共中央东北局《七七决议》

1945年8月,日本侵略者投降后,佳木斯周边地区土匪蜂拥而起,多数是受到国民党收编和加委的建军土匪。他们借助混乱局面,猖狂不可一世,到处骚扰人民,是建立东北根据地的最大障碍。民主政权建立后,1946年7月,东北局在哈尔滨召开了扩大会议,制定了《七七决议》,号召广大干部深入农村,发动群众,清算分地,开展土地革命运动。按照规定,土改运动首先从反奸清算入手,清算的对象是恶霸地主、汉奸、特务、警察、土匪、反动会道门头子等,在政治上把他们打倒,对罪大恶极的进行镇压。因此,在反奸清算中,中共三区区委在发放日伪土地的同时开展了反奸、反霸斗争。1946年冬,竹板屯在工作队的引导下,组织400多名贫苦农民斗争了菜霸秦文勋。三合屯有两名土匪赵殿喜、赵殿友,在敌伪时期就拉杆子结伙,拼成几十人的匪队,在佳西一带无恶不作。"八一五"光复后,被国民党收编,并委以"师长"。在反奸清算运动中,这两名匪首被农民自卫队抓住,经群众批斗后,由政府批准,就地枪决。1946年6月,蒙古力村(今松江乡红力村)惯匪孟宪章被国民党东北宣抚师师长孙守山委任合江省护城旅旅长,令他在佳木斯城东一带拉队伍搞破坏。在桦川县南部山区打家劫舍扰乱百姓,破坏社会治安,给新生的无产阶级政权造成极坏影响。此外,孟匪还用磕头拜把子的手段,勾结匪首宋德江、田久江等,利用关系拉上恶霸地主刘省三和长发区四乡农会会长李焕章,并委任刘省三为副旅长,李焕章为参谋长,还介绍他们加入国民党。1947年初，孟焕章被桦川县大队逮捕。于同年4月下旬押回红力村西北飞机场处决。

郊区的反奸清算斗争是根据中共中央东北局和合江省委的指示，在工作团的指导下进行的。1946年春，郊区先从竹板、三合等屯开始，然后全面展开。工作团在竹板屯首先发动群众，斗争了伪满蔬菜合作社总把头、汉奸秦文勋。他是这一带菜农的吸血鬼，无恶不作。竹板和西门外两屯联合400多人，进城到秦文勋经营的商店天成号，找他算账。秦文勋低头认罪，退出剥削款199 450元（东北券）。在三合屯清算了外号叫四黑子的恶霸地主徐太昌，没收了他的土地、车马和浮财。这个屯还有两个土匪，名叫赵殿喜、赵殿友，与伪警察、特务、地痞勾结几十人，在当地做尽坏事，被国民党封为"师长"。被当地民兵抓捕归案，经政府批准就地枪决，为地方百姓除一大害。在反奸清算斗争中，郊区共起出长短枪35支，轻机枪1挺，还有大量的弹药，武装了民兵；将清算出的剥削款，没收的车马和浮财分给了贫苦的农民。

二、组织地方武装

1945年8月15日光复后，中共中央从延安派来领导干部，在境内建立了人民政府。鉴于土匪猖獗的实际，人民政府建立后，首先抓起了枪杆子。派顾峰到大来岗（今大来镇）组织地方武装。顾峰是大来岗人，其母亲徐自贞，人称顾老太太，积极参加抗日活动，曾为抗联六军、十一军筹集过大量的粮食、布匹和枪支弹药，为抗日战争作出积极的重大的贡献。顾峰在母亲的支持下，参加了抗日联军。顾峰到抗联后，成长很快，于1936年5月加入中国共产党。抗日战争后期转入苏联，回国后参加了新四军。1945年12月18日，顾峰按照党的安排，从关内回到佳木斯，投身创建巩固的东北根据地的工作之中。

按照中共合江省工委关于剿匪的统一部署，1946年秋，顾峰和铁军带领民运工作团进驻大来岗，一边开展民运工作，一边筹备创建人民的武装。

大来岗有一支地主建立的自卫队，领头的是地主崔景山和曲德堂（外号曲八）。顾峰为改编这支武装，上门去做崔、曲的工作。争得两位的同意后，顾峰在这支队伍的基础上，组建了桦川县大队一中队，由崔景山任队长，曲德堂任副队长，共40多人。

当时，匪首李宗祥也看中了这支武装，派大地主孙承先去一中队搞策反。在高官厚禄引诱下，曲德堂叛变投靠了李宗祥。1946年2月4日，李宗祥派匪兵与曲德山里应外合，将民运工作队缴械撵走。顾峰、张铁军从乡下回来，正赶上土匪行动。二人见情况有变，迅速撤退。匪徒发现后，开枪射击。顾峰和张铁军边还击边后退，最终甩掉了敌人，撤到汤原县境内。

顾峰向汤原县长刘铁石借了一个班兵力，又向戴鸿宾副司令员将任国忠借来当参谋长。3月初，重返大来岗，召集不跟曲八当土匪的原一中队士兵30多人，重新建立了县大队一中队，葛长山任中队长，齐军任副中队长。不久，又按照省工委李范五关于积极发展自己基本武装的指示，建立了以翻身贫雇农为主体的第二中队30多人，李万祥任中队长，张文启任副中队长。至此，县大队共70多人。

县大队成立后，进行了十几次战斗，剿灭了境内的李宗祥、田久江、李文志等多股土匪，完成了省工委、省军区交给的剿匪任务。当年9月，以顾峰为首的县大队编入省军区独立团。

三、清剿土匪

围剿李宗祥匪队：当时活动在佳木斯西部永安、大来一带较大的土匪是李宗祥匪队。李宗祥1902年出生，原籍辽宁省海城县，后迁至佳木斯市郊区火龙沟村（今群胜乡）。

李宗祥是个惯匪，又是个东蹿西跳、反复无常的人。1929年他在哈尔滨抢银行被捕判刑；1932年被释放后参加于大头（于深徽）的伪军；1935年参加谢文东抗日队伍；不久，又从谢文东队伍中拉出30多人当了土匪，自立山头，报号"四季好"，经常活动在土龙山、宏克利一带；后来又投靠了日本人，被改变为伪警察马队；1937年，他又参加谢文东抗日队，这回当上了团长。1940—1945年又因偷牛被拘禁。1945年8月15日光复后，李宗祥出狱住在敖其玉兴村（三姓屯）。当时，他看到形势混乱，觉得有机可乘，又以"保护地方"名义拉起土匪队。1945年9月匪队正式成立，共30余人，匪队骨干有王小明、曹占山、范志斌、朱子恒等人。匪队成立后，立即现出本相，横行乡里，无恶不作，抢劫勒索，殴打群众，把居民张守成的侄子和侄妻双双逼死。同年10月，李宗祥匪队被民族大同盟收编，随后又被三江人民自治军改编。但李宗祥恶性不改，敌视我党我军，10月打死苏联红军2名和自治军战士2名，11月份在土龙山叛变，拉出60人投奔谢文东匪队。李宗祥被谢文东任命为东北挺进军第五旅旅长，下设两个营。一营营长曲忠华，二营营长唐凤武。1946年农历正月初，李宗祥匪得知汤原三江人民自卫军调往依兰县剿匪。初四那天，匪队在张国志屯集合，初五晚上，李宗祥联合孙景涛等匪队共300余人，攻打汤原县城。当时，我军得到消息，作了战斗准备。在守军一连长张和同志率领下，县政府干部和公安人员奋力抗击匪徒，坚持到红军到来，实行内外夹击，将匪队击溃。李匪逃至松花江南大来岗的木舒吐屯，集结力量，阴谋打下汤原再攻打大来岗。这个事情被桦川县保安大队长顾峰和群运工作团团长得知后，他们对形势作了分析。当时，大来岗只有桦川县保安大队一个中队驻扎，匪队力量大我6倍。为了保卫大来岗，必须采取两条措施：一是由保安大队长顾峰给依兰县自治军司令部写信，让依兰派兵来援；二是由顾峰的母亲徐自贞（徐与苏军熟悉）到苏军派驻大来岗的四人通讯小组，请他们和佳木斯苏军联系，请求派兵来保护大来岗。1946年正月初六清晨，驻佳木斯的苏军司令部派军车一辆，出动22名苏军士兵以及翻译赵户清，带路人齐瘸子，前来支援大来岗。当汽车行驶到木舒吐时，驻扎在木舒吐的李匪立即指使司号兵吹号，匪徒们纷纷进入四角炮台，占据四周土墙，向苏军开枪，投掷手榴弹。苏军听到枪声，跳下军车，用汽车和壕沟作掩体，与匪队展开激烈战斗。匪队在李宗祥指挥下，依仗人多势众、围墙坚固、炮台高大的有利条件，向苏军猛烈射击。匪军多于苏军十几倍，战斗中多数苏军士兵壮烈牺牲。最后，仅剩1名苏军士兵和带路的齐瘸子。

战斗结束后，李匪逃到中丰小南山，又经永安、民胜、锅掌石，退到土龙山。

正月初五晚上，李匪在指挥攻打汤原的同时派木舒吐屯长祝宏业、地主孙承先到大来岗保安一中队策反。被派去的人找到队长崔景山、中队副曲德堂（曲人）说明来意，崔景山不肯为匪，但曲德堂当即同意投匪。正月初六，李匪又派王殿臣带领五六名匪徒前来与曲德堂见面，密谈之后，匪徒们将工作团枪支全部缴械，把工作团团员全部关押起来。保安队队长和工作团团长从西北炮楼出去奔赴汤原，匪徒闻讯赶来，开枪射击未中，保安队队长和工作团团长得以脱险。曲德堂叛变后，带走40多人、50多支枪，被李匪封为营长。李匪攻打汤原，袭击苏军，策反保安中队，引起了剿匪部队领导的重视。派出部队对李匪队进行围剿，于1946年2月将匪队击溃，缴获枪支90余支。1946年3月，报号"四季好"的匪首李宗祥在依兰宏克利暖泉子活动时被剿匪部队捕获，随后被苏军押往苏联。1951年，李匪从苏联押解回国，当年8月18日在敖其乡永安村被我人民政府处决。

痛击王福匪队：1946年1月下旬，盘踞在桦川一带的王福匪队在悦来镇遭到苏联红军炮击后，弃城向西南逃窜。苏联红军紧紧尾随，穷追不舍。当王福匪队逃到草帽顶子（今西格木乡草帽村）时，从后面追击的苏联红军赶到，双方阵势对峙，展开激烈战斗。苏联红军指挥员一边指挥战士抢占有利地形，向匪队发起猛烈攻击，一边派出小股部队，绕到匪队的身后发起突然袭击，使王福匪队腹背受击，战斗持续两个小时，匪队溃不成军，被迫扔下40余具死尸，逃进南部山林之中。匪首王福被活捉后处决。

1949年，中共合江省委发出《关于对胡匪分子的处理办法》中规定，"凡连长以下的胡子官兵，自回到本乡本镇后，业已悔过自新，安分守己勤劳生产满半年者，一律准予脱出其胡子皮，并依其原来的成分，享受其应有与之经济的与之政治的权利。连长以上的胡子官长，同样安分守己勤劳生产满一年者，亦得依其成分享受同样待遇。"根据此规定，郊区范围内的60余名胡匪分子经过群众劳动监督期满后均恢复其原来成分。

佳木斯剿匪斗争的胜利，粉碎了蒋介石夺占东北的企图，开创了革命斗争的新局面，解除了人民群众的苦难，为进一步发动群众，进行"土改"运动、巩固东北根据地提供了重要的条件。

第五节　参军参战支援前线

1946年中旬，国民党在美帝国主义的全力支持下大举进攻四平，东北民主联军在伤亡惨重的情况下，被迫撤出四平。接着，国民党部队不断向北推进，形式骤然紧张。为了打击敌人的嚣张气焰，反击敌人的进攻，东北民主联军主力部队继续补充大量兵员。因此，1946年4月27日，中共合江省委发出了《关于扩充新兵给各县的指示》。指示中指出，主力的补充成为当前迫切严重的问题。并决定在全省扩充新兵，补充主力部队。三区积极落实省委关于扩兵的指示，动员青年踊跃参军参战。

在广泛动员下，三区参军浪潮一浪高过一浪，不仅党员干部中的青年带头报名参军，翻身农民青年也踊跃当兵。竹板屯自卫队全体21名基干队的干部队员集体参军，受到中共佳木斯市委的赞誉。转年春季，竹板屯又有9人参军。三合屯杨老太太已经76岁，她主动到区政府为两个儿子报名参军。还有不少青年结婚不久，就要求上前线，打老蒋。三区各村屯都出现了父送子、妻送郎，兄弟携手当兵的感人场面。全区在1946年秋参军人数到360人，超过市里下达的指标任务。

1948年3月，东北人民解放军从根本上扭转了东北战场敌强我弱的局势，完全掌握了主动权。为全歼东北之敌，一场东北全境解放的战略大决战即将拉开。为全力支援前线，及时补充兵员，全省各地又掀起参军参战热潮。三区在9月、10月就有87名青年农民参军。从1946年至1949年的解放战争中，仅郊区境内（含原桦川、汤原两县所辖的乡镇）有680多名青壮年踊跃参军参战，直接参加了辽沈、平津、淮海三大战役和百万雄师过大江的壮举，许多干部战士在前方杀敌立功，捷报频传。还有一部分战士光荣为国捐躯，兹将他们的英名记录在册，供人们敬仰。他们是：郭福才、徐孟俭、孙元祥、梁玉刚、朱世忠、邹乃祥、李炳寅、刘春生、金奎远、杨春才、毕克铎、李凤岐、张凤才、高喜臣、李凤祥、许连彦、谭福清、赵贵、王福庆、崔相浩、孙国富、陈广金、李芳、马长江、金德齐、王换发、杨奎军、李树连、李永福、尤文相、王文秀、陈宝库、刘凤江、徐开业、王殿清、姜永生、刘丙才、钱万祥、袁景和、段志和、李景全、焦逢年、陈凤羽、姜青文、郑洪亮、闫福、谷秀林、冯志德、李德辉、韩玉裕、苗成义、高青山、吴兴跃、孙玉起、郑永风、刘富、朴京植、韩贵荣、马二有、冯树昌、常茂林、马才等。

自1946年6月解放战争爆发后,为加强民主联军实力,打退国民党军的进攻,三区(今佳木斯市郊区)人民之所以能一次又一次地,而且一次比一次更多地将自己的亲人送往前线。不但参军人数多,而且素质高,持续送兵的时间长,是因为他们进行过党的教育,提高了阶级觉悟,认清了大家与小家、战争与和平、参军参战保卫胜利成果的关系;认清了只有保住这胜利成果,劳苦大众才能真正当家做主人,一些青年喊出了"穷人翻身打天下,自己参军来保驾"的口号,纷纷报名参军参战。这是一个逐步深入的渐进过程,也是党坚持群众路线的又一次巨大的胜利。

佳木斯市三区(今佳木斯市郊区)的人民在把自己亲人送往前线、冲锋陷阵、杀敌立功的同时,积极响应党的号召,担负起支援前线的任务。三区各乡村都出现了"儿女前方打老蒋,父辈在家支前忙"的喜人局面。尤其在前方胜利消息的鼓舞下,这些经过土地改革锻炼的翻身农民,出民工、出战勤,支援前线的积极性更加高涨。从1946年到1948年,佳木斯市三区出担架50副,队员240人,运输马车30辆,队员150人。这些人不怕困难,不怕牺牲。大车(马车)队、担架队的基干民兵们冒着敌人的炮火,把弹药运到前沿阵地;担架队从弹片横飞的战场上,把受伤的战士抬下来;民工队见缝插针,在硝烟尚未散尽的时候,把被敌人炸毁的桥梁和道路修复好。许多民工在战场上和战士们并肩战斗,临危不惧,和战士们表现出一样的大无畏、一样的不怕牺牲精神。后方的各村妇女会组织广大妇女做军鞋、军衣、晒干菜、做炒面。据统计,解放战争时期,三区妇女共做军鞋1.1万双,军衣、棉大衣1 000套(件),送干菜1.5万斤,炒面、米糊10万斤。

1949年,全区人民更加积极踊跃地全力投入大生产和参军支前运动中来,以实际行动迎接新中国的诞生。

在解放战争中,佳木斯市三区,以及桦川、汤原所属的大来、永安、黑通、松江、长发、莲江口诸区的人民在人力上,源源不断地为部队输送兵员;在物力上,倾己所有支援部队;在财力上,尽己所能支援解放战争,为全国解放做出了卓越的贡献。

第六节 "东北小延安"的影响

1945年8月15日,抗日战争胜利后,佳木斯地区随着社会经济的发展,文化事业也呈现出生机勃勃的繁荣景象。当时中共中央东北局认真贯彻党的"让开大路,占领两厢,发动群众,建立巩固的东北根据地"的战略方针,决定将从延安转移来东北的文化教育机构集中于佳木斯。当时迁移到佳木斯的有东北大学、抗日军政大学合江分校、新华广播电台、新华日报社、延安电影团等。延安鲁迅艺术学院到佳木斯后成立的鲁艺文工团,延安青年艺术剧院迁到佳木斯后改称为东北文工团第二团。随着这些机构和单位的到来,许多著名的文学家、艺术家、作家、诗人、音乐家也一并到来。其中作家有:刘白羽、吴伯箫、马加、白朗、草明、陆地、公木等;音乐家有:马骥、马可、任虹、向隅、何士德等;戏剧家有:袁牧之、张庚、田方、吴雪、沙蒙、陈波儿、塞克、张水华、朱丹等;美术家有:张望、张汀、沃渣、王曼硕等；摄影家吴印咸等。这些中国文艺界的精英，到佳木斯后便深入到机关、工厂、农村紧紧围绕着根据地的各项建设，配合剿匪斗争、土地改革、发展生产、参军支前等中心工作，创作演出了大量的革命戏曲、诗歌、小说等文艺作品。佳木斯被誉为"东北小延安"。当时佳木斯文娱活动开展得非常广泛活跃，带动了周边乡村。以1946年"红五月"宣传月为例，东北鲁艺文工团、东北鲁艺文工二团、军大文工团、东北大学文工团等，都在佳木斯各剧场、学校、各区所在村屯，开展革命宣传活动，歌咏、秧歌、话剧演出等，都搞得红红火火。一时间，《没有共产党就没有新中国》《我们是民主青年》《党的阳光照大地》《东北人民闹翻身》等革命歌曲唱遍佳木斯的大街小巷及近郊村屯。东北鲁艺文工团演出的歌剧《白毛女》《血泪仇》《小二黑结婚》和秧歌剧《兄妹开荒》《夫妻识字》；东北鲁艺文工团二团创作演出的《姑嫂劳军》《光荣灯》《土地还家》《参军去》《送公粮》等演遍了近郊村屯，家喻户晓，倍受广大农民欢迎。1946年8月，东北鲁艺文工团配合剿匪斗争，深入前线，他们既是宣传队又是战斗队。东北大学、东北鲁迅文艺学院配合土地改革和参军支前，深入长发屯、大来岗、黑通、莲江口等地，演出《李小二参军》《参军去》《兄妹开荒》和《反翻把斗争》等剧目，受到翻身农民的热烈欢迎。作家马加参加佳木斯市郊区高家围子（今江山村）土改，创作出长篇小说《江山村十日》。真实地反映了江山村的农民在党的领导下，通过轰轰烈烈的土地改革，实现了"耕者有其田"，过上了美满幸福的生活，该书再版多次，在书店都抢购一空。

在这种环境下，郊区境内各区的文艺活动也广泛地开展起来，1947年的春节在桦川县举办的大型秧歌会演中，佳木斯市区37个秧歌队就有28支来自松江、四丰、三合、泡子沿、黑通、万发等村屯，广大群众积极参与文艺活动，抒发自己翻身解放的心情和对党对政府的无限感激。

佳木斯的文艺振兴，"东北小延安"的建立和形成，给郊区广大农民政治思想觉悟和理论水平，以及科学文化知识的提高都起到很大作用。同时也说明郊区在繁荣新中国的社会主义文化上奠定了良好的基础，为"东北小延安"的繁荣发展做出了重大的贡献。

第四章 社会主义革命和建设

新中国成立初期，中共佳木斯市三区（今郊区的前身）区委在中共佳木斯市市委的领导下，开展了大力兴办互助组的工作，并实现了互助组建设的大发展。通过创建多种形式的互助组，为获得土地的农民解决了因缺少种子、农具、畜力和劳力不足等，无法开展生产的多方面难题，一场轰轰烈烈的大生产运动在三区境内全面展开。1953年，三区农民又响应中国共产党的号召，办起了农业初级社。到了1955年，在总结创办初级社经验的基础上，创办起了农业高级社，带领农民逐步走上了集体化的道路。

三区区委、区政府带领全区农民，从个体经济走上集体经济道路的过程中，不但始终紧跟党中央东北局和合江省委的步伐，全面贯彻党的政策方针，而且积极响应党的号召，开展了整风整党、抗美援朝、镇反、肃反等一系列政治运动。这些政治运动卓有成效地开展，确保了三区的各项事业沿着中国共产党指引的方向阔步前进。

第一节 国民经济恢复和发展

1949年新中国成立后，中共佳木斯市三区区委根据党中央提出的"组织起来，发展生产"的指示，选拔干部组成工作组，深入村屯以自愿互利的原则，在原有互助组的基础上广泛组织互助组，掀起农业生产互助合作的新高潮。

新中国成立后，佳木斯市三区区委、区政府进一步加强了农业互助组的建设力度，呈现出前所未有的大发展局面。到1950年，三区各村屯互助组，已经由原来的季节性、临时性、换工型、插犋型，发展到度定型和常年型。到了1952年，三区农户参加互助组的占总户数的85%左右，组织规模，由原来的3—5户发展到20—30户。有50%的互助组已经固定，常年生产互助。农忙时集中干农活，农闲时组织劳力和畜力搞副业生产。每年年末，互助组的农户经济收入都有新增加，彰显了集体生产的优越性。这段时间里，三区创建互助组工作，既实现了数量上的增加，又实现了质量上的提高。

与此同时，桦川县所辖一区（长发）、七区（大来）、八区（永安）、九区（黑通）十区（松江），鹤立县管辖的莲江口区（1948年10月）划归汤原县为第八区。以上各区的互助组，均有大幅度的增加，参加互助组的人数均超过了85%。

在种子管理上，互助组坚持进退自由、自愿互利、自主经营、收入归己，因此农民积极性非常高。常年互助组实行统一管理。土地管理上，组内按土地的面积、地块的位置、庄稼的茬口，在年初做出比较简单的种植计划。计划拟定后，公布于众，让全组农户都做到哪块地种什么、种多少都心知肚明。人员管理上，组内按农活的需要，劳动力有分工，建立劳动用工和畜力使用账，年终提基础组内每家每户换工换畜数，相互之间用粮食补齐。组内劳动力畜力农忙时集中干农活，农闲时组织起来出去搞副业。组内的土地、牲畜、农具等生产资料仍然归农户个人所有，种子、农业税及其他费用由个人支出，副业产品收入由个人支配。

新中国成立初期，三区区委、区政府在互助组生产互助的同时，在改善农业生产条件，提高农业生产水平方面，进行了大量的工作。首先号召各户大力发展牲畜，解决耕畜困难。到1952年底，牲畜比1948年增加1.2倍。其次是提高农业技术，改良农具和耕作方法。通过推广优良品种，采取改良农具和新式农具，多施粪肥，精耕细作防止病虫害等方法，使耕种作物大幅度提高。三是兴修水利，抗旱治涝。三区组织群众修补三合屯西两条大壕，修筑防洪筑堤工程，开展菜田打井、水土保持治理工作。

在佳木斯市三区境内，由于互助组，始终坚持"进退自由，自愿互利，自主经营，收入归己"。农民参加积极性非常高。促进了农村经济的大发展，为日后的集体经济大发展奠定了坚实的基础。

第二节　开展抗美援朝运动

1950年6月25日，朝鲜战争爆发，美国等国家把战火烧到中国边境，严重威胁中国的安全。在中国政府多次警告未果的情况下，为了维护国家的安全，中共中央立即做出了"抗美援朝，保家卫国"的决策。1950年10月中国人民志愿军"迅速向朝鲜境内出动，协助朝鲜同志向侵略者作战并争取光荣的胜利"。随着志愿军入朝参战，一场轰轰烈烈的抗美援朝运动在全国展开。

中共佳木斯市三区区委成立了"抗美援朝、保家卫国"委员会，主任由区委书记韩晋臣担任，所辖的3个乡都成立了由党总支书记为主任的"抗美援朝、保家卫国"宣传办公室，其主要工作任务是对全区人民进行抗美援朝运动的宣传教育，战勤和物资分配与上缴。12月8日，三区区委组织干部、群众1 000多人到佳木斯火车站站前广场参加"庆祝朝鲜反攻及解放平壤祝捷大会"，聆听市委书记许光庭的重要讲话。会后，参加了游行活动。与此同时，大来、永安、黑通、建国、长发、莲江口等地分别在中共桦川县委和中共汤原县委领导下，也开展了轰轰烈烈的抗美援朝运动。

1951年4月，根据中共佳木斯市委的指示，全区组织群众为前线志愿军做棉衣、军帽、被褥、袜子、子弹袋和手榴弹袋。仅用两个月时间，全区完成军需用品棉衣1.2万件，军服4.6万件，被褥100套，子弹袋1.35万个。广大群众积极踊跃参加捐资购买飞机活动。截止到1951年10月24日，全区共捐款4 100万元（东北流通券），粮食8.8万斤。超额完成市委、市政府下达的任务，受到市委表彰。

1950年11月，松江省委发布"关于扩兵工作的指示"，全区广大青年热烈响应号召，迅速掀起自愿参军参战、保家卫国的热潮。经过一个月的动员，全区有724名青年应征入伍，参加中国人民志愿军。按照市委的指示，还派出了运输队、担架队等。与此同时，桦川县、汤原县所辖的大来、永安、长发、黑通、蒙古力、莲江口等区也开展了抗美援朝、支援前线的运动，在当地党委的领导下，也做出了积极的贡献。长发区和莲江口区分别受到桦川和汤原县委的表彰。在抗美援朝战争中，郊区境内含桦川、汤原所辖的区、村共有98名志愿军战士，充分发挥了革命老区的作用。

佳木斯市郊区，中国人民自愿军军歌的诞生地。1950年7月，中国人民解放军炮一师奉命集结安东（今丹东），编入东北边防军，执行镇守边防的任务（这一调动与6月朝鲜战争的局势紧密相关）。当时炮一师正在黑龙江佳木斯市郊执行垦荒生产任务。突然一声令下，部队立即由生产队转为战斗队。

　　1950年10月，炮一师奉命第一批入朝参战。部队参战前夕，连营团层层召开誓师大会。麻扶摇作为5连政治指导员负责草拟全连的出征誓词。在10月中旬连队誓师大会前的一个夜晚，麻扶摇写下了"雄赳赳，气昂昂，横渡鸭绿江。保和平，卫祖国，就是保家乡。中华好儿女，齐心团结紧，抗美援朝鲜，打败美帝野心狼！"的词句。这就是后来定名为《中国人民志愿军战歌》的原歌词。第二天，麻扶摇将这首诗作为全连出征誓词的导言向大家宣讲。大会之后，团政治处编印的《群力报》和师政治部办的《骨干报》都先后在显著位置刊登了这首诗。当时，麻扶摇所在连队的一位粗通简谱的文化教员为它配了曲，并在全连教唱。

　　与此同时，新华社随军记者陈伯坚在志愿军入朝前到麻扶摇所在部队进行采访，在采访时陈伯坚发现了麻扶摇所作的诗句，认为它主题思想明确、战斗性强，很适合当时形势的需要。于是，就在抗美援朝战争第一次战役之后他写的一篇战地通讯《记中国人民志愿军部队几个战士的谈话》中，把这首诗放在文章的开头部分，并作了个别字的改动，把"横渡鸭绿江"改为"跨过鸭绿江"；"中华好儿女"改为"中国好儿女"。当时他在文章中说："这是记者在前线的中国人民志愿军部队中听到的广为流传的一首诗。"1950年11月26日，《人民日报》在第一版发表了这篇通讯。并把这首诗以大一号的字体排在标题下面，以突出的位置介绍给读者。

　　当时任文化部艺术局副局长的著名音乐家周巍峙从《人民日报》上看到这首诗，便产生了强烈的创作欲望，当天很快谱出了曲。同时，他把"抗美援朝鲜"改为"抗美援朝"，并以诗中最后一句"打败美帝野心狼"为题，署名"志愿军战士词"、周巍峙曲。1950年11月30日《人民日报》和12月初《时事手册》半月刊,先后发表了这首歌。不久又定名为《中国人民志愿军战歌》。

中国人民志愿军战歌
词:麻扶摇 曲:周巍峙
演唱:霍勇
雄赳赳,气昂昂,跨过鸭绿江。
保和平,为祖国,就是保家乡。
中国好儿女,齐心团结紧,
抗美援朝,打败美帝野心狼!

第三节 开展镇压反革命、"三反""五反"运动

新中国成立后,国内反革命残余势力,不甘心失败,在暗地里继续进行破坏活动和捣乱。特别是朝鲜战争爆发以后,他们认为时机已到,反动活动更加猖獗。潜伏在郊区的土匪、特务、亡我之心不死的恶霸地主和其他反革命分子,表面上伪装老实,心里时刻想变天。他们有的挑拨干群关系,破坏团结;有的用金钱引诱,拉拢干部下水;还有的到处制造谣言,散发反动传单,书写反动标语,放火破坏,抢劫物资。甚至有的准备迎接蒋介石匪帮反攻大陆进行武装暴动。为了巩固人民民主专政、保卫人民革命的胜利果实,1950年10月10日中共中央发出《关于镇压反革命活动的指示》。1951年2月21日,中央人民政府发布了《中华人民共和国惩治反革命条例》。

郊区的镇压反革命运动是按照宣传教育,检举揭发,查证核实,最后定性逮捕等步骤进行的。

1951年8月18日,佳木斯市人民法院在永安中学(今敖其小

学）操场召开公审大会，对枪杀苏联红军，作恶多端的匪首李宗祥、王尊明、王景阳宣判死刑，执行枪决。这次审判有力地打击了反革命分子的嚣张气焰，人民群众拍手称快。

广大群众在提高认识、了解政策之后，纷纷揭发检举控诉反革命分子的罪行，积极协助政府监视、捕捉反革命分子。在镇压反革命运动中，区委认真贯彻执行党中央制定的政策，坚持以罪恶事实为依据，以法律为准绳，按照"首恶者必办，协从者不问，立功者受奖"的原则，对揭发检举反革命分子进行反复调查，反复核实。到1953年8月，郊区范围内共查出反革命分子6人，其中2人被逮捕，其余4人交地方政府由人民群众监督改造。

这次镇压反革命运动沉重地打击了反革命分子的嚣张气焰，彻底摧毁了反动势力的社会基础，进一步稳定了社会秩序，巩固了人民民主专政，保证了国民经济恢复的顺利进行。运动中，个别地方由于把握政策不准，或处于某种工作的需要，也有处理不当的现象出现，误杀了对抗战作出贡献的人。

枪毙张文洲：解放前，沿江乡泡子沿村出了个恶霸，叫张文洲。他恃强凌弱、横行乡里、鱼肉百姓、强取豪夺，经常将别人的东西占为己有。贫苦村民遭受欺凌，敢怒不敢言，任其宰割。张文洲变本加厉，不把全村百姓放在眼里。一天，张文洲在村里挨家挨户强行收原木，拉到佳木斯卖了把钱揣进自己腰包。土改的时候，张文洲看到天下已成劳苦大众的天下，预感到自己的厄运来临，便偷偷地跑进佳木斯躲了起来。

1951年7月，村里指派两名机智勇敢的民兵到佳木斯，经过艰苦的排查、蹲坑，终于寻找到了张文洲的藏身之所，冲进屋里逮住了他并押回村里召开村民大会，声讨张文洲的罪行。在铁证如山的事实下，对村霸张文洲做出执行枪决的决定。恶霸铲除，大快人心。

开展"三反""五反"运动。新中国成立初期，一些唯利是图的人为了达到自己的私利，采取"打进去""拉出来"和极力散布资产阶级腐朽思想和生活方式等办法，腐蚀党和国家干部，进而进行各种非法活动的情况下展开的。为了制止和打退资产阶级的进攻，解决部分党政干部被资产阶级腐蚀的问题，1951年9月6日东北局做出了《关于开展反对贪污蜕化倾向，反对官僚主义作风的决定》。随即，中共松江省委和中共佳木斯市委相继召开会议，做出了相应的决定和安排。11月初，中共佳木斯市三区委员会根据上级"关于反对贪污蜕化倾向，反对官僚主义作风"的指示精神，成立了以区委书记金谦巽为组长的"三反"运动领导小组。在"三反"运动中，通过检举揭发、批评教育，挽救了一些干部，绝大多数人都提高了觉悟，受到了教育。"三反"运动，有力地推动了国民经济的恢复和发展，从政治上、思想上、组织上、作风上、制度上消除了贪污、浪费和官僚主义这些旧社会遗留下来的污毒，有力地抵制了旧社会恶习和资产阶级的腐蚀，对树立新社会廉洁健康的社会风气，起到很大的作用。

"五反"运动。1952年，在全国开展了"反对行贿、反对偷税漏税、反对盗窃国家财产、反对偷工减料和反对盗窃国家经济情报的斗争"，即"五反"运动。佳木斯市三区的"三反""五反"运动相互密切配合，相互推动，到1952年夏，先后胜利结束，对党政机关建设起了积极的作用，同时打退了资产阶级的猖狂进攻，为实现对资本主义的社会主义改造打下了坚实的基础。

开展"肃反运动"。在党的过渡时期总路线提出和贯彻实施的时候，党内发生了高岗、饶漱石进行反党分裂活动的严重事件。1954年2月10日，中共中央七届四中全会一致通过毛泽东主席建议起草的《关于增强党的团结的决议》。1955年3月，在中国共产党全国代表会议上，一致通过《关于高岗、饶漱石反党联盟的决议》，4月4日召开的党的七届五中全会上，批准了这个决议。从此，一场轰轰烈烈的肃清反革命运动在全国开展。

此时，佳木斯市进行新的区划调整，市区城区设3个区，原三区管辖的村屯场划入佳木斯市四区管辖，由原来的三区改称为第四区。四区的肃反运动是在市委的统一领导下进行的。区委成立肃反运动核心小组，组长由区委书记柴仲智担任，成员有区委副书记马吉会、组织委员王禄和宣传委员肖筵忠。按照中共佳木斯市委下发的《关于贯彻中央、省委指示，彻底清查一切反革命分子工作计划》的部署，四区为第二批进行。1956年6月，四区所辖各乡中心校、各农场全面开展肃反运动。参加运动的单位22个，参加运动人员8 480人，重点审查对象45人，其中反革命分子36人，重大反革命分子4人，还有790人交代了自己过去隐瞒的政治历史问题。同时还破获反动"一贯道""先天道""中庸道"等反动会道门隐藏在郊区的人员。

与此同时，桦川县所辖的长发、大来、永安等区和汤原县所辖的莲江口区也开始了肃反运动中对群众揭发检举的嫌疑人逐个审查，在长发、大来、永安等区及莲江口区审查出来的土匪、伪警察、国民党一般党员、坏分子等均按照党的政策，区别不同性质，分别予以处理。

通过肃清反革命运动，全区清除了一批反革命分子和其他坏分子，使革命队伍更加纯洁、政权更加巩固，锻炼和培养了大批干部和积极分子，提高了全体党员维护党的团结的自觉性，加强了执政党建设，改进了干部工作作风，提高了党组织的战斗力和凝聚力，从而保证了党在过渡时期的总路线任务的正确实施。

第四节 农业经济的建设和发展

初级农业生产合作社。1953年2月15日，中共中央发布《关于农业生产互助合作的决议（草案）》后，中共佳木斯市委责成第四区（今佳木斯市郊区）派人进行初级生产合作社的试点工作。当年在复兴村张子君长年互助组进行试点，办起了第一个农业初级合作社。入社农民13户，耕地585亩；役马9匹，耕牛2头，胶轮大车4辆，以及其他农具。初级社规定，除地主、富农和被管制改造的人员外，农民入社自愿，退社自由。凡年满16周岁的男女劳动农民，本人申请，经社员大会讨论批准可以入社。入社劳动力，按农活数量和质量评工记分，按工分分红。合作化组织设有社员参加管理委员会，由主任、副主任管理日常工作。生产资料的经营管理，耕地按质量等级年终付给租金，牲畜按强弱付给租金，中型农具凡入社的付给租金，小型农具由社员自备自用，社内购置车马农具等物资，一律为集体所有。年终分配，全年收入中扣除生产费用、公积金和公益金以外，按劳动工分分值进行分配。张子君社试办的结果是，粮食平均亩产比互助组时期增加20%左右。每个劳力平均年收入比未入社劳力增加20%，初步显示了初级社的优越性。试点工作成功后，由市区领导亲自检查，一致认为此路可行，于是便在全区范围内进行推广。张子君被授予全省劳动模范。

在张子君初级农业合作社的引领下，1954年3月中旬，三合村的共产党员国洪才领导的"五一社"和佳西村共产党员籍福领导的"胜利社"等，都是四区成立较早的初级社，共产党员在农业合作化中起到了模范带头作用。当年，初级社社员的收入都比不入社农户的收入要高，从而加快了合作社进程。1955年达到28个，入社630户，占总农户的28%。

与此同时，汤原县莲江口区新立村试办了在望农业生产合作社。桦川县永安区火龙沟，长发区朝阳村也创办了初级农业生产合作社，成为全县的示范社。到1954年秋，全区范围内包括桦川、汤原所辖的大来、长发、永安、连江口等地的村、屯，初级社在郊区遍地开花。

高级农业生产合作社。1955年7月，毛泽东主席《关于农业合作化问题的报告》发表后，中共佳木斯市委召开农村基础干部会议进行学习讨论，提高认识，迎接农业合作化高潮的到来。10月，市委在四区三合村进行高级农业生产合作社试点。市长赵云鹏亲自指导三合村将"五一""兴农""兴华"三个初级社合并为一个社。成立市郊第一个高级农业生产社——"五一"高级社。"五一"高级社的成立，标志着佳木斯市郊区的农业合作化运动开始向高级社发展。1956年1月14日，中共黑龙江省委下发《关于发展高级农业合作社的通知》，佳木斯市委立即组成由一名副市长带队的工作组，深入市区各村，组织大办高级农业生产合作社。在大势所趋、人心所向的形势下，广大农民踊跃申请入社。初级社和互助组纷纷向高级社过渡。经过近一个月的时间，郊区共办起19个高级农业生产合作社，入社农户占总户的99.5%。

到1957年底，桦川县管辖的长发、大来、永安、黑通等区，汤原县管辖的莲江口区均完成了初级社的过渡，走向高级农业合作社。至此，境内的村屯全部实现了农业生产合作化。

组织形式。高级社是社会主义集体经济组织，耕地一律无代价地收归集体所有，统一经营，按入社社员人口给少量的自留地，对耕畜、车辆、农具以及田间固定设施，按当时的价格，民主评议作价后全部归社所有，分期偿还，可定交入社股份资金。

高级社实行股份资金制，社员缴纳一定数量的股金，以劳动力为单位或以户为单位，金额各社不等。公有化股份基金主要用于收买社员耕畜、农具等生产资料。生产费股份基金主要用于当年生产费用开支。

管理经营。高级社的经营管理实行统一管理，统一经营，统一分配。一是计划管理，在国家计划的指导下，安排各项生产；二是劳动管理，劳动力按体力强弱、技术专长以及农活需要进行调配，按工种评工记分；三是财务管理，统一财务，建账建库，财、物由专人管理，定期公开，民主理财；四是组织管理，由社员民主选举管理委员会，主任、副主任负责经营管理和日常行政工作。合作社代替村政权，实行政社合一。

收益分配。在收益分配上，实行国家、集体、个人三者利益统筹兼顾和按劳分配的原则。除缴纳农业税、偿还到期贷款，按政策留足公积金、公益金和留够下年生产费，剩余部分按工分分配给社员。公积金提留比例，近郊菜社按总收入的10%~20%，中远郊粮社按8%~15%左右，提留用于扩大再生产。公积金提留比例一般按总收入的2%~5%左右，主要用于社员福利。生产费根据下年生产需要提留。社员分配部分可以实物或现金兑现。

实现高级农业生产合作社后，农村生产力有较大发展，农民参加集体生产劳动的热情高，基本做到了人尽其才、物尽其用、地尽其力。1956—1958年，全区蔬菜和粮豆平均亩产分别比1955年增长64%和14%。

人民公社化运动。在农业高级社建立不久，各方面都有待巩固和完善之际，1958年8月，中共中央下发《关于在农村建立人民公社问题的决议》，佳木斯市郊区从8月23日到28日仅用5天的时间，就把所辖的9个乡合并为东风、红旗、跃进3个人民公社，宣布实现了人民公社化。一段时间里，人民公社推行的"一大二公""一平二调"、平均主义和大锅饭诸多弊端，致使社员参加生产劳动积极性受到了影响，集体经济发展受到影响。尤其是"文化大革命"的十年浩劫，"宁要社会主义的草，不要资本主义的苗"思潮盛行，割资本主义尾巴风起，集体经济每况愈下，生产队收不抵支，社员辛苦劳作一年，拿不到工钱，还欠下三角债，社员参加集体生产的积极性严重挫伤。集体经济被推到崩溃的边缘。

然而，人民公社期间，通过发挥集体的力量，采取大兵团作战，农业基础设施建设有了较大发展，建成了一大批水利工程，蔬菜种植灌溉率达到80%；池塘养鱼也应运而生，水稻种植面积有了较大增长。加之农业机械化的发展，社队企业的出现，为郊区日后的经济发展奠定了基础。

大力宣传总路线"大跃进"。1958年3月，经黑龙江省人民政府批准，在佳木斯市四区的基础上成立佳木斯市郊区人民委员会。区划调整后，郊区辖大来、裕太、永安、兴华、三合、西格木、黑通、松江、双合等9个乡，57个村，98个自然屯。中共中央在八大二次会议上通过了"鼓足干劲、力争上游、多快好省地建设社会主义"的总路线。总路线的提出使全国进入了"大跃进"的年代。佳木斯市郊区的"大跃进"运动是与郊区建置同步开展起来的。组建不久的中共佳木斯市郊区委向全区发出了《关于宣传、贯彻中共八大二次会议精神和社会主义建设总路线的通知》，要求全区广大党员群众迅速行动起来，在全区范围内开展一次大张旗鼓地宣传贯彻党的八大二次会议精神和社会主义建设总路线的运动。区委组织区乡村近200名报告员、宣传员深入村屯与群众见面，达到家喻户晓，人人皆知。

人民公社的创建。1958年8月，中央在北戴河会议上通过了

《中共中央关于农村建立人民公社问题的决议》，明确指出了人民公社的性质、建立的步骤和方法。这次会议以后，毛泽东主席到河南、山东等省视察时指出："还是办人民公社好"，毛主席的号召和中央的决议发表后，全国农村很快形成了小社并大社，并升级为人民公社的高潮。根据中央和省委的指示精神，佳木斯市从8月开始，在农村建立人民公社，8月下旬，中共佳木斯市委召开了农村四级干部会议，传达贯彻中共中央《关于在农村建立人民公社决议》，并制定了《中共佳木斯市委关于建立人民公社的实行方案》。四级干部会议后，区委立即组织建立了建社工作团，分别成立了3个工作组，深入各乡村，通过报告、标语、广播等宣传形式，全面开展声势浩大的宣传活动，同时对人民公社的性质，办人民公社的意义、目的以及创建人民公社的具体政策问题进行宣传和讲解，通过宣传教育，全区农民积极踊跃报名、申请参加人民公社。当时，建立人民公社分4步进行的。第一步，做好规划，训练干部；第二步，进行教育，开展辩论；第三步，选举领导机构，搭起人民公社的架子；第四步，处理经济问题，建立各项规章制度。从8月23日到8月28日，仅仅用了5天的时间，郊区就将当时的9个乡，合并成为东风、红旗、跃进3个人民公社，松江、双合2乡成立东风人民公社，三合、黑通、西格木3乡成立红旗人民公社，大来、永安、裕太、兴华4乡成立跃进人民公社。宣布郊区全部实现了人民公社化。在如此短的时间里，吃透消化党中央关于建立人民公社的文件，从制定出具体操作方案，到宣传教育，让社员都能了解建立人民公社的目的、意义，并且心悦诚服地、积极踊跃地报名申请参加人民公社，再到成立起人民公社，实属难能可贵的。唯有革命老区的人民才能有如此热烈地响应党的号召的觉悟，也唯有革命老区的人们才能如此迅速地从千百年来形成的、根深蒂固的个体农业生产中走出来，步入集体组织之中。

人民公社是政社合一组织，工农商学兵五位一体，农林牧副渔全面发展，既是农村社会主义集体经济组织，又是国家政权的基层单位。是人民公社、管理区、作业区三级管理体制。人民公社架子搭好后，在处理原来经济遗留问题时，中共郊区委决定，原来各社的公共财产，不论多少，一律归人民公社所有，社员入社时摊拿的股金，也一律转归人民公社，作为社员在人民公社的股份资金，社员自养的牲畜、果树等都作价归公。初期，人民公社实行统一领导、统一计划、统一核算，生产资料全部公有，称之为"一大二公"。1959年初各个管理区相继建立起了食堂、托儿所等福利事业。社员吃饭不要钱，孩子入托不收费。在建设公社的同时，各个人民公社制定了迅速发展农业生产的规划，根据规划，各公社的粮食、蔬菜、畜牧等生产指标均比上一年高出一倍到二倍。当时称为"共产主义是天堂，社会主义是桥梁"社员一步登天堂，过上了共产主义的生活。1961年3月鉴于人民公社范围过大，难于管理，中共郊区委、郊区人民委员会将现有的3个人民公社调整为5个人民公社，即：松江人民公社、三合人民公社、西格木人民公社、大来人民公社、永安人民公社。加上1959年从桦川县划归郊区的悦来、新城、苏家店、梨丰、中伏、拉拉街、星火、建国等8个人民公社，郊区共有13个人民公社，161个生产大队，450个生产队。时称"大郊区"阶段。

郊区革命老区人民响应党的号召，在创建人民公社上也起到了模范带头作用。1958年12月20日，在北京召开全国农业生产先进单位、先进个人表彰大会。郊区跃进公社和红旗公社五一畜牧场分别被授予由周恩来总理签名，国务院颁发的"奖给社会主义建设先进单位"的奖状。

1961年，中共中央下发《关于农村人民公社当前问题的紧急指示信》（即《十二条》）后，"一平二调""三高""五风"才逐步得到纠正。同时生产管理区改称生产大队，作业区改称生产小队。1962年9月，中共中央八届十中全会通过《农村人民公社工作条例（修正草案）》（即《六十条》）以后，人民公社权力下放。实行"统一领导，分级管理，三级核算，队为基础，自负盈亏"的体制，以生产小队为核算单位。生产队的一切人、财、物，生产大队和公社不得任意干涉和平调。使生产队的所有权和经营自主权得到了保证。过去公社和大队平调的财物进行了退赔，从而调动了生产队和社员恢复发展生产的积极性，稳定了农村的集体经济。1964年，郊区农村响应毛泽东主席的号召，普遍开展了"农业学大寨"运动。对进一步提高农村干部和群众的社会主义觉悟，进行农田基本建设和推广科学种田，完善公社"三级所有，队为基础"经营管理方式，促进农业发展，起到了一定的积极作用。期间，社员的收入有所增加，生产队建起了队房子，圈起了院套，建起了大场院，专供打场使用。各生产小队也有了公积金和公益金的积累，社员在村内卫生所看病享受50%报销的待遇，社员每年分红都能得到可观的收入，过上了丰衣足食的生活。

人民公社受干扰。郊区人民公社成立伊始，就受到"左"的错误思想干扰，一度出现"一平二调""三高"（高指标、高征购、高任务）和"五风"（共产风、浮夸风、命令风、瞎指挥风、特殊化风）的冲击。1958年秋，跃进人民公社义和生产大队（今大来镇义和村）曾上报在一块秋白菜地里，放出平均垧产48万公斤的"卫星"（实际上只有10万公斤），受到国务院的奖励。"三高""五风"从上面兴起，下面随从。在高指标、浮夸风影响下，从上到下层层制定粮食一年"上纲要"（亩产400市斤），两年"过黄河"（亩产500市斤），三年"跨长江"（亩产800市斤）的计划。当时的农业生产条件下，玉米实际亩产仅有136公斤，小麦只有61.5公斤，水稻亩产150公斤。在农村的瞎指挥，波及面广、项目繁多，集中表现在贯彻农业"八字宪法"上，在改良土壤方面，违背科学和农业常识及规律搞土地深翻。1959年秋，提出"全党全民总动员，男女老少齐下田"的大搞深翻的口号。要求深翻一到二尺，最深的深翻三尺三。黑通管理区在原来黄家磨坊遗址处将土地翻了1米深，然后铺好粪再将土填回，为第二年春耕做好准备。黑通管理区的这一做法得到了公社领导的认可，召集全公社各管理区、作业区领导前来开现场会，推广黑通管理区的经验。公社领导给予了充分肯定，要求各管理区回去马上抓紧落实，以黑通管理区为榜样，在全公社范围内掀起秋翻地热潮。那时，革命老区的农民心很齐，上级一声令下，全都积极响应。男人奋战在深翻地的现场，妇女也背着孩子前来，把孩子放到地头加入秋翻地的行列。这种把适合农作物生长的土壤掩埋到地底下，用地下土种庄稼的做法本以为会得到好收成，结果事与愿违。黑通管理区的那块浸透社员汗水，引来公社现场会的深翻地，导致后来的粮食大幅度减产。1961年平均粮食亩产为53公斤，蔬菜413公斤，分别比1957年下降47.1%和94.2%。为了推行"一大二公"，1959年下半年至1960年在敖其、西格木、和平、四丰等地将20多个生产队一步并归"过渡"到国营农场或畜牧场，实行工资制。在这些农村中由国家投资，大办所谓的"万鸡山""万鸭湾""万猪场"。同时，在万发、五一等管理区大办万鸡场、千猪场。这些不顾客观条件，严重脱离实际的"大办"，实际未能持久，却造成了很大的经济损失，引起了社员们的思想波动，滋生了不满情绪。

第五节　社会主义教育运动

1962年9月，中共中央八届十中全会提出了"关于在社会主义历史阶段，资产阶级作为阶级将长期存在并企图复辟"的阶级斗争扩大化的观点。1963年3月，在北京召开的中央工作会议上确定，在农村开展以"四清"（账目清、工分清、财物清、仓库清）为主要内容的社会主义教育运动。

一、开展阶级斗争的宣传教育活动

按照中央的部署，1963年6月23日，中共佳木斯市郊区委员会举行常委扩大会议，学习传达中央《关于目前农村工作中若干问题的决定》和佳木斯市委关于干部在社会主义教育运动中"洗手洗澡"的通知精神。会议听取了区委副书记李奎君的重要讲话，认为农村的社会主义教育的内容主要是进行形势、阶级、社会主义方向和政策教育，从思想上、政治上、组织上、经济上挖掉资本主义、封建主义、修正主义的根子，以整顿党的基层组织、改善生产队的经营管理，以达到提高广大农村干部、贫下中农的社会主义觉悟、巩固集体经济、发展农业生产的目的。会上，对全区农村社会主义教育运动作了周密的部署和安排。7月4日，区委成立了社会主义教育运动办公室，主任黄钱钧，副主任李杰、徐月秋。7月18日，区委组织机关干部66人深入各公社，结合开展"增产节约"和"反贪污盗窃、反投机倒把、反铺张浪费、反分散主义、反官僚主义"的"五反"运动开展对社员的阶级斗争教育。并在郊区拉拉街公社西大大队进行社会主义教育运动试点。9月10日，区"社教"办公室对西大大队试点工作进行总结。区"社教"工作队进入西大后，采取四个阶段进行：一是摸情况访贫问苦，组织革命阶级队伍进行阶级斗争教育；二是揭开阶级斗争盖子，孤立一小撮阶级敌人；三是各生产队进行"四清"工作，动员大、小队干部"洗澡"；四是开展群众性的"三史"阶级教育等内容，使干部群众受到深刻的思想教育。西大大队试点工作后，郊区便全面开展了社会主义教育运动。

二、向农村派驻"四清"工作队

1964年1月6日至25日，区委召开区、社、生产大队三级干部会议，参加会议人数达1 487人，会议地点在合江地委招待所。

会议中心内容是传达学习中共中央《关于农村社会主义教育运动中一些具体政策的规定（草案）》和《关于目前农村工作中若干问题的决定》两个文件和毛主席的重要指示。会议号召区委党员干部要"洗手洗澡"，团结对敌，揭开"阶级斗争"的盖子，并规定了一些政策。

3月28日，区委抽调119名干部组成工作组，对127个生产大队进行社会主义教育运动第一阶段的复查工作，并对其中78个存在问题的生产大队进行补课。为了搞好社会主义教育运动，整个郊区是全党动员、全力以赴、全民参加。

运动第一阶段，有区委下派各生产大队的工作队组织干部群众宣讲中央文件，宣讲党的方针和政策。工作队队员带着行李，与贫下中农同吃同住同劳动。一般的生产队都要有一名工作队员，每个生产大队要有一个副科级领导干部带队。

运动的第二阶段就是依靠贫农、下中农，放手发动群众，大揭阶级斗争盖子，忆苦思甜，进行深刻思想教育。通过宣讲中央文件和大规模的思想发动，进一步激发群众的阶级觉悟，群众纷纷联系生产大队的阶级斗争情况，大揭阶级斗争盖子，揭露地、富、反、坏分子的许多破坏活动，同时也揭发了一些投机倒把、贪污盗窃、资本主义自发势力、封建迷信等活动。在大揭阶级斗争盖子中，郊区各社队结合实际进行新旧社会对比、忆苦思甜教育，使广大干部群众更加坚定走社会主义道路的决心，郊区有6个公社举办了6个展览馆，受教育人数达到47 420人（次）。

运动的第三阶段是根据人民群众的要求，粗线条地解决一些问题。对那些被揭发出来的地富反坏分子根据情节的轻重进行公审或批斗。对那些犯有轻微"四不清"行为的干部，本着"惩前毖后，治病救人"方针，进行批评教育。对那些犯有严重"四不清"问题的干部给予严重处理。在这次运动中，全区查出"四不清"干部8人，多吃多占金额8 460元，被撤职7人。对21名地富反坏分子进行了批斗。在运动中，各社队都按照中央规定中对基层干部"七不准"的要求，制定了规章制度，研究整改措施，落实干部参加生产劳动的规定。

社会主义教育运动在一定程度上解决了农村干部普遍存在的官僚主义、瞎指挥、多吃多占等问题。但由于搞"洗手洗澡"和"揭盖子"，使不少基层干部受到不应有的打击，因此，社教过程中"左"的错误也不断地发展蔓延。

三、贯彻社教运动的"二十三条"

1965年1月，党中央颁发了《农村社会主义教育运动中目前提出的一些问题》（即《二十三条》）。规定农村的社会主义教育运动，今后一律简称"四清"，即清政治、清经济、清组织、清思想。《二十三条》下达后，中共佳木斯市郊区党委对前期运动中存在的问题作了检查和纠正，对社教工作队进行了整训，并提出了一些具体规定，在面上的社会主义教育中，不强调基层干部"洗手洗澡"，不开对敌斗争会或批判会，不重视规定阶级成分，成立贫下中农组织。对基层干部不抓辫子，不打棍子，不扣帽子，不扣两性关系与政治历史问题等，这样使大部分社队干部在社会主义教育运动中得到了解脱。此后，全区的社会主义教育运动的内容由清理经济逐步发展为清政治、清经济、清组织、清思想的"大四清"上来。运动的重点转向批判、斗争所谓的"党内那些走资本主义道路的当权派"。社教运动的指导思想在"左"的道路上又向前发展了，这也为1966年开展"文化大革命"，提供了思想和理论上的依据。

  郊区社会主义教育运动中虽然出现了一些偏差，但是从运动一开始，区委就十分强调社会主义教育运动必须与农业生产密切地结合起来，提出"搞好社会主义教育，争取农业大丰收""一手抓教育、一手抓生产"的口号，使运动和生产两不误、两促进。区委派驻各社队的工作队进入基层后，就着手帮助各生产大队党支部制定小阶段生产计划，优先发展农业生产。1965年4月，区委副书记张永良率领各公社党委书记、社长及三合、松江两个公社的生产大队、小队长赴长春进行为期一周的蔬菜大棚种植生产参观考察。并现场落实生产计划，当年全区由原来的2个塑料大棚发展到630个，实现了佳木斯市郊区蔬菜生产的一个飞跃，为建设蔬菜基地奠定了良好的基础。当年11月，全区开展兴修水利工程大会战，在松江、三合、洋草川、永安、大来、哗啦沟、四丰山等7个水利工地进行了治涝配套工程抢修工作，对郊区农田减少涝灾，保证农业生产，发挥了应有的作用。在运动中，区委组织各社、队学习"大寨精神"，对照自己找差距，区委主要领导干部亲自带队到陕西省昔阳县大寨大队参观学习。对照大寨找差距，挖掘本大队潜力，开展比、学、赶、帮运动，掀起农业生产高潮。这些都在一定程度上减轻了运动造成的损失，对全区的经济调整工作和国民经济的发展没有产生大的影响。

这次社会主义教育运动,虽然在指导思想和具体做法上出现"左"的倾向,但运动还是取得了一定的成效,对郊区广大人民群众的震动很大,是一次干部与群众自觉的革命行动。社教运动不仅在经济管理方面解决了不少农村生产队长期账目、财务不清、管理制度不健全和干部作风方面存在的问题,而且提高了广大贫下中农的阶级觉悟。社教运动之前,不少农村干部和群众的阶级斗争观念比较模糊,通过社会主义教育,广大农村群众对阶级斗争的长期性、复杂性有了明确的认识,随着阶级觉悟的提高,无产阶级感情增强了。运动中的各种歪风邪气收敛了,赌博、迷信、买卖婚姻等陋习有所遏制。通过开展社教运动,农村有些罪大恶极的地、富、反、坏分子得到有效打击、孤立,破坏活动基本消失。干群关系更加密切,干部带头参加农业生产,生产队干部每年参加集体劳动达到250天以上。由于运动中把农业增产还是减产作为衡量运动搞得好与不好的标准之一,因而广大群众的生产积极性空前高涨,各生产队都添车买马,扩大耕地面积、增加生产设施,全区有85%以上的生产队成立了机耕队,生产上出现一片兴旺的景象,这对促进国民经济的恢复和发展,促进郊区的社会稳定和繁荣,起了一定的积极作用。

第六节　商业的形成与发展

佳木斯市郊区乡镇供销合作社是在1947年土地改革运动中建立的。当时设于小集镇和区政府所在地。到1948年末,区内共建立大来油场职工合作社、永安合作社、大来镇群众合作社、敖其大众合作社、永安农业合作社、敖其军民合作社、黑通供销合作社、东格木合作社等8个合作社,办社最早的为大来岗群众合作社，社员数为1 109人，股金为1 520万元（东北币）。1949年群众入股，以村建社，郊区范围内共建14个供销合作社。本地各区均派一名区委成员或区政府助理员专司此任。同时派一些干部去省商业干校学习专业知识，以充办社骨干。同年桦川县成立县供销合作社联合社，县辖各区建立区供销合作社。区供销合作社及村供销合作社的建立，占领了农村市场，稳定了市场物价，减少了私人商业的中间剥削，保护了农民的利益，促进了农业生产的发展。

1954年5月，中共中央召开五大区财委副主任会议，并作出"关于国营商业与合作商业城乡分工的决定"，指出"对城乡市场的领导，公私经营比重的掌握，农副产品收购、价格的执行和对私营商业的改造等，由合作社负责"。从此，供销合作社在国家商业部门领导机关的统一领导和计划部署下，根据国家、集体商业城乡分工原则，接受国家委托，负责对农村市场的领导和安排。因而，农村供销合作社业务迅速扩大。除销售一切农业生产资料和人民生活用品外，并负责包括粮谷在内的一切农副土特产品购销。其收购、销售金额逐年提高。占农村总购销额的94%，而私营商业只占6%。1957年3月，佳木斯市建立供销合作局，并将佳木斯市贸易公司第六商店改为农村总店，辖近郊佳西、松江、双合3个供销社，并将远郊的大来、永安、裕太、兴华、西格木、黑通等6个供销社由桦川县供销合作社联合社划归农村总店管理。1958年3月，佳木斯市郊区政府成立。6月，设商业科，郊区商业科辖松江、双合、三合（佳西）、黑通、西格木、永安、大来、裕太、兴华等9个农村供销合作社。同年10月，农村供销合作社随着农村经济体制变革，改为以人民公社为单位，统一核算，公社所在地的供销社称公社供销社，各生产大队的供销合作社改称供销部。此时，郊区设3个供销社，即跃进供销社、红旗供销社、东风供销社。3个供销社下属有15个供销部。1959年3月，随着郊区管辖范围的扩大，桦川县的悦来、新城、星火等3个供销社划入郊区。同年12月，郊区进行新的区划，将原来6个人民公社划分为13个人民公社，佳木斯市商业局同郊区商业科，根据其地区特点及分片管理方便将农村供销社增加到17个，除大来、永安、西格木、三合、松江、星火、拉拉街、悦来、苏家店、梨树、新城、中伏、建国等13个人民公社供销社外，增加了佳南、四丰、万里、宝山4个供销社。农村供销部61个，共有职工1 427人。1964年11月，佳木斯市郊区政府改称为郊区办事处，悦来等8个供销社随悦来等8个人民公社一并划归桦川县。此时，郊区内有8个供销社，即大来、永安、三合、西格木、松江、佳南、四丰、宝山、合江畜牧场。1968年9月，佳木斯市与合江地区合并，撤销佳木斯市郊区建置。将大来、永安、西格木、合江畜牧场等4个供销社划归桦川县管辖。松江、三合供销社直接由合江地区商业局管辖。1972年3月，佳木斯市郊区设置。下设商业科，管辖松江、三合、大来、永安、西格木等5个供销社，年内有职工415人。1976年，郊区各公社供销社统一由佳木斯市供销合作社联合社管理。1977年3月，增设红旗供销社。1983年3月，农村供销社改为集体所有制企业。1984年4月，红旗供销社并入长青供销社，到1989年，郊区有5个供销社，36个供销部，6个农副产品采购部。共有职工747人。

生产资料供应。1948年，各供销合作村配合农村互助合作运动，适应迅速恢复国民经济的需要，主要供应的农业生产资料有小铁木农具，调剂籽种、饲料、耕畜等。1949年，区内农村出现马料不足现象，桦川县供销联社采取借贷方法为各区供销社贷给豆饼31万斤。解决了当年农业生产中的困难。

1958年"人民公社化"以后，各供销合作社开始向农村供应双铧犁、铲趟机、小麦收割机等新式农具及配件。到1964年以后，农村供销合作社的生产资料供应发展到以锹、镐、锄、叉、镰、车、犁、筲、筛、掀十大品种为主的小铁木农具。到1972年以后，生产资料供应由专营小型农具、机具转向到农药、化肥、农膜等物资上来，而且销售数量逐年增多。1976年，全区各供销合作社供应化肥为2 000吨。1984年供应化肥为4 604吨。到1989年，供应化肥达6 165吨。比1976年增长3倍。

生活资料供应。农村供销合作社初建时，由于资金、人员、设备都很缺乏，当时只能对农民生活必需品进行供应。如豆油、食盐、食糖、火柴、煤油、棉花、棉布等生活用品。1953年以后，随着国民经济的好转，农村供销社的购销业务比较活跃，所经销的商品一律免票供应。农民人均购买力水平由1949年的14元增加到47元，增长2.4倍。

1958年，进入第二个五年计划时期，出现了盲目地开展大购大销，并夹杂着浮夸虚报，单纯追求购销数量和金额。农村市场供求矛盾突出，有些工业品、副食品又开始凭票限量供应。1962年后，国民经济调整方针得到贯彻落实，供销合作社体制的恢复，扩大了购销业务，使市场供应紧张状况开始逐渐好转。

1964年以后，随着人民生活水平不断提高，社会购买力大幅度上升，缝纫机、手表、自行车、收音机等高档商品销售量逐年增加。到1974年，全区供销合作社销售额达657.3万元。进入80年代后，生活资料供应开始向更高层次发展，区内各供销合作社拓宽了进货渠道，打破专业界限，跨行业经营的有尼绒、化纤品和五金交电器材、服装、电视机、自行车、手表等。有的商品可直接到厂家进货。1982年以后，敖其、大来、松江等3个供销合作社成立由国、合商业三级批发站，批发对象多为个体商业户。

1985年，全区供销合作社总销售额为1 012.5万元，比1974年增长40%。到1989年，生活资料供应商品已经达到1 000多种，农民人均购买力水平为190元，为1953年的4倍。

第七节　城乡建设

加强基础建设，城乡面貌发生显著变化。民生宜居工程加快建设，累计投入2 074万元，维修改造老旧小区52个、楼房172栋。投入1.31亿元，建节能改造老旧楼房237栋，2.1万户群众住上了暖房子。平稳完成毅德城等10个地块、81万平方米房屋征收任务，城中村和棚户区改造总面积187万平方米。全面完成哈佳快速铁路郊区段征地工作。城市管理水平逐年提高，累计拆除违建面积16万平方米。整合涉农资金2.3亿元，有效保障79个美丽乡村（场）建设工作，郊区荣获佳木斯市唯一的"美丽乡村建设先进县（市）区标兵"荣誉称号。投资1.8亿元，完成农村危房、泥草房改造9 539户，面积57.6万平方米。乡镇新建住宅46.2万平方米，莲江口镇成为国家级重点建设城镇。全区共投资4 416万元，建设水源井86眼、管网56万米，解决了98个村屯、6.43万人口的饮水安全问题。建设农村公路项目52项，长度达到136.9公里，建设旅游路项目3项，长度达到15.94公里，通村路建设位居全市前列。

第八节　道路交通的发展

乡道。郊区地域内在中华人民共和国成立前，陆路交通极为落后。清朝年间，境内仅有一条东至富锦、西经依兰通往吉林的驿道，并在敖其设一驿站（时称阿陵站）。站设催委官及站丁若干人，其任务传递军情文书，至清朝末年，驿站废除。民国年间，移民渐多，村落形成，在村与村之间，由于人行马踏车轧而自然形成乡村道路。这些道路无人管理，路面高低不平。雨天洼处积水盈尺、泥过膝，雪天路面时常被封，运输极为艰难。

据旧《桦川县志》记载，本地有6条官道分别通往桦川、勃利、汤原、依兰等地。

1.通往桦川县城（悦来镇），由佳木斯镇走北道（今哈同公路）出东门向东5里音达木河口，又东15里蒙古力（今松江乡宏力村），又东60里悦来镇，计80华里。

2.通往勃利一路，由佳木斯东南门向南5里抢家屯，又东南7里双合屯（今佳南农场），又南4里陆家岗，又东南6里三家子，又南8里聚宝山，又南11里长发屯，又东南12里朝阳屯，又南197里至勃利县，计280华里。

3.通往勃利二路，由佳木斯西南门向南8里金家烧锅，又南27公里四合山，又南6里苏木河，又南80里至湖南营，过七虎力大八浪入勃利县，计260华里。

4.通往依兰一路，由佳木斯向西南13里格木苏岭（今西格木村），又西南19里哗啦沟，又西5里西火龙沟（今群胜村），又南133里至依兰县，计170华里。

5.通往依兰二路，由佳木斯出西门向西6里三合屯（今长青乡），又西7里四合屯，又西7里黑通，又西26里敖其，又西16里南城子，又西8里木舒吐，又西8里山音倭口（今大来镇山音村），又西5里宏克力经大营、倭肯河入依兰县城。

6.通往汤原，由佳木斯西门向西至大来岗，过松花江至下拌场子入汤原县城，计79华里。

第四章 社会主义革命和建设

伪满洲国时期，日本侵略者为了切断当地人民同抗日联军的联系，在农村实行了"归屯集甲"政策，在村屯四周筑起土围墙，强迫老百姓修筑警备道，当时郊区境内较完备的警备道路5条，计200华里。

1. 佳木斯→一棵松→蒙古力→田录村→悦来镇。
2. 佳木斯→三合屯→黑通村→敖其→大来岗。
3. 佳木斯→西南屯→模范村→双合屯→长发屯。
4. 佳木斯→四合山→锅撑石→火龙沟→大来岗。
5. 佳木斯→会龙山→山弯子→山里。

警备道路除部分路面为砂石路外，大部分为土路面，只能晴天行驶车辆。

新中国成立后，各级人民政府十分重视交通道路建设。动员农民进行义务修路，许多乡村道路加重取直，铺上砂石或沙土，改善了路面，保证车辆行驶。

党的十一届三中全会以后，各级人民政府把道路建设纳入文明村建设项目之中，并提出山、水、田、林、路综合治理。1983年以后，全区各村均在农闲季节，抽出劳力、运力进行乡村道路修建，各乡、镇人民政府组织专业筑路队伍坚持常年道路养护。到1985年，全区已有乡、村两级道路550公里，其中砂石路397公里。1986年郊区政府采取依靠地方、依靠群众、民办公助的措施，掀起地方道路建设和文明乡、文明村建设新高潮，以修路为突破口，以完善文明村建设为目标，全年整修乡道113公里，维护路面211公里，加宽道路25公里，直弯21公里。1987年，全区创优等路51.8公里、良等路61.1公里、次等路33公里，使全年整修的145.9公里乡道消灭差等路，好路率平均为60%。1988年全区路基加宽69公里，全年养护乡路172公里，其中常年养护132公里，季节养护40公里。1989年，郊区乡、村道路又上新台阶，除对现有245.2公里乡道普遍整修外，打通沿江乡新华村至西格木乡丰胜村，敖其镇兴川村至大来镇胜利村的多年断头路，新建断头路面2.2公里。全区道路建设干支趋于配套，形成以国省道路为骨架，以区乡道路为网络，城乡相通、乡乡相通、村屯相通的公路网络。

1989年，郊区的地方公路建设被黑龙江省人民政府授予二等奖。

公路。哈同公路郊区段，全长607公里，佳木斯段西自大来镇新村处入境，东至合江水稻研究所处出境，途经郊区大来镇、敖其镇、沿江乡、长青乡、佳木斯市市区、松江乡，全段49.5公里，属柏油路面。

哈同公路佳木斯市郊区段路基雏形修于"民国"初年，为上至依兰，下至富锦交通之要道。1940年日本侵略者为适应太平洋战争的需要，对此路段进行了修整，成为简易公路。

新中国成立后，各级人民政府多次进行修筑。1962年，郊区政府按照地方简易公路标准对此段进行复修，成为低级砂石路面公路。1968年为哈同公路所复取，开始铺设渣油路面。1985年，佳木斯市交通局将亚麻厂至沿江乡红旗中学段改建路面，扩宽路面达18米，全长5.4公里，达到国家一级公路标准，填补了佳木斯市公路发展的一项空白。此路段不受自然条件影响，雨雪无阻，全年畅通。1989年，哈同公路郊区段有道班3个，养护工40人。

佳丹公路郊区段，全长300公里，佳木斯段由长青乡佳西村入境，经长青乡政府往西南经西格木乡政府在群林村出境，全长24公里，为砂石路面。

佳丹公路。路基早在伪满时期就已形成，是佳木斯通往勃利县的简易道路。1976年，郊区国防公路建设指挥部抽调500名基干民兵对佳丹公路佳郊地段进行加固路基，加宽路面，铺设砂石。公路达二级砂石路标准，常年通车。到1989年，佳丹公路郊区段有道班4个，养路工75人。

第九节 社会主义精神文明

一、组织建设

1982年，郊区人民政府成立社会主义精神文明领导小组，下设办公室。1991年3月5日，根据中共佳木斯市委第139次会议精神，郊区精神文明建设活动办公室由区政府划归区委序列，为区委的工作机构，1992年与区委宣传部合署办公。2004年，中共佳木斯市郊区区委决定成立精神文明建设指导委员会，区精神文明办公室主任由区委宣传部副部长兼任。到2015年，区精神文明办公室仍与区委宣传部合署办公。

二、宣传活动

1990年，中共郊区委员会结合全国"五讲、四美、三热爱"活动工作会议精神，决定在全区广大青少年中积极开展"爱祖国、爱人民、爱社会"的"三热爱"教育活动。同年5月，区精神文明办公室、总工会、妇女联合会、区教委联合下发《关于在全区青少年中深入开展"五讲、四美、三热爱"的通知》。全区各中小学校每周都举行一次升国旗、唱国歌活动。此活动一直坚持到现在。各乡村都将"三热爱"内容写进本村的村规民约及五好家庭的评比条件。在区委五届五次全委（扩大）会议上通过《佳木斯市郊区社会主义精神文明建设"九五"规划和2010年建设目标纲要》中，把开展"五讲、四美、三热爱"教育活动作为精神文明建设的一个重要内容，组织深入贯彻落实。2000年，区团委、教育局联合举办全区小学生"祖国在我心中的"大型演讲比赛。全区有近千人参加比赛，通过层层选拔，最后评出30名选手进入决赛，评出一、二、三等奖，使全区小学生思想上受到"三热爱"教育的升华。到2015年，全区"五讲、四美、三热爱"的教育活动年年都有新的加强。

三、创建活动

自1990年以来，郊区的文明单位（村）建设坚持以经济建设为中心，以提高人的素质为重点，创建活动进入经常化、制度化、规范化的新阶段，在评比活动中，坚持高标准、高质量、严要求，使全区文明单位（村）建设提升到一个新水平。1995年，全区精神文明建设工作进入普及与提高阶段。区委在领导和组织文明单位（村）的创建活动中，根据各部门、各行业、各乡镇的特点，区分不同层次，有针对性地开展活动。在党政机关、政法战线开展了"表率工程"建设，努力使党政机关、政法战线工作人员进一步解放思想，转变作风，勤政廉政，全面提高业务素质和服务质量。在区属工业和乡镇企业中开展了"效益工程"建设。努力使企业职工树立知难而进、促产增收意识，为建设经济强区建功立业。在农村开展了"丰收工程"建设，激励农民兴科技、比贡献、奔小康的积极性和创造性，为建设农业强区打下坚实的基础。同时在村屯开展了"塑魂工程"建设，围绕建设标准化学校，净化文化市场，努力创建精神文明建设大环境。在街道居委会中开展了"细胞工程"建设，从加强社会治安综合治理，树立科学文明生活方式入手，搞好文明街道、十星家庭、文明市民评比活动。通过这些创建活动的开展，促进了全区文明建设的进格提升。2002年3月，区委的"四民"（帮民富、安民心、解民忧、助民乐）活动经验在全省文明村镇建设现场会上作典型发言。到2015年，区委涌现出国家级文明村1个，省、市、区文明单位208个，省、市、区先进村78个，郊区政府连续多年被评为全省文明乡镇建设先进区。

四、文明新风

郊区人民民风淳朴，崇尚助人为乐、尊老爱幼、拾金不昧、见义勇为、扶贫解困等时代风尚，为郊区的精神文明建设锦上添花。

自全区精神文明建设开展以来，全区好人好事层出不穷。莲江口农场女工李玉华赡养无儿无女的叔公和婶婆34年，被传为佳话。1996年初，长发镇中心小学学生杨帆在放学路上捡到一条金项链，她返回学校，交给老师，找到失主后，失主拿出200元钱表示谢意，被杨帆谢绝。平安乡村民王晋芝家庭人口多生活困难。村党支部在开展"党员旗帜"工程活动中，党员张国辉帮其建起养鸡场，使王晋芝尽快脱贫。长发镇郑合村村民于利勇斗歹徒，受枪伤在医院治疗期间，市委、区委领导前去看望，并被评为全市见义勇为先进个人。

第五章　改革开放以来的跨越式发展

第一节　农村联产承包责任制

推行农村生产经营责任制。改革开放之前,农业生产统得太死,加上分配上的平均主义,严重挫伤了农民的积极性,阻碍了农村经济的快速发展。党的十一届三中全会后,肃清了"左"的路线影响,并开始在全区农村进行了经济体制改革。1982年,郊区落实中共中央《全国农村工作会议纪要》精神,开始在40%的生产大队试行联产承包责任制,区政府作出了相应的规定,撤销生产小队,精简非生产人员。在乡村两级建立农业生产服务公司,并本着"宏观调控""微观搞活"的原则率领全区人民进行深入改革。与此同时,西格木公社首先在草帽子大队试行土地承包到户的家庭联产承包责任制,取得明显的经济效果,推动了全区家庭联产承包责任制的发展。到1984年,全面实行了这种承包责任制。土地承包到户后,土地所有权仍然归集体所有,社员承包耕种。生产上由农户自主经营,分配上实行"交足国家的(农业税),留够集体的(提留金),剩下都是自己的"的办法。集体提留金比例一般粮田每亩10~15元,菜田20~30元。把原属于集体所有、由集体统一经营管理的土地、生产工具及生产资料,按质论价承包给社员个人经营和管理。生产的农产品由指令性计划收购改为合同订购和市场收购。国家规定，除个别品种外不再向农民统购、派购农产品。农民在生产上有了自主权，农村经济开始向商品化经济转化，彻底打碎了"大锅饭"和"铁饭碗"，出现了"包产进了村，人人喜在心，家家齐动员，户户齐致富"的可喜局面。实行联产承包责任制后，不但推动了全区农业生产，同时减少了土地的浪费，减轻了农民的负担。经济体制改革后，千百年来始终围绕土地转圈的农民开始进入流通领域，形成了自产自销的局面。农民经济实现了由单一集体经济向多种经济成分并存转变，形成了以集体经济为主、合作经济为辅、个体经济为补充的经济体制。优化了生产要素的组合，促进了农业生产的持续发展。到1991年，全区共有种植业专业户516个，养殖业专业户1 796个，其他专业大户460个，为全区的经济发展做出了贡献。

一、第一轮土地承包

1982年，郊区开始在40%的生产大队试行联产承包责任制。区委、区政府作出了相应的规定，撤销生产小队，精简非生产人员。全区非生产性人员从3 200人精简到1 768人；在乡、村两级建立农业生产服务公司，并本着"宏观调控""微观搞活"的原则率领全区人民进行深入改革。1984年，全面实行了这种承包责任制。即：第一轮土地承包，把原属集体所有、由集体统一经营管理的土地、生产工具及生产资料，按质论价承包给社员个人经营和管理。农业生产由指令性计划经济改为合同订购和市场收购。国家规定除个别品种外不再向农民统购、派购农产品。农民在生产上有了自主权，农村经济开始向商品化经济转化，农民说："包产进了村，人人喜在心，家家齐动员，户户都致富。"实行联产承包责任制后，不但推动了全区工农业生产，同时也减少了土地浪费，减轻了农民的负担。农村经济体制改革后，千百年来始终围绕土地转圈的农民开始进入流通领域，据1986年统计全区有15 000人（占全区总劳动力的45%）从事各种行业的购销服务，全9个乡镇，有7个乡镇建立了购销服务公司，为全区经济带来了活力。到1988年全区销往城市的副食品增加到7.8万公斤，成交额3 120万元，占全区商品总值的35%，运往农村的生产、生活资料2 600万公斤，保证了全区人民生产、生活的需要。

郊区在第一轮土地承包中，虽然未出现土地撂荒、农田荒芜的现象，但却出现了一个不容忽视的问题，就是耕地逐渐向种田能手集中，各村屯都出现了剩余劳动力。剩余劳动力，经过短暂时间的迷茫徘徊、举棋不定后，成群结队地走出村庄，走进城里务工，广寻致富门路。据1989年统计，全区农村剩余劳动力从事工业、交通运输、建筑、商业服务业的达5 837人，占乡村劳动力总数的15.3%。郊区大量的农村剩余劳动力走出村屯，不但没有影响农业生产，反而提高了产量，全区向城市提供蔬菜7 233万公斤，超额完成原计划11%，其他农副产品向市场提供量均创历史新高。这一年，全区国民经济总产值达7.34亿元，比1988年增长22.4%。

全区的第一轮土地承包的15年，不但增加了农民的经济收入，而且为日后的农村经济体制改革积累了经验。

二、第二轮土地承包

1997年第一轮土地承包期满，郊区区委、区政府抢前抓早，于当年12月便启动了第二轮土地承包工作。在具体工作中，区委、区政府认真贯彻落实中共中央、国务院办公厅《关于进一步稳定和完善农村土地承包关系的通知》，学习贯彻落实省委、省政府的相关文件精神，成立了以区长为组长，区委主管农业副书记和区政府主管农业副区长为副组长的土地顺延承包调整领导小组，制定了工作方案，发至各乡、镇、农场，并专门召开了会议进行安排部署。各乡、镇、农场也迅速成立领导小组，制定方案，召开会议，具体抓土地顺延承包工作。区、乡两级共派机关干部400余人深入各个乡村，向农民广泛深入宣传有关文件精神和政策法规，帮助基层解决实际问题，搞好土地顺延承包工作。

为了使第二轮土地承包顺延工作顺利进行、有章可循，郊区出台了"六不变"的原则。即：坚持土地顺延承包期30年不变；坚持大稳定、小调整的原则不变；坚持原生产计划内耕地权属不变；坚持以人民群众满意为标准不变；坚持公平、公正、公开的原则不变；坚持机动地不超5%的原则不变。为达到公平、公正、公开，各乡镇派出工作小组，深入各村屯摸清底数。即：常住人口底数；耕地面积底数；农转非人口底数；农业人口底数；第一轮土地承包以来人口增减变化的底数；村与村界线底数。通过以村为单位的摸底调查，掌握底数和有关实际情况后，要求各村制定本村第二轮土地承包实施方案和细则，召开村民代表大会通过，并报所在乡镇政府审批后，再分别给予落实承包面积，签订承包合同。各乡镇对领导班子薄弱、人地矛盾突出、干群关系紧张的村派驻工作组，帮助处理解决问题。

到1998年春耕前，全区耕地全部承包到农民手中，并将黑龙江省统一印制的土地使用权证发给承包户。全区10个乡5个镇197个行政村共有耕地121万亩（含松江、建国2个乡），农业人口221 964人。在第二轮土地顺延承包工作中，收回耕地8.5万亩，补出耕地9.6万亩。留机动地4.3万亩，占总耕地面积4.1%。全区共签订第二轮土地承包合同57 149份。

第二轮土地承包工作结束后，郊区农村形势稳定。农民都全身心地投入到如何经营好自己分得土地的谋划之中，积极做着筹备，努力发挥出土地在发家致富、奔小康中的作用。

三、实施"一免两补"惠民政策

2004年，中共中央下发1号文件，对农村实行免除农业税及粮补、种子补贴的惠农政策，即："一免两补"。为了将中央"一免两补"政策和补贴资金落实到位，使农民真正得到实惠，郊区区委、区政府组织各乡镇及区直机关相关部门认真学习中共中央惠农政策精神。区里成立了专项工作领导小组，严肃纪律，落实责任，遵循实事求是的原则，核实计税耕地面积。具体采取的办法：以村为单位对土地进行丈量，把丈量结果公布于众，接收群众的监督，在确认准确无误的情况下入账注册，再由乡政府把关复核。区农委根据各乡镇上报的土地面积统计表，进行认真的抽查核实，认定后填报全区土地面积核定统计表和分布图。在运作中做到公开、公正、公平、透明。经过细致工作，核实全区计税耕地面积为87.3万亩，免征农业税1 286万元，粮食直补1 138万元，水稻良种补贴191.5万元。2005年粮食直补和良种补贴额达6 660.5万元。"一免两补"惠农政策给全区农民带来实惠，人年均纯收入增加171.4元，极大地调动了农民种粮的积极性。

"一免两补"在郊区农村的实施，使农民倍加感谢中国共产党，无不赞颂共产党。街头巷尾，随处可以听到："种地纳粮，亘古如是，天经地义"，"免除皇粮国税，历朝历代，从未有过"，"不交皇粮国税，做梦都想不到的事情，竟然成为现实""只有共产党领导的人民政府，才能出台并实施这样好的惠民政策"。党的"一免两补"的惠民政策给农民带来实实在在的利益，加快了全区人民奔小康的速度。

第二节 新农村建设

历史上，革命老区的郊区人民在中国共产党的领导下，为驱逐日本侵略者、解放全中国做出了不朽的贡献。解放后，在社会主义革命和水资源建设的各个方面都率先垂范，尤其是美丽乡村建设更是捷足先登，硕果累累。近郊长青乡的五一、佳西、四合、中兴、万兴等村屯通过城中村改造，村民全部住上了与城市居民一样的楼房用上了，一样的道路设施。中远郊的村屯，房屋建设更是美丽漂亮，清一色的水泥道路，整洁干净，路灯林立。村容村貌焕然一新，到处都是莺歌燕舞美丽祥和的景象。2017年，区政府投资3 500万元，对25个村修筑白色路面92.5千米，硬化路边沟31.35千米，对道路两旁进行绿化、美化、亮化"三化"工程，完成214户贫困户危房的建设任务。

平安村：佳木斯市郊区西格木乡平安村，位于市区西南6公里，现有企业15户，养殖户106户，土地实现整村流转，成立农民专业合作社3个。2006年和2009年平安村分别被确定为省级第一、二批新农村建设试点村。在各级党委、政府、新农办及帮建单位的大力支持下，村两委积极谋划、不等不靠带领广大村民全身心投入到新农村建设中，共投入新农村建设资金3 586万元，村民住房砖瓦结构化率、自来水入户率、道路硬化率、沼气入户率、村屯绿化率均达到100%；程控电话、有线电视入户率达到95%。2011年全村总产值实现1.2亿元，人均纯收入14 000元，村集体收入150万元，村集体积累1 000万元。目前，对村民实行"六免、五补"，即村民免费参加农村新型合作医疗，免费吃自来水，免费看有线电视，免费使用沼气，对种植棚室蔬菜的村民免费打灌溉井，免费架电。在养老保险、泥草房改造、安装栅栏、安装太阳能热水器和户厕改造上实行补助。让农民得到更多的实惠，享受更多的成果。平安村的新农村建设工作得到了各级党委、政府的认可，到2017年，平安村荣获省级文明村标兵、新农村建设先进村、省泥草房改造先进村、省"十佳和谐"村屯、市级十佳村、五个好党支部等20余项荣誉。

草帽村：2014年，草帽村了解到区里组织"美丽乡村"建设的信息后，积极对上争取，并发动全民共同参与。经过6个月工期的努力，共完成了草帽村内路肩硬化及路边沟硬化，铺设面包砖2 000米，栽植绿化树苗4 000多株及各类美化花卉，完成了1 800米榆树墙栽种及5 700米树床修建。建设2 640平方米的文化广场，安装120盏路灯，草帽村已建成了"美化、亮化、净化"为一体的新村庄。

2015年，草帽村在区委、区政府的大力支持下，将原废弃的村小学校舍改造成集图书室、放映室、办公室、会议室于一体的综合服务场所，将院子改建成篮球场、活动广场、公园、果园、休闲凉亭于一体的文化活动广场。每晚村民们都会自发地来到公园，敲锣打鼓扭起大秧歌，走快乐舞步，每天都生活在欢声笑语之中。

2016年，草帽村为提升精神文明建设成果，以创建文化街、争创文明户为切入点，以打造典型精神文明村为目标，整村开展文化实体建设，以宣传"村民义务出工出劳，好人好事典型"等内容，制作白钢展板14块；以宣传"和谐家庭、中华美德"为题材喷绘墙体画500平方米；以宣传"中国梦、核心价值观，习总书记系列讲话"为主题悬挂图板180块。2017年，草帽村美丽乡村建设由政府投资400万元进行提档优化，修建10 700延长米铁艺栅栏，安装住宅进院大门337个，沿街增设20个实木宣传牌，村民房前屋后栽植果树200株,沿街栽培梧桐树1 000棵。草帽村2017年被黑龙江省政府评为全省文明家庭现场会现场。

敖其赫哲族新村:敖其赫哲族新村位于敖其镇政府所在地东1千米处。南依佳木斯市著名的猴石山,北临松花江畔,三面环山,一面傍水,风景秀丽,景色宜人。敖其赫哲族新村是全国六小民族之一的赫哲族聚居地,也是黑龙江省赫哲民俗风情保存比较完好、比较完整的四个主要聚居地之一,有赫哲族村民103户,人口326人,约占全国赫哲族人口的十分之一。

2001年来,敖其赫哲族村积极打造民居突出特色、产业支撑有力、民族文化浓郁、人居环境优美、民族关系和谐的少数民族特色村寨,在保护少数民族传统民居、弘扬赫哲族优秀文化、培育当地特色优势产业、开展民族风情旅游、改善群众生产生活条件、增加群众收入、巩固民族团结等方面取得了显著成效,享誉全国。

2017年5月22日,敖其村被国家民委命名为首批"中国少数民族特色村寨"。远看,这个赫哲族村被绿色掩映;近看,村容秀美,街道洁净,赫哲族的传说故事以图画的形式展示在民居的墙体上,让人耳目一新。敖其赫哲族村还被评为全国首批乡村旅游示范村,成为游人旅游观光体验赫哲族风情的好去处。

泡子沿村:2014年为创建美丽乡村,泡子沿村党总支和村委会召开了联席会议及党员会议和村民代表会议,做出了不举债建设高标准美丽乡村的决定。全体村民在美丽乡村建设中表现出极大的自觉性,看到铺砖铺到自己家门前,都积极主动帮助运砖,流砖缝。村民主动献工,无偿出车,累计节约资金229.4万元。如此巨大的奉献,唯有革命老区村的人民才能做到。经过2年的努力,拓宽村内老道44条,两边路边沟各1米,合计23 990延长米。完成712户门前的道涵施工,用水泥管3 430节;各户门前出口已完成混凝土平面17 800平方米。村内所有道路交叉排水涵洞120处铺装完成，用水泥管96节。路边沟共计铺装安放"U"形槽32 375个。"U"形槽边与住户围墙之间空地，铺装面包砖28 500平方米。街面围墙统一粉刷黄色。路边交汇处形成的扇形面积全部修补完成。村内道路全部安上路灯。村里投入费用20万元购买2 200平方米的场地，修建村民娱乐休闲广场，并安装广场中心的灯塔、四周4盏照明灯，健身器材、长廊等。新建厕所3处，面积达到400余平方米。安装路边石210块，安装树坑围堰3 090块，路边安装花坛围堰，绿化树内安装花坛围堰共计1 825块。

结合美丽乡村建设，泡子沿村开展了在村内路旁绿化美化的活动。截止到2017年，村内所有道路街巷的美化工作已全部完成，家家户户都砌筑了花池，鲜花碧草已遍及泡子沿村的每个角落。泡子沿这个革命老区村，业已成为富饶的鱼米之乡，鲜花盛开的村庄。

第三节　乡镇企业的崛起与发展

一、做大做强民营企业，加快工业兴区进程

郊区区委、区政府把大力发展工业作为带动全区经济结构调整，增强全区经济综合实力，大幅度增加财政收入，实现经济跨越式发展的根本措施。鼓励、支持和引领民营经济快速发展，降低创业门槛，在政策允许的范围内，放宽投资人的资格、注册资本和投资方式的限制。以产业政策为标准，在税收、信贷、融资、项目审批、土地使用、技改贴息等方面给予民营企业倾斜。开展"创办小企业，开发新岗位"活动，鼓励高校毕业生大胆创业，支持外来投资者新办实体创业。培育优势产业集群，提升发

展竞争能力。鼓励支持优势民营企业运用资本扩展和技术合作等手段迅速做大做强，形成一批具有核心竞争力的优势名牌企业。

黑龙江沃尔德电缆有限公司：原名佳木斯佳西电缆厂。2002年征用鹤大高速公路西侧光明村8 000平方米土地，2003年5月破土动工建立沃尔德电缆工业园区，新建16 000平方米厂房及配套用房，购置40台配套设备。当年开工，当年竣工，当年投产，当年收益。2004年，投资3 500万元进行了二期扩建及技术改造，新建12 000平方米厂房，再次添置20台设备。整个工程在预定的时间内竣工，并投入生产。2005年12月份投资1.3亿元，建108.9米高的立体生产车间，引进芬兰诺基亚VCV立式干法交联生产线，生产线全部由计算机控制、计算机检测，生产过程全部实现了自动化，可生产具有国际先进水平的500KV以下高压低烟低卤无毒环保型交联聚乙烯绝缘电力电缆4 000千米，无氧铜杆10 000吨，环保型绝缘电缆3 000吨。安排村里赋闲劳动力和城市下岗工280余人。公司十分重视技术人才的引进，拥有一支技术力量雄厚的产品研发队伍，开发出具有独立知识产权的城市轨道交通电缆、低烟标无卤无毒电缆、核电站电缆等。研发的膨胀型阻燃环保电缆材料、阻燃环保电缆等两项成果，已申请国家级发明专利，并注册了商标，使我国成为世界上掌握此项技术为数不多的国家之一。沃尔德电缆有限公司业已成为黑龙江省电缆行业的龙头企业，在东北地区电缆行业综合实力名列前茅，是佳木斯市最大的民营企业之一。

骥驰拖拉机制造有限公司：该公司原为郊区敖其镇集体所有企业，是以生产小拖铸铁配件为主的小型企业。1994年转制为民营企业。1998年开始生产小型农用拖拉机。之后，公司逐年扩大再生产，已发展到具有生产18—80马力大、中、小型轮式拖拉机的能力。2005年12月成功收购了大型国有企业黑龙江锻压机床厂，新上大中马力拖拉机、万吨铸造中心和数控步冲机生产线，成为黑龙江省农业动力制造中心和佳木斯市机械加工中心。

金豆饲料有限公司：该公司位于沿江乡政府西侧的经济开发区，占地面积23 639平方米，投资总额1 200万元，是希望集团东方实业发展公司（成都）的全资子公司，于1998年3月，经区政府招商引资落户郊区，同年6月动工建设，10月底正式投产。主营各种畜、禽、鱼系列全套配合饲料、浓缩饲料、饲料添加剂等24个品种，销售网络遍布全省，形成了以佳木斯为中心的东部市场。荣获"全国产品质量监督抽查合格企业""中国标准、计量、质量技术完善知名企业"和佳木斯市"A级纳税荣誉企业"称号。

区委、区政府通过政策倾斜、服务引导，区内民营企业逐年发展壮大，相继涌现出希波集团、博达塑料编织制品有限公司、一季付士米业等一大批著名的民营企业。郊区先后被省市授予"全省发展非公有制经济先进区""全市发展民营经济先进区"等荣誉称号。

二、创建工业园区

模范工业小区：1990年，郊区的第一个工业园区落户于松江乡模范村东侧，起名模范工业小区。园区占地面积12万平方米。当时，在松江乡的乡镇企业中仅造纸企业就十余家，为了便于环保和管理，松江乡将全乡造纸厂集中到园区。到1993年5月，园区内迁入和新建企业又增加了7家。其中较大型企业有：松江造纸厂、松花江造纸厂、东方无纺布有限公司、鼎新纸业有限公司、宏万造纸厂等。主要产品有：无纺布、纸箱板纸、牛皮纸、大白纸等。年产各类纸1 020吨，年创产值1.5亿元，实现利税160万元。到2005年，园区共有民营企业12家，拥有固定资产1.56亿元。年产值2.3亿元，实现利税200万元。

江北工业园区：该园区坐落在郊区望江镇望江村东部，2001年以后，随着郊区政府招商引资工作不断深入，来自省外、本省市民营企业陆续落户望江村，使望江成为江北一带工业聚集地。当年黑龙江一季付士米业集团来此建厂，厂区占地面积2.6万平方米，投资3 200万元。2002年江北扁钢厂投资建厂，当年投资，当年建设，当年收益，年实现产值200万元。2003年宏利米业集团和富家米业集团相继投资建厂，两个集团共投资5 000万元。2004年，镇人民政府抓住外商来此投资建厂契机，在村东部划出废弃地23万平方米建设工业园区。到2005年，又引进望江冷冻厂，一期工程投资1 100万元，新建5 600平方米冷冻车间，年产值达到1 000万元。当年5月，佳木斯复华酒业集团落户园区，总投资6 000万元。2005年8月，佳木斯市人民政府决定将望江工业园区更名为佳木斯市江北工业园区，作为市、区招商引资重点工程推进。2007年被黑龙江省中小企业局评为全省中小企业创业示范基地。2008年被黑龙江省人民政府批准为享受省级开发区优惠政策的工业园区。2009年12月被黑龙江省工信委命名为省级中小企业（孵化）基地。2010年成为佳木斯市"一区五园"的重要组成部分。到2015年底，园区内配套设施基本完成，共建成7条道路，总长4.81千米，供水管网总长3.8千米，排水管网总长5.4千米，建设一个标准为A级的活水处理厂。架起一条专用输电线路，总长4.8千米。园区内采用地埋电缆总长3.8千米。园区累计投资基础建设资金3.32亿元。到2016年，已有27家企业入驻园区，已经开始生产的企业24户。

沿江工业小区：1995年以后，沿江乡政府充分利用佳木斯市西出口的优势及佳木斯市政府、郊区政府招商引资优惠政策，创办工业小区。在乡政府西侧同三高速公路北侧划出50亩废弃地，兴建工业小区，用以大力发展民营企业，壮大民营经济。截止到2005年，通过招商引资，先后有金豆集团、朝奇板簧厂、中天汽车城、名人汽车城、千里生态园、爱禾农药有限公司、北飞数控机床、天龙塑料、沿江玻璃纤维无纺布厂等14家民营企业落户园中，其中年产值在千万元以上的企业2家，300万元以上的企业3家，100万元以上的企业9家。2005年，园区工业企业总产值达到1.38亿元，实现利税200万元。

第四节　社会各项事业发展

佳木斯市郊区地处祖国北疆，历史上人烟稀少，文化落后。1949年新中国成立后，随着经济建设的发展，文化建设也得到了迅速的发展，尤其是党的十一届三中全会以后，改革开放使得社会以及文化事业进步明显加快并走向繁荣。

教育事业。清朝末年至民国初期郊区境内的教育，仅有几家私塾。1918年，桦川县开始在大来岗火龙沟建立第四初级小学校，区从此才有了学校。到1945年，区内20余所私塾逐渐减少，直至全部停办，取而代之的是30所公办小学校。1949年，学校增至42所，学生入学率为65％。1958年，郊区境内开始兴办中学。到1985年，郊区已有小学95所，中学8所，在校学生21 756人。在中、小学教育事业发展的同时，幼儿教育、成人教育也逐渐发展起来。自1977年至1985年间，为国家大专院校和中等专业学校输送学员852人。1989年全区共有小学99所，中学11所，在校生29 977人。1994年，佳木斯市区划调整将桦川县长发镇、松木河乡、建国乡，汤原县莲江口镇、望江镇、平安乡并入郊区，地域范围扩大，中小学校增加，全区有小学163所，中学22所，在校中小学生36 377人。1999年以后，区委、区政府为了解决教育网点分散、学额下降、严重浪费教育资源的问题，决定撤并教育网点集中办学。首先从群胜乡入手，把中小学合并，组成联合学校，全乡由10所中小学并为1所，通过集中办学，集中投入，改善了办学条件，提高了教育教学质量。此经验得到黑龙江省教委、佳木斯市教育局的充分肯定。到2005年，全区有小学校81所，中学16所。2005年郊区政府在莲江口农场前卫中学的基础上组建郊区高中，当年9月正式开班上课。并命名为松北高中，接收全区高中学生905人，有高中教师70人，填补了郊区有史以来没有高中的空白。到2017年，全区有中小学校32所，在校学生10 547名，教职员工1 278人。

党的十一届三中全会之后，学校的办学条件发生了翻天覆地的变化，校校实现了砖瓦化，取消了火炉取暖，全部安装上了暖气，教学设备也发生革命性的变革，微机室、多媒体教室、语音室走进了郊区中小学，实现了真正意义的农村孩子和城里孩子享受同等条件的教育。

党的十八大之后，郊区教育条件的改善又登上了新台阶，郊区所有中学和中心小学以及部分村小，都是实现了楼房化，绝大部分学校建起了食堂和宿舍，解决了学生的食宿问题。

文化事业。自1949年以来，郊区的文化事业稳步发展，文化设施逐年增加。20世纪50年代，郊区长青乡五一村就安装上了有线广播。到1989年，区内设有文化馆1处，乡镇文化站5处，电影院2处，农村俱乐部56处，文化室、青少年之家95处，有线广播线路总长640公里，广播喇叭入户率达85%。1990年，随着改革开放的深入，郊区文化事业日趋繁荣和活跃，以区文化馆为龙头，各乡、镇文化站得到充实和加强，区内文化活动开始走向经常化、群众化。区文化馆每年在冬闲或节假日都组织电影放映队到各乡、村巡回演出。每年平均演出80余场。郊区由于地处城区边缘，未设新华书店。从2000年开始，各乡镇民营书店及图书阅览室相继建立，为广大农民购书提供了方便，当年8月份，佳木斯市图书馆深入郊区各乡镇送书3 000册，并在郊区建立流动图书站7个。同时还在长发镇建立2个科技图书室，送书近2 000册。随着规范化学校和社区基础设施的完善，全区各中、小学校和41个社区都设立了图书室。到2017年，全区各村团支部为活跃青年文化活动，纷纷创办图书室或图书屋，全区11个乡镇2个街道办事处均设立文化站，有大小图书室240个，室内藏书13万册。

文化馆：郊区文化馆建立于1980年6月，建馆时设编制5人，由郊区文教科副科长担任馆长，主要开展文艺、文学创作、美术、摄影等辅导工作，并负责组织群众文艺活动及管理和培训民间艺人。馆内图书室藏书1 000册，2017年，文化馆设编制4人，每年都由文化馆牵头举办丰富多彩的群众文化活动。

电影院：长青电影院建于1971年，属长青公社佳西大队队办电影院，院内设有座席800个，使用35毫米座式放映机，影片由佳木斯市电影放映公司供应。1982年以来，农户电视机得以普及，电影上座率下降，1984年8月停映，共放映电影2 480场，观众达124万人次。松江电影院建于1980年，属松江公社砂石厂厂办电影院，院内设座席801个。

电影放映队：郊区电影放映队始建于1965年，时称郊区电影放映总队，编制5人，下设2个小队，常年在区内76个放映点巡回放映。1980年，为满足广大农民看电影的需要，全区有46个大队都购置了电影放映机，成立放映队。1989年，郊区农民生活普遍提高，购置电视机已达农户的80%，电影已被电视机所取代。2017年，电视机入户率达到100%。

农村俱乐部：郊区最早的农村俱乐部为敖其俱乐部，建于

1957年，面积为450平方米。1958年后，松江、长青、大来和模范等大队相继建起了俱乐部，至1980年，区内有农村俱乐部34个。1981年以来，农村俱乐部改称为农村文化室，室内设图书、电视机和各种文、体活动器材等，成为农村学习文化和娱乐活动的中心。1989年，全区共建有文化室55个。1994年，郊区新增6个乡镇，农村文化室增136个。2004年，松江乡、建国乡划归东风区，农村文化室减少到108个，到2017年，全区农村文化室稳定在112个，基本做到每个行政村都建1个文化场所，较大自然屯也建有文化室和俱乐部。

娱乐广场：1995年以来，随着市民快乐舞步的普及，郊区农民开始跳起广场舞，近郊村屯为方便这部分人的需求，都在村内建起娱乐广场，专供村民进行娱乐休闲活动，广场多为1 000平方米左右，有的安装体育器材，2008年以后，在社会主义新农村建设中，各村相继建起娱乐广场。2012年以来，郊区进行美丽乡村建设活动，要求村村都要建有娱乐广场，2017年，全区建有娱乐广场98个，配套体育器材185台套。

医疗事业。1949年前，区内仅有中药店7处，坐堂中医24人，散在乡村的"郎中"（乡村医生）10人。新中国成立以后，党和人民政府十分关心人民生活，将散在乡村的郎中集中起来，鼓励他们办诊所、开药店，解除人民疾病痛苦。到1957年，全区内大来、松江、黑通等地都办起了私人诊所和药铺。1958年，人民公社化时，区内5个人民公社相继建立联合诊所。1968年，在联合诊所的基础上，扩建卫生院。至1989年，区内设有区医院1处，乡、镇卫生院9处，村卫生所97处，农、林、牧场医务所8处，个体诊所20家。1994年，桦川县、汤原县划归郊区6个乡镇，90个行政村，108个自然屯，郊区农村卫生所有了大幅度增加，全区乡镇卫生院15处，农村卫生所187处，农村牧场卫生所

10处，个体卫生所38家。2004年，郊区区划调整，松江、建国诊所划归东风区，万发、江南、南岗、和平等相继划出，农村卫生所减少到150个，从业人员216人。

  2004年，佳木斯市撤销永红区，西部划归郊区，街道卫生所和个体卫生所大幅度增加，到2017年，全区有区医院1处，乡镇卫生院11处，社区卫生院17处，村级卫生所98处，街道卫生所58处，个体诊所120个，有医务工作者348人。

  科学技术。1958年，郊区获得技术职称的科技人员仅有10人，均为技术员，到1965年末，科技人员增加到52人，其中水利工程师1人，园艺工程师1人，农业技师1人，其余为技术员。1966年"文化大革命"开始后，科技人员被诬蔑为走"白专道路"，遭受审查和迫害，区内有3名科技人员被定为"反革命"，其余的科技人员都下放到农村生产大队"接受贫下中农再教育"，造成科技人员改行和外流，使科技队伍遭到严重冲击。1976年10月，十年动乱结束，党的知识分子政策得到贯彻落实，特别是1978年全国科技大会以后，科技人员受到全党的重视，在全区范围内重点开展了落实知识分子政策的工作，为5名科技人员的冤、假、错案彻底平反，并对科技人员的工作条件和生活条件加以改善，一批德才兼备的科技人员被提拔到区、乡两级领导岗位上来。1978年，郊区革命委员会给41名科技人员晋升为技术职称，1980年又为69名科技人员晋升了技术职称，其中工程师级8人，助理工程师级22人，1983年，郊区人民政府又为7名科技人员晋升为助理工程师。1990年，全区科技人员共计1 859人，其中：教育系统副高级职称117人、中级职称1 065人、初级职称420人；卫生系统正高级1人、副高级4人、中级16人、初级69人；农业系统正高级1人、副高级11人、中级65人、初级90人。到2017年，全区共有专业技术人员2 255人，其中正高级1人，高级农艺师2人，副高级118人；中级1 419人；初级715人。全区具有农民科技职称人员185人，其中高级2人、中级38人、初级145人。

第五节　发展旅游事业

睿智的佳木斯市郊区革命老区人民，充分利用这里的湖光山色、天然美景；挖掘这里的红色资源、民族文化资源，营建农业观光园，发展旅游事业。在郊区旅游发展一路向西的思想指导下，创建由佳木斯市西出口至大来花海及虎跳崖的旅游长廊。

打造著名的旅游景点

四丰山风景区：四丰山是因有四座相连的山峰——用"峰"谐音而得名。四丰山位于市区南部，距市中心6公里，面积480公顷，是以山、水、林自然景观为主，人文景观为辅的风景区。远望峰峦起伏，绿树成荫；近看鲜花绿草，碧水清波相映成趣。

四丰山原本是荒山。1957年，佳木斯政府在四丰山西侧环山脚拦英格吐河修建水库。水库周长7.2公里，水面200多公顷，库容量为1 100万立方米。水库的北侧横卧一条约800米长、高11米混凝土构件护坡的拦洪大坝。堤坝上宽3米，铺上厚厚的水泥，靠南侧修建了1.2米高的护栏，既有提高水库水位之功效，又可供游人扶栏赏景。北端陡峰脚下，设有直径1.2米的喇叭状的溢洪竖井，下接143米长的输水溢洪隧道和上中下3孔闸门的取水塔，建筑矫健雄伟，泄洪气势磅礴。

1965年以后，在水库东山、北岭和西大坝栽植了樟子松、落叶松、常槭、杨树、白桦、柳树、红叶枫、水曲柳以及各种花灌木100余万株。东坡山峰建有国际主义战士，日本友人绿川缨子及丈夫刘仁合冢墓。陵墓按中日两国民族风格设计，墓前并排耸立两面乳白色大理石纪念碑，两碑之间横镶着"国际主义战士绿川缨子暨刘仁同志之墓"铜匾，碑铭上记载着绿川缨子及丈夫刘仁的生平业绩。整个陵园青松环绕，绿篱相隔，庄严肃穆。

1998年，随着旅游业的发展，四丰山风景区内陆续建阁亭，筑水榭，修度假村，辟垂钓区，增添游艇，旅游季节游人日增，终日歌舞升平。库心小岛上的水上楼阁倒影水中，平添靓丽景致。

佳木斯长城生态园的迁入，使四丰山的冬天不再寂寞。外面千里冰封，皑皑白雪，劲松苍翠；园内春意浓浓，鸟语花香，小桥曲径，溪水汩汩。让人既能领略到北方隆冬的酷寒，又能体验江南水乡的柔情。到2017年，四丰山风景区年接待游客10万人（次）。

置身高处，满目青山碧水，树木楼阁掩映，碧空白云，倒映水中，鸟语花香，好一个人间仙境。

猴石山风景区：猴石山位于佳木斯市郊区敖其镇和沿江乡交接处，距离市中心18公里。那里峰峦叠嶂，曾经名泉星罗棋布，现在依然泉水潺潺，是旅游者观奇峰赏名泉的好地方，更是天文爱好者的天堂。

猴石山山峦起伏，五峰相连，横跨敖其和沿江两乡镇，占面积200公顷，山上生长着灌木、榆树和成片的人工林等。主峰，叫"观日峰"，海拔488米，在敖其镇境内。峰顶岩石裸露，很久以前，曾有一块巨石，像蹲着的猴子，人们都管它叫猴石山。临峰环视，颇有"一览众山小"之感。脚下滚动的是松涛。远处是绵延的群山，绕山根而过的松花江像一条银色的飘带，蜿蜒曲折飘向远方。极目东望，佳木斯市的壮美尽收眼底，难怪有文人墨客发出佳城美景"画笔难描"之慨。

猴石山的山泉终年流淌，最有名的是山上的"猕猴泉"。在它的周围有许多大大小小的泉眼，人们管它们叫"猴群眼"。奇妙的是"猕猴泉"位于海拔300米的山坡上，遇到雨季，泉水汩汩，一路欢歌奔向山下，就是干旱的季节泉水也会不断地涌出去，泉眼处清澈的池塘，为游人备下取之不尽，饮之不竭的甘露。

1997年7月22日佳木斯市天文协会，在猴石山的万木丛中，修建一座造型别致的天文台，内里设施齐全，融科普、天文和娱乐于一体，为猴石山增添了一道靓丽的风景。每年都有大量的天文爱好者和游人，来这里观天象、赏星月，走进宇宙，探索奥秘。

2017年，猴石山风景区已经纳入郊区风景区观光路线之一，年接待游客5.8万人（次）。猴石山一年四季都给人美的享受。春天，这里漫山树木吐绿，展示着勃勃生机；盛夏，这里绿树成荫，听松涛，闻泉声，奇妙无比；深秋，这里红叶飘荡，劲松参天，行在期间仿佛置身于原始森林；隆冬，这里"山舞银蛇"，常青松擎雪傲立，绿的苍翠，白的晶莹，蓝的明快。

杏花谷：美丽的杏花谷位于佳木斯西郊猴石山北坡，有一处长坡延绵几里，绿野春意，灿若红霞，纷如绛雪之胜景，每逢杏花盛开的时候，人们走进山谷，轻雾缭绕，杏花层层叠叠，满眼的粉红，纷繁溢彩，花香浓郁，香飘十里，像是步入仙境一般，当地人叫它杏花谷，这里流传着久远的传说，被誉为佳木斯市"杏花八景"之一。

该谷为两梁夹一沟地势，左侧有一冲刷雨蚀断沟，右侧则为林木茂密的山脊，中间则为通往山顶的唯一通路。依此山势，栽下带状杏林，使之成为盛开杏花的山谷，成为杏花八景之一。杏花潭、杏花坡、迎客松、溢香廊等景致，颇负盛名。每年4月末5

月初的时候，杏花谷游人如织，过会元桥，投状元石，杏成熟时讨吃解元杏，求得金榜题名，形成了当地风俗，延续至今不衰。如今，经过精心施工的杏花谷以她迷人的风姿迎接着自己的节日。

卧佛山滑雪场：卧佛山滑雪场位于佳木斯市郊区沿江乡境内猴石山东北的一个山坡上。佳木斯市卧佛山滑雪场，2001年5月，建于佳木斯市郊区大来镇中大村。雪场经营面积12 800平方米。雪场于2002年1月21日正式营业。职工人数60人，技术人员7人，固定资产500万元。目前雪场有初、中、高雪道4条，安装了双人吊椅缆车和伸缩拉杆式牵引索道。有停车场，综合服务楼一栋，员工宿舍，造雪机一台、雪地摩托3台等配套设施，有旅游滑雪、雪地摩托、雪上飞碟、雪地爬犁、雪地风筝、雪地雪圈、篝火晚会、音乐晚会等项目，并设有咖啡厅、餐厅、酒吧、音乐厅等。是休闲娱乐、旅游度假为一体的四季旅游胜地。

卧佛山滑雪场具有丰富的自然资源和自然景观，有含量丰富的黄金岩矿和含镁丰富的蛇纹橄榄岩矿，有漫山遍野的山野菜和中草药，有矿物质丰富的火山矿泉；还有由火山岩天然形成的洞窟"金刚寺"，有传奇色彩深厚的"金刚石阵"、兔山、蝎山、卧佛山和大小龟山等独特的自然景观，并有宋氏家庙等人文景观。

卧佛山滑雪场坐落在距今约六七百万年前古火山口遗址群地带，从省城哈尔滨市乘车至滑雪场仅需两个小时左右，高山峻岭和茫茫雪原构成了这里独特的北国风光。

2007年，处于方便滑雪爱好者的考虑，区政府将卧佛山滑雪场迁至沿江乡民兴村南猴石山主峰东侧。占地面积22万平方米，山高海拔286米，平均坡度为11.52度，最大坡度20.86度，冬季积雪厚度达35厘米以上，积雪期为120天，建滑雪道4条，总长度为

1万延长米，设有双人吊桥缆车和伸缩拉杆式牵引索道，设各种雪具2 000余副，可接纳滑雪爱好者1万人，是佳木斯地区唯一高山滑雪圣地，2015年滑雪场被评为SSS级滑雪场。到2017年，年接待滑雪爱好者2.5万人（次）。

敖其湾龙源赫哲水寨：佳木斯市郊区敖其湾龙源赫哲水寨水上乐园项目坐落在赫哲族旅游风景区内，总投资1.4亿元，占地50万平方米，项目集赫哲民俗体验、水上娱乐、生态观光、休闲度假于一体，是全国首家大型赫哲水寨，三江地区最大的水上游乐园，国家AAA级景区，黑龙江省100个最值得去的地方之一和全国首批乡村旅游示范点。项目主要依托赫哲族传统文化，开发突出可体验性、可参与性的水上娱乐，分为赫哲民俗展示区，主要建有展示赫哲族原始民俗文化的赫哲族文博馆，用于供奉诸神灵的萨满神屋，赫哲特色水上舞台、水上娱乐区，主要建有可体验在海浪中游泳的万米海啸造浪池，儿童亲水戏水的千米儿童水寨，惊险刺激的超级大喇叭滑梯，急驰滑行如水的六彩滑梯，动感十足的音乐喷泉。赫哲水寨于2014年7月建成并投入运营，填补三江地区大型水上娱乐项目的空白。并被评为AAA级景点，是黑龙江省100个最可去处和全国首批乡村旅游示范点。成为佳木斯市最具魅力的旅游名片。2017年，接待游客12.5万人（次），真正成为佳木斯市旅游胜地。

敖其湾影视基地：佳木斯敖其湾影视基地建于2008年9月20日，当年11月20日竣工。影视基地占地1.8公顷，建筑面积约6 000平方米，主要建有佳木斯城门楼、江边码头、城墙、程家大院、酒馆、茶楼、小铺、水房、仆人房、马倌房、停车场、牛栏、羊圈、影壁墙、江边票房、马厩、日本神社、大小谷仓、木桥、牌坊等建筑。总投资约为1 300万元。《松花江上》是由著名导演陈一执导、远方担任编剧的40集大型电视连续剧。《松花江上》邀请到秦海璐、王奎荣、胡靖钒等众多优秀演员的加盟，台前幕后班底强大。该剧是2009年中央8套热播的电视剧，随着该剧的热播，到影视基地的游客相应增加，影视基地建设不仅可以带动郊区旅游业的发展，而且对提升佳木斯的美誉度也具有重要意义。敖其湾影视基地已成为游客到敖其湾旅游的必游项目。

前董家子古山寨：前董家子古山寨位于佳木斯市郊区四丰乡前董家子屯东南的古城山上，呈椭圆形，周长470米。寨墙为不规则扁石块砌筑，外侧残高2~6米，内侧残高0.8~1.5米，顶宽1.5~2.2米，寨内的房址以山巅四座半地穴式大房址为中心，依山势分层环绕地穴式房址100余座，寨外南山坡上残存半地穴式房址30余座。根据地表集的文物标本，前董家子古山寨距今年约1 500-2 000年。

西浦森林公园：西浦森林公园位于佳木斯市区西部，在原有园林苗圃基础上建设而成，园区面积35万平方米。圃改园具有优越的自然环境条件，树木繁盛，树种众多，郁郁葱葱。2005年投入改造建设，并按照"以人为本，还原原始风貌"的理念进行全新设计布局。投建当年已完成主道路铺装4 000平方米，完成门区广场700平方米，雕塑出拟石公园标志一处及部分点缀山石小品。对原有30余种共万余株各类树木全部采取了保护措施，铺设新型草坪5 800平方米，使其初显现代城市森林公园的雏形，是佳木斯市民晨练、乘凉、休闲、娱乐的好去处。

大来花海：大来花海位于佳木斯市郊区大来岗风景区内，总面积11万平方米，是黑龙江省东部较大的花海，栽植品种有美国石竹3.9万平方米，多年生野花组合5 000平方米，矮生波斯菊4 000平方米。在福禄考区栽培三种颜色的花共8 200平方米，鼠尾草区1.4万平方米、外层荷兰菊区8 000平方米、一年生草花区10个品种3 000平方米，花期多集中在6—9月份。多年生草花区72

个品种2.88万平方米，分为百合区、鸢尾区、萱草区、菊花区、景天区、芍药区、玉簪区和其他单品种区。花卉共计12类86个品种，美不胜收。

引进佳木斯大学凛香公司种植洋甘菊、雪菊、满天星等花卉品种，打造大学生创业示范基地。花海内建有主题雕塑、游园步道和木栈道、供游客休息的凉亭、异域风情欧式风车、可供观光休憩的木制观光长廊及景区服务室、电瓶车道等服务设施。花海内繁花似锦，种类繁多，色彩绚丽的花构成不同颜色的方阵，争相怒放，整个花海宛若一幅五彩斑斓的水彩画呈现在蓝天白云之下。闲暇之余，邀三五好友，唤七八亲朋，在花海观花、赏景、游玩、拍照、小聚一番，绝对是难得的休闲好时光。

大来岗风景区已被国家旅游局确定纳入"2017全国优选旅游项目名录"，被誉为"锦绣花园，生态福地"，也被称为佳木斯城市后花园，是集观光、现代农业、森林特种观光养殖和森林旅游于一体的生态休闲旅游景区。

松花江风光：松花江是一道天然沟堑，横卧于佳木斯市郊区沃土之上，是郊区境内最大的河流。她以母亲般的胸怀养育着两岸的儿女，赐给两岸儿女美不胜收的自然景观。

春风中，松花江从沉睡中醒来，她用积攒一冬的力量掀碎覆盖在身上的坚冰，满江冰块浩浩荡荡地顺流而下，像涌动的象阵，又像奔驰的羊群。开始是拥拥挤挤，赶趟似的奔向大海；冰块流不尽，淌不完似的，江面总是满满的。开江的壮观场面牵动着佳木斯人民的心。每逢开江时节，人们一次次来到江边探望，生怕错过了观看开江的机会。一旦开江，佳木斯的每一个角落，都有人在用语言描述着、议论着自己看到的开江时的壮美景观。两三天后，江面波涛汹涌，偶尔还会有几个冰块颠簸在浪尖峰谷之中的时候，便江中千帆竞发，江空渔歌回荡。

夏天里，清晨，江畔浓雾缭绕，空气湿润清鲜；松花江被笼罩在扑朔迷离之中，渐渐地雾气散去，江天一色，东方天际，燃起了红霞，转瞬江面金光跳跃，红日喷出，虽没有海上日出那么壮观，但也令人如醉如痴。傍晚，江风袭来，岸柳扶堤，令人心旷神怡；纳凉、游玩、健身的人潮在松花江畔涌动。入夜，江中渔火辉映，惊涛拍岸。

秋天里，随着气温的降低，夜里江边结上一层薄冰，晶莹剔透。当帆船通过时，溅起的浪花吞食了薄冰，满江又是波涛澎湃。

冬天里，让人望而生畏的松花江变得非常温顺，沉睡在郊区大地，任凭两岸的人们在其身上走来走去；还敞开胸怀，任凭大人和孩子们在上面溜冰、滑雪，追逐嬉闹；能工巧匠们从她的身上割取冰块，雕塑诱人的冰雪景观。

松花江一年四季都给佳木斯市郊区人民无限的乐趣。

旅游开发的新亮点、新举措。党的十八大以后，佳木斯市郊区在旅游业发展上又有了新举措、新亮点。繁荣郊区的旅游事业，能拓宽郊区农民的就业途径，能增加农民的收入。一是，以打造"两座金山银山"为突破，奋力推动旅游产业全域发展。省党代会提出"绿水青山就是金山银山，冰天雪地也是金山银山。牢固树立绿色发展理念，念好山水经、冰雪经，构建绿色生态产业体系和空间格局。"郊区既有冰天雪地，还有绿水青山。遵循省委念好"两本经"要求，区委、区政府抓住这一契机，按照"上风上水上郊区，乡村旅游一路向西"发展战略，重新统筹全区旅游资源，推行西部全域旅游产业发展，构建了郊区"步步是景、处处如画"的全域旅游产业发展格局。二是，抓住赫哲文化这个"灵魂"。发展旅游业的要点之一就是加速推进文化与旅游深度融合。郊区以保护、挖掘、传承赫哲民族文化为重点，打出"赫哲故里"这张牌,讲好赫哲民族故事。举全区之力推进以卧佛山滑雪场为起点,以赫哲村为中心,以敖其镇长春村为终点的赫哲特色小镇建设。重点建设"一馆一校两街",即赫哲族博物馆、赫哲族学校、工艺品街和美食街;打造"一所一宿两文化",即"伊玛堪说唱艺术"传习所、赫哲特色民宿、文化广场和文化舞台,全面提升郊区旅游品位。三是,打造达勒花海这个"亮点"。习总书记指出,绿水青山就是金山银山。为深入贯彻保护资源、丰富生态产品理念,充分发挥森林公园自然保护、自然教育、自然旅游三大主体功能,不断推进达勒花海建设,进一步扩大花卉种植面积、打造水系景观、改建游客服务中心,开发建设景区内的生态鹿苑、猛虎观江、天湖丽影、葡萄采摘园等景点,全面提升景区整体游乐游玩功能。同时,依托达勒花海,积极申报国家级森林公园项目,努力为郊区发展生态旅游产业注入新活力。四是,把握松花江沿线这个"主脉"。旅游讲究的是有山有水有风光。松花江流经郊区7个乡镇,最美江段敖其湾就坐落在郊区,沿线还有全市海拔最高峰猴石山、大美湿地及森林景观。抓住城市人群愉悦身心、回归自然的体验需求,充分利用山、水、林、湿地、田园、农舍等生态及人文资源,以松花江为"主脉",在江南建设以现代农业科技产业园区为龙头、以敖其赫哲特色小镇为中心、以达勒花海为终点的现代农业观光带;在江北积极吸引社会资本投资湿地和沿线采摘农业、观光农业、休闲农庄等项目建设,通过山水文化、现代农业和乡村旅游的融合互动,念好郊区山水经。五是,锁定大冰雪旅游这个"方向"。习总书记强调"要以举办北京冬奥会为契机,带动3亿人参与冰雪运动。"佳木斯市郊区要按照省党代会提出的发展冰雪经济的要求,依托国家SSS级滑雪场卧佛山滑雪场,将冰雪旅游与城郊特色民俗旅游有机结合,整合赫哲雪村等冰雪游乐资源,统一包装打造集滑雪、戏冰、游乐为一体的冰雪文化旅游项目。积极对上争取项目资金，注重社会资本引入，建设集冰雪旅游、冰雪文化、冰雪体育、冰雪教育于一体的冰雪旅游区，做大做强郊区冰雪旅游品牌。通过多措并举、多点开花，全力推进"春天山花烂漫、夏天避暑消夏、秋天五花山色，冬天赏冰乐雪"四季旅游品牌建设。

第六节　社会保障制度的建立

劳动就业制度改革。1990年，区政府成立劳务事业管理服务站，隶属区劳动局。主要对全区劳动力开展职业介绍和劳务输出工作。在职业介绍工作中，实行劳动力竞争就业，通过双向选择合理配置劳动力资源。1994年，根据佳木斯市劳动局下发的《关于加强个体劳务市场管理的通知》要求，区劳务事业管理服务站为郊区境内个体务工人员办理《务工许可证》，开始实施持证上岗制度。到2005年全区办理《务工许可证》3 460本。1994年4月，区劳动局实行失业人员求职登记制度与就业管理机制，加强用工求职人员的信息管理。同年6月，全区所属的全民企业、集体企业的固定工人全部转为合同制工人，与单位签订了不同期限的劳动合同。企业根据自身的生产特点，对临时性用工签订相应期限的劳动合同。经佳木斯市计划委员会批准，长青、松江两乡19户企业转制为城镇计划管理企业，批转集体所有制工人1 670人。

2003年3月，区政府设立就业局，负责全区就业、再就业；扶持指导创业；统计掌握下岗职工、社会劳动力、农村富余劳动力情况，组织劳务输出、就业培训等工作。区就业局成立后，对关、停、并、转企业下岗职工实行扶持政策，为具备创业能力的下岗人员给予发放小额贷款或拨给一定数额的周转金。到2005年共办理劳务输出1 054人。

职工养老制度改革。1990年后，郊区企业职工养老保险制度，经过改革和实践，逐步趋于规范和完善。已经从开展全民企业固定职工退休费社会统筹和全民合同制工人养老保险，发展到国有、集体、私营、个体工商户全部投入养老保险，基本形成了适应社会主义市场经济需要的养老保险体系。1991年，开展了非财政拨款的事业单位退休费统筹。同年6月，在国有企业固定职工退休费社会统筹和全民合同制工人参加社会养老保险的基础上，扩展到国有企业临时工、合同工；乡镇企业和民营个体、私营企业公认的养老保险业务，实行了多种用工形式的养老保险。1992年1月，郊区成立社会保险公司，专门负责组织实施党政机关事业单位社会保险费用的征收和营运，保证保险基金的保值增长；负责全区全民、集体、个体工商户、私营企业社会保险费的征缴和管理，及城镇参保企业退休职工退休审核和退休养老金的拨付。当年全区有40户企业的3 537名职工参加养老保险，对退休人员407人，拨付养老金67万元。根据国务院《关于深化企业职工养老保险制度改革的通知》精神，进一步完善企业职工基本养老保险制度。从1996年起，开始为参保职工建立养老个人账户，为养老保险金发放提供便捷的服务。1998年，职工养老保险金逐步推向由银行或邮政储蓄所实施社会化发放，退休职工持存折或储蓄卡到就近储蓄所领取。2000年，通过进一步强化社会保险、保障功能，通过强化扩面征缴，扎实推进养老保险工作，参保人数达4 167人，退休职工达905人，退休保险金额达232万元。2002年，全区劳动和社会保障系统不断强化养老保险费足额征缴和退休职工养老保险金足额发放的工作力度。区社会保险部门通过准确、合理制定养老保险费收缴计划、扩大养老覆盖面、提高基金征缴率、调用结存资金、追缴企业陈欠等办法，多方面筹集资金，保证了养老金按时足额发放。2005年，区劳动和社会保障局，积极抢抓完善社会保障体系试点工作的历史性机遇，以实施国有企业下岗职工基本生活保障向失业保险并轨为重点，采取把试点工作与国企改革同步推进的办法，使所有进入并轨程序的职工全部实现养老保险关系的接续。并将全区各类社会保险全部输入微机，实现信息化管理。2005年末，全区企业参保人数达5 910人，民营企业、个体私营企业参保人数达2 058人，拨付养老金1 211万元。

公费医疗制度改革。1990年以来，郊区机关事业单位职工公费医疗由卫生局负责管理。统一实行一般干部职工发放医疗津贴，大特病限额补贴，离休老干部全额报销的管理办法。在编的机关和事业单位的职工每月发放5元钱的医疗津贴，由区卫生局逐月划拨到各单位，各单位纳入工资进行发放。由于离休老干部队伍进入老龄期、重病期，其医药费开支增加，再加之区财政紧张，到2000年职工医疗津贴停发；同时对机关、事业单位职工患有癌症、白血病等特大病症的实行每人2 000~5 000元的限额补贴办法。区政府机关建立机关卫生所，解决离退休老干部的日常医疗，实行每方限额30元用药，大病住院实行定点医疗。

2001年，区政府下发《郊区职工基本医疗保险制度实施方案》，对全区机关干部医疗保险、公费医疗进行改革。将医疗保险工作正式归劳动局管理。新出台的职工医疗保险制度改革的原则是"以收定支，总量控制，定额管理，风险共担"。用人单位缴费为职工工资的4%，职工个人缴费为本人工资收入的2%。基本医疗保险实行统筹和个人账户相结合。参保职工核发个人账户医疗保险卡，门诊医疗费用主要由个人账户支付，住院医疗费主要由统筹基金支付，职工住院只需缴纳个人应付部分，统筹报销部分由医疗保险按规定核销。统筹资金支付范围，为起付标准以上，最高支付限额以下的住院费用，按医疗机构级别确定不同的支付比例。起付标准按医疗机构级别（三级、二级、一级）分别是500元、450元、400元。住院医疗费用个人自付比例按医疗级别（三级、二级、一级）分别是：退休人员24%、21%、18%；在职人员为27%、25%、22%，年最高支付现额为1万元。参保职工如患病，须持职工本人的《医疗保险病历处方本》到定点的佳木斯四大医院、郊区的定点药店"金天药店"就诊购药。2002年，郊区开通了计算机无线网络管理系统，医疗保险制度顺利转轨，实行平稳过渡，医疗保险资金实现了收支平衡。到2005年，全区医疗保险参保单位62个，参保人员3 699人。

最低生活保障制度改革。1997年9月，国务院颁发了《关于在全国建立城市低保制度的通知》。在全国实施城市、城镇非农业人口达不到最低生活保障的，予以补贴的政策。佳木斯市政府依据国务院通知精神，下发《佳木斯市城市居民最低生活保障制度实施办法》。郊区政府责成区民政局开展居民最低生活保障调查、摸底、确认及发放保障金工作。到1998年6月，全区享受低保人员为129人，发放保障金42 584元。2003年，按照市政府统一部署，首先在郊区建立城市居民最低生活保障中心，为事业单位，隶属区民政局。同年6月，近郊长青、松江、四丰、莲江口等乡镇相继建立低保救助工作站。截至2003年12月末，全区享受最低生活保障人数达1 981人。2004年，原永红区友谊、佳西2个街道办事处划归郊区管辖，享受低保对象2 692户，5 639人，月发保险金51万元。

第七节　开辟经济发展新领域

　　佳木斯电商产业园，是郊区政府与阿里巴巴集团开展对接合作的电商企业，也是郊区开辟的经济发展新领域。2016年6月规划实施建设，园区占地面积9万平方米，建筑面积5.4万平方米。其中电子商服办公区1.2万平方米，物资仓储配送区2.2万平方米。园区内配有火车专用线。经过一年时间建设了园区孵化器、加速器，外国商品直销区。到2017年5月共吸引140家企业登记入驻，已初具规模。建立农村淘宝服务站43个，培训农村淘宝合伙人近百人，累计收益实现190万元。2017年12末，园区引进的京东云创新空间项目、中国网库农机产品网项目、中国自贸区大连开发区跨境电商缘试项目联盟区，均已正常运营，效果显著。其中中国农机产品网已入驻全国农机类商家1 280家，供求交易信息37 752条，实现交易1 700万元。电商产业园区落成后，开始运营便表现出强劲的经济发展优势，后续必然带来丰厚的经济效益。

第八节　党的十八大以来的腾飞发展

　　党的十八大开启了中华民族伟大复兴的新时代。党的十八大之后，中共佳木斯市郊区区委、区政府乘势而上，为全面贯彻党的十八大精神，实现中国梦的宏伟目标，结合本区的实际，拟定了"六区"发展战略，并选定了"推进民营经济、现代化农业、旅游商贸业、城乡建设、社会事业大发展"五个着力点。2012年至2017年的5年里，郊区区委、区政府带领全区人民，攻坚克难，通过扶贫攻坚、旅游开发、美丽乡村建设、开辟经济发展新领域等诸方面的艰苦奋斗，一个"经济总量高速增长、现代农业长足发展、第三产业重大突破、城乡建设显著变化、民生福祉充分改善、政府建设持续提升"的全面复兴的佳木斯市郊区革命老区，以全新的姿态展现在世人面前。

党的十八大闭幕之后，中共郊区委、区政府立即在全区范围内开展学习党的十八大会议文件和习总书记的讲话活动，并制定了坚定不移地以党的十八大精神为指导，深入贯彻落实省委经济工作会议和市委十二届三次全会精神，全力推进"六区"发展战略，以科学发展为主题，以完成"十二五"规划主要目标为中心，以产业项目为牵动，统筹城乡发展，保障改善民生，维护社会稳定，加强党的建设，为实现郊区经济社会发展新跨越而努力奋斗。

为贯彻党的十八大会议精神，实现伟大中国梦开好局，在中共佳木斯市郊区九次代表大会上，区委在制定今后五年工作规划时提出，到2017年，要做到在经济社会发展中努力实现"三个增长"即：全区公共财政预算收入增长、全区固定资产投资增长和农民人均纯收入增长的发展目标及"五个着力点"：（1）推进民营经济发展，增强大发展的竞争力。坚持把民营经济发展摆在更加突出的位置，使民营经济总量上规模，结构上档次，质量上水平，努力在竞相发展的大潮中赢得主动权、占据制高点。发展民营经济，关键在项目，抓项目就是抓发展，抓大项目才能促进大发展。在抓好大项目建设的同时，围绕郊区的七大产业集群，加强策划包装，健全完善储备库，保持产业项目工作的连续性。在促进项目集聚上求突破。深化以商招商方式，积极开展网上招商，实现招一商、引一群、开一片的联动效应。进一步明确园区发展方向，提高单位土地的税收贡献率，推进招商方式由"招商引资"向"招商选资"转变,科学合理地摆放项目,推动产业规模化、集群化发展。(2)推进现代农业发展,筑牢大发展的基础。按照"集约化、标准化、产业化"的发展思路,优化调整农业产业结构,加快提高农业现代化发展水平,促进农业增效、农村稳定、农民增收。减少玉米、大豆种植面积;抓好莲望高标准水稻基地和玉米高标准农田建设。大力推进"菜篮子"工程,增加保护地种植蔬菜面积。大力发展特色种植业,推广扩大烤烟、番茄、北药、大榛子等特色经济作物的种植面积,提高土地产出率。大力发展特色养殖业,发展壮大东北民猪、藏香猪、水貂等特色养殖规模,打造具有郊区特色的品牌产品。大力推进农业产业化,依托联喜猪肉、阳光生化、贺氏蛋鸡等农业龙头企业,走"公司+基地+农户"和"公司+合作社+基地"等发展模式,推动农产品由初级加工向精深加工转变,培育农业龙头企业。大力发展各类专业合作经济组织,支持种植合作社与农机合作社整合发展,引导农民带地入社。大力加强农业基础设施建设,重点抓好群英泵站更新改造、阿凌达河治理等水利工程建设。大力培育新型农民,活化培训形式,努力培育有文化、懂技术、会经营、高素质的新型农民。(3)推进旅游商贸业发展,提升大发展的质量。把发展壮大第三产业作为调整产业结构、提升发展质量的有效途径,坚持生产服务业与生活服务业并重、现代服务业与传统服务业并举,促进服务业发展提速、比重提升、水平提高。大力开展深度休闲文化游,重点引进投资赫哲族旅游区水上乐园项目,力争敖其湾民族风情村、宏远旅游度假中心开工建设,确保赫哲族民俗文化风情园续建项目投入运营,按国家AAA级景区标准,全力抓好赫哲族旅游区提档升级工作;抓好猴石山旅游风景区、沿江湿地公园和莲花泡地热的招商引资工作,力争年内取得实质性进展;抓好近郊乡村的休闲度假游、观光采摘游,发展特色旅游示范村，开发红色旅游，着力把郊区打造成为黑龙江省东部地区的休闲旅游中心。大力发展商贸物流业，加速推进博大商贸城、伟业物流城和千盛购物城建设，着力把郊区打造成为区域性商贸物流中心。全力抓好国际汽车城建设，招引更多品牌汽车销售服务企业落户郊区；加速推进天润国际农机具博览中心建设，确保2015年在佳木斯市农机产品展销会如期投入使用，真正把郊区打造成为区域性汽车、农机销售服务中心。（4）推进城乡建设，强化大发展的承载力。以统筹城乡发展、改善城乡面貌、提升城乡品位、改善人居环境为目标，进一步加大城乡规划、改造、建设、管理和经营力度，加速推进城乡一体化建设进程。在新城区建设上，抓住拓展城市空间，优化城市布局，加快新区建设的历史性机遇，把城中村改造作为提升城市形象和改善民生的"双赢工程"，以点带面，统筹推进，分步实施。进一步提高城市精细化管理水平，全面抓好净化、亮化、绿化、美化工作，把郊区打造成为宜居、宜商、宜业的新城区。按照"发展小城镇、壮大中心村、撤并自然屯"的思路，将各乡镇和农林场统筹考虑，重新修订小城镇建设规划。按照各具特色、基础完善、产业支撑、生态良好的原则，加快小城镇建设步伐。（5）推进社会建设，提高大发展的凝聚力。坚持以人为本，持续加大民生投入，着力提高群众幸福指数，让改革发展成果更加惠民。统筹发展社会事业，扎实推进校安工程建设，完成所有校舍节能改造工作，全区中小学校全部达到省级标准化水平。深化医疗卫生体制改革，推进乡村医疗卫生管理一体化建设，为广大群众提供安全、方便、价廉的基本医疗服务。全面加强社会保障工作，落实和完善就业、再就业优惠政策，支持引导自主创业，以创业带就业。加强城乡低保工作，保障城乡贫困人口的基本生活，做到应保尽保。继续稳定低生育水平，提高出生人口素质。大力加强文化建设，加强文艺精品创作，以文化馆、文化站为阵地，挖掘郊区人文历史、民俗风情、自然风光等创作资源，积极创作具有郊区特色的文艺精品。加强文化人才队伍建设，培育一批高素质、高水平的农村文化带头人队伍，为发展繁荣农村文化提供坚强有力的人才保障。

一、持续奋进前行，经济体量实现高速增长

持续推进重点产业项目建设，累计引进投资五千万元以上项目198项，完成投资241亿元，佳天国际农贸中心、海城钢结构等一大批重点产业项目投产达效。民营经济总量大幅增长，到2016年底民营企业总数691户，新增186户，增加值和税金比2011年分别增长134.7%、99.8%。2014年郊区开始享受"建制县"相关政策，2016年9月享受完全"建制县"政策。五年来，累计向上争取各类财政资金46.4亿元，累计投入30亿元，收储建设用地41.6万平方米，有力支持了汽车城、江北工业园区等重点项目建设。2017年，郊区生产总值达到69.3亿元，财政预算收入3.01亿元，农民人均收入18 422元。

二、聚焦结构优化，现代农业实现长足发展

五年里，农业合作社总数增至526个，土地规模经营面积46万亩。特色农业稳步推进，全区红树莓种植面积突破1万亩，莲江口镇被评为"中国红树莓第一镇"，红树莓产业发展居全国领先地位。特色经济作物种植面积2.6万亩，食用菌突破600万袋。城市"菜篮子"作用不断增强，城区应季蔬菜供应率达到90%以上。建设规模养殖场83个，畜牧业总产值逐年递增。年商品鱼产量稳定在9 500吨左右，渔民人均纯收入增长57.1%。完成人工造林8.5万亩，封山育林10.5万亩，全区森林覆盖率达到18.2%。节

水灌溉投资2 233万元，节水灌溉面积12.5万亩，水土保持治理投资2 143万元，治理侵蚀沟70条、4 300公顷。郊区连续多年被评为全国生猪调出大县（区）、全国粮食产能贡献区、全国小型农田水利重点县（区）。

三、加快转型升级，第三产业实现重大突破

2017年第三产业实现增加值19.72亿元，比2011年增长56%。旅游产业厚积薄发，逐步成为拉动郊区经济发展的主要力量，郊区被评为中国最佳民俗文化旅游名区，敖其镇赫哲村被评为全国少数民族特色村寨，敖其湾赫哲族旅游区晋升为国家4A级景区。达勒花海、赫哲雪村、群胜杜鹃山等一大批旅游项目应运而生，已形成产业规模。电子商务发展势头强劲，佳木斯电商园区正式运营，农村电子商务体系建设日趋完善。汽车销售、仓储物流、商贸服务等业态竞相发展，有效拉动了郊区经济增长。

第六章　精准脱贫攻坚战　全面建成小康社会

"十三五"期间，郊区坚持以习近平总书记关于扶贫工作的重要论述为指引，深入贯彻落实党中央、国务院及省、市关于脱贫攻坚工作的决策部署，坚持精准扶贫、精准脱贫基本方略，坚持"五级书记抓扶贫"责任体系，以实现"两个确保"为目标，扎实推进脱贫攻坚三年行动，全力构筑"专项扶贫、行业扶贫、社会扶贫"三位一体大扶贫格局，为决战决胜脱贫攻坚战，全面建成小康社会奠定了坚实基础。

第一节　脱贫攻坚规划

郊区为全省45个有贫困村的非贫困县之一。2016年初，全区共有建档立卡贫困人口4 924户11 422人，贫困发生率7.78%，贫困人口年人均纯收入4 959.58元。有13个建档立卡贫困村，分别是庆丰村、胜利村、福胜村、顺山堡村、四合山村、新河村、西高峰村、北四合村、东旺村、永兴村、民胜村、群林村、双玉村。

为确保到2020年全区现行标准下农村贫困人口全部脱贫，贫困村全部出列，让贫困人口和贫困地区同全国一道进入全面小康社会。郊区坚持以脱贫攻坚统揽经济社会发展全局，将脱贫攻坚作为首要政治任务和第一民生工程，在区委、区政府的坚强领导下，根据《中共黑龙江省委 黑龙江省人民政府关于打赢脱贫攻坚战的实施意见》《中共佳木斯市委 佳木斯市人民政府关于坚决打赢脱贫攻坚战的实施意见》精神，结合全区贫困村、贫困户实际情况，于2016年2月编制印发了《佳木斯市郊区脱贫攻坚工作实施方案》，计划分"两步走"实现建档立卡贫困人口全部脱贫、贫困村全部出列这一目标。

2017年5月，根据《省委办公厅 省政府办公厅关于印发〈全省脱贫攻坚精准识别、精准退出实施方案〉的通知》（厅字〔2017〕18号）要求，针对贫困对象识别不精准，贫困退出不精准的问题，郊区开展了精准识别"回头看"工作，重新开展精准识别、精准退出，严格按照贫困户建档立卡识别标准和程序，逐村逐户进行对标识别，重新确定了建档立卡贫困人口，对符合脱贫标准的贫困户履行脱贫退出手续。通过开展精准识别、精准退出"回头看"，郊区建档立卡贫困人口调整为1 888户2 960人，其中已脱贫569户870人，未脱贫1 319户2 090人，贫困发生率下降至1.42%。选派39名干部成立13支定点驻村扶贫工作队，1 026名帮扶干部结对帮扶贫困户（后逐步增加到1 456名帮扶干部），做到每个贫困村都有驻村工作队，每户贫困户都有帮扶责任人。真正解决了"扶持谁""谁来扶"的问题，全区脱贫攻坚工作进入攻坚决胜的新时期、新阶段。

为适应新时期脱贫攻坚工作需要，按照《中共中央 国务院关于打赢脱贫攻坚战三年行动的指导意见》和省、市关于打赢脱贫攻坚战三年行动的意见、方案要求，郊区于2018年9月编制印发了《佳木斯市郊区打赢脱贫攻坚战三年行动的工作方案》（以下简称《方案》），《方案》从全区高度对未来三年脱贫攻坚工作进行了整体规划和统一部署，是到2020年全区脱贫攻坚工作的纲领性文件。

《方案》共分三个部分。

第一部分是总体要求。明确了指导思想，提出了"坚持严格执行现行扶贫标准""坚持精准扶贫精准脱贫基本方略""坚持把提高脱贫质量放到首位""坚持扶贫同扶志扶智相结合""坚持开发式扶贫和保障性扶贫相统筹""坚持脱贫攻坚与锤炼作风、锻炼队伍相统一"这六项工作原则。提出"到2020年，全面建成小康社会决胜期内，确保如期完成5个贫困村出列，现行标准下建档立卡贫困人口全部脱贫的总任务"。在具体年度目标上，实施集中攻坚和巩固提高"两步走"战略，2018—2019年为集中攻坚阶段，2020年为巩固提高阶段，并对每年的具体目标、衡量指标进行了详细说明。

第二部分是强化到村到户到人精准帮扶举措。强调要全力做好"产业扶贫、金融扶贫、危房改造、教育扶贫、健康扶贫、就业创业扶贫、兜底保障扶贫、安全饮水工程、提升农村公共文化服务能力和改善农村人居环境"这十项重点工作，确保贫困户长期稳定增收，住房、医疗、教育、饮水有保障，脱贫成果能够巩固，扶贫工作得到认可。

第三部分是保障措施。提出要在"落实脱贫攻坚责任制、夯实农村基层执政基础、加强脱贫攻坚干部队伍建设、建立完善扶贫大数据管理和风险防控机制、深化扶贫领域作风问题专项治理、动员社会力量参与扶贫、营造良好宣传氛围、统筹推进脱贫攻坚和乡村振兴"这八个方面落实责任，强化担当，整合力量，合力攻坚，为打赢脱贫攻坚战提供坚强保障。

第二节 精准扶贫、精准脱贫的主要措施

按照"六个精准""五个一批"的总要求，郊区通过实施精准扶贫、精准脱贫十项重点措施，确保做到"扶真贫""真扶贫""脱真贫""真脱贫"。

一是突出抓好产业扶贫。坚持把产业扶贫作为全面打好打赢脱贫攻坚战的核心举措和贫困户稳定增收的根本途径。积极探索产业扶贫模式创新和覆盖叠加相融合，通过财政专项扶贫资金投入，努力打造一批脱贫带动能力强的特色产业。以农业产业扶贫、光伏产业扶贫、旅游产业扶贫、电商产业扶贫四项主导扶贫产业项目为带动，实现贫困户利益联结全覆盖，确保脱贫户年人均纯收入稳定超过现行脱贫标准并逐年提高，特色产业带动贫困村整村脱贫效果明显，实现"一村一品"。

二是大力促进就业扶贫。以提升扶贫对象就业创业能力、实现稳定就业为首要工作任务，多渠道开发就业岗位，依托区内爱心企业打造扶贫车间，吸纳贫困家庭劳动力就近就业。设置乡村公益岗位，吸纳贫困家庭劳动力从事保洁、治安、护路、防火、值守等岗位劳动，增加劳务收入。鼓励返乡创业和电商创业带动就业，加大创业培训、创业服务力度，推动创业带动就业，加大实用技术培训和农村致富带头人培训实施力度。确保到2020年，开发300个以上村级公益岗位吸纳贫困劳动力增加收入，扩大技能培训覆盖面，让更多贫困劳动力通过技能培训实现就业。

三是稳步推进金融扶贫。把推进实施金融扶贫作为破解产业发展资金瓶颈的重要抓手，不断健全和完善金融扶贫体制机制。充分利用"精准扶贫小额贷款"等金融产品的支撑能力，简化贷

款审批流程，实行领办代办制度，严格执行贴息政策，对符合条件且有贷款意愿的贫困户做到应贷尽贷，保证贫困户资金需求。积极引导民间资本、工商资本、金融资本参与扶贫产业开发经营。坚持"户贷户用户还"原则，积极引导无自主发展产业能力贫困户加入到区政府主导的"畜牧代养"模式中来，提升小额贷款使用效率。建立小额信贷风险补偿机制，切实防范逾期风险，确保贫困户如期还贷。

四是稳步推动贫困户危房改造。加快推进农村危房改造，规范改造对象认定程序，建立健全危房台账并实施精准动态管理，改造一户、销档一户。密切关注低保户、五保户、残疾户等特殊群体的住房安全情况，防止出现因房致贫问题。加大财政投入力度和整合力度，统筹补助资金，建立健全分类补助机制和投入机制。明确农村危房改造基本要求，保证正常使用安全和基本使用功能，严格控制贫困户建房标准，防止过度负债。加强农村住房质量安全管理和风险管控，强化农村危旧房改造质量安全监管，建立质量监管长效机制。加强补助资金使用管理和监督检查，支付给农户的资金要及时足额直接拨付到户。建立完善危房改造信息公示制度。鼓励建设农村集体公租房，以及利用闲置农户住房和集体公房置换等形式，解决好无房户基本住房问题。确保到2020年，完成建档立卡贫困户等4类重点对象危房改造任务，住房安全得到有效保障。

五是全面实施安全饮水工程。全面推进农村饮水安全巩固提升工程，做好与贫困村、贫困户的精准对接。对分散性供水和水质不达标的，因地制宜实行升级改造，显著提高农村自来水普及率、供水保证率、水质达标率。对2011年以前建设的农村饮水安全工程进行巩固提升，实现贫困户安全饮水全覆盖，饮用水水质达到《生活饮用水卫生标准》要求。确保到2020年，全区建档立卡贫困户饮用水水质、水量、供水保障率、用水方便程度四项指标全部符合地方标准，饮水安全得到有效保障。

六是精准实施教育扶贫。以保障义务教育为核心，以提高贫困人口基本文化素质和贫困家庭劳动力技能为抓手，瞄准教育最薄弱领域，阻断贫困的代际传递。全面落实困难学生资助救助政策，对各阶段贫困学生享受教育扶贫政策实行动态管理。健全学前教育资助制度，将建档立卡贫困家庭在园儿童优先纳入资助范围。严格落实义务教育"两免一补"政策，建档立卡贫困家庭学生免除学杂费、免费提供教科书，寄宿生补助生活费。普通高中建档立卡贫困家庭学生免除学杂费、优先享受国家助学金。中、高等职业学校建档立卡贫困学生享受"雨露计划"资助。帮助当年考入全日制普通高等院校的贫困学生申请国家生源地信用助学贷款，减轻贫困家庭大学生求学负担。做好控辍保学，除身体原因外贫困户家庭适龄少年、儿童全部参加义务教育。强化教师队伍建设，统筹调配编内教师资源，着力解决乡村教师结构性缺员问题。确保到2020年，建档立卡贫困学生义务教育得到有效保障，有条件和机会继续参加高等教育和职业教育。

七是精准实施健康扶贫。将贫困人口全部纳入城乡居民基本医疗保险、大病保险和医疗救助保障范围。落实贫困人口参加城乡居民基本医疗保险个人缴费财政补贴政策，全面落实农村贫困人口区内定点医疗机构住院治疗先诊疗后付费，在定点医院设立综合服务窗口，实现各项医疗保障政策"一站式"信息交换和即时结算。切实降低贫困人口就医负担，在严格费用管控、确定诊疗方案、确定单病种收费标准、规范转诊和集中定点救治的基础上，对城乡居民基本医疗保险和大病保险支付后自负费用仍有困难的患者，加大商业医疗保险救助和其他保障政策的帮扶力度，进一步减轻贫困人口看病负担。持续开展健康扶贫千名医师包村和签约健康体检服务，实现贫困人口疾病筛查、慢病防控和定点帮扶全覆盖。改善贫困村医疗卫生条件，提升服务能力，缩小城乡卫生资源配置差距，确保每个贫困村有1个标准化卫生室。做好农村医保常用药品集中采购、配发、补充工作，力争做到医保常用药品购买不出乡镇，同时指导贫困群众科学合理用药，减轻用药负担。强化人才培养培训，以全科医生为重点，加强各类医疗卫生人员继续教育，做好乡镇卫生院全科医院特岗计划，制定符合基层实际的人才招聘引进办法，逐步提高乡村医生薪酬待遇。到2020年，乡镇卫生院和贫困村卫生室达标率达到100%，建档立卡贫困人口基本医疗得到有效保障。

八是精准实施兜底保障扶贫。完善农村低保制度，加强农村低保制度与扶贫开发政策有效衔接，建档立卡贫困人口全部纳入重特大医疗救助范围，做到"应保尽保"。对低保家庭中的重度残疾人，在全面落实基本救助政策的基础上，生活仍有困难的可以采取增发低保金等多种措施提高救助水平。统筹社会救助资源，健全特困人员救助供养制度，全面实施临时救助制度，积极推进最低生活保障制度与医疗救助、教育救助、住房救助、就业救助等专项救助制度衔接配套，推动专项救助在保障低保对象的基础上向低收入群众适当延伸，逐步形成梯度救助格局，为救助对象提供差别化的救助。统筹整合社会救助资金渠道，提升社会救助政策和资金的综合效益。积极为贫困重度残疾人提供集中照料或日间照料、邻里照护服务，逐步推进农村贫困重度残疾人家庭无障碍改造。加快建立贫困家庭"三留守"关爱服务体系，落实家庭赡养、监护照料法定义务，探索建立信息台账和定期探访制度。确保到2020年，实现对低保、五保、残疾贫困人口"最后一公里"的兜底保障全覆盖。

九是全面实施扶贫扶志工程。开展扶志教育活动，依托"习近平新时代中国特色社会主义思想进万家""送理论下基层"等载体，组织领导干部、理论骨干和草根明星等，用通俗易懂的语言宣讲党的创新理论和党的扶贫政策，推动党的扶贫政策转化为贫困群众脱贫攻坚的强大力量。深入开展以"自强、感恩、文明"为主题的扶志教育活动，引导贫困群众自立自强，主动脱贫。深入推进移风易俗行动，引导贫困村修订完善村规民约，发挥村民议事会、道德评议会、红白理事会、禁毒禁赌会等群众自治组织作用，加强对高额彩礼、薄养厚葬、子女不赡养老人等问题的专项治理。广泛开展文明村镇、文明家庭和文明户以及道德模范与身边好人创评活动，发挥先进典型的示范作用，教育引导贫困群众弘扬传统美德、树立文明乡风。对贫困村公共文化设施提档升级、填平补齐，丰富农村文化生活。确保到2020年，全区文明村占比达到55%、文明乡镇占比达到65%，贫困村"一约四会"建设全覆盖，每个乡镇都有扶志典型，营造文明和谐、积极向上的乡村文化氛围。

十是全面改善农村人居环境。开展农村人居环境整治三年行动，因地制宜确定村庄人居环境整治目标，重点推进农村生活垃圾治理、卫生厕所改造。开展农村生活垃圾治理专项行动，探索建立村庄保洁制度。因地制宜普及不同类型的卫生厕所，同步开展厕所粪污治理，逐步开展生活污水治理。加强农村社区建设，打造一批基础设施达标、服务内容丰富、社区治理规范的农村示范社区，不断提高农村居民的满意度和幸福感。确保到2020年，贫困村村容村貌整洁率达到100%，全区90%村庄的生活垃圾得到有效处理，村庄内垃圾箱设置率达到100%。

第三节　脱贫攻坚组织领导与工作机制

一是坚持党委政府统领。区委、区政府始终坚持把脱贫攻坚作为首要政治任务和第一民生工程，严格落实区委书记、乡镇党委书记、村党支部书记"三级书记抓扶贫"工作机制，区乡村三级逐层签订责任状，层层传导压力。深入开展遍访扶贫对象行动，区委书记带头遍访13个贫困村，乡镇党委书记、村党支部书记遍访贫困户，为贫困村发展、贫困户脱贫出谋划策、解决问题。坚持党委统领、党政问责的"双组长"责任体系，通过召开区扶贫开发领导小组会议、区委常委会议、政府常务会议，专题研究脱贫攻坚工作，统筹安排全区脱贫攻坚重点任务，扎实推进各阶段重点工作。

二是坚持战区落实推进。将全区11个乡镇划分为11个战区，区四个班子21名处级领导牵头指挥抓督导，乡镇党委政府落实主责抓推进。各战区指挥主动发挥牵头引领作用，安排部署战区脱贫攻坚重点任务，督导工作落实情况，帮助协调解决突出问题和困难。带领13支驻村工作队定点帮扶13个贫困村，66家帮扶单位包保95个有扶贫任务的行政村，1 456名帮扶责任人对接帮扶贫困户，推进各项扶贫政策和帮扶举措落实到位，形成全区合力攻坚良好态势。8名区委常委及人大、政协主要领导直接包保10个脱贫攻坚"后进村"，帮助"后进村"整合资源、壮大经济、加强建设，改变后进村脱贫攻坚被动局面，做到同步提升、同频共振、同步发展。

三是坚持行业协同作战。各行业部门牵头组成综合协调、业务指导、产业扶贫、住房保障、饮水安全、医疗教育文化、社会保障等14个专项工作推进组,狠抓行业扶贫责任落实、政策落实、工作落实,确保各项扶贫政策执行过程符合标准、精准落实、取得成效、群众满意。

第四节　脱贫攻坚取得的成果

一是减贫任务全部完成。经过2017年全省精准识别"回头看",郊区建档立卡贫困人口调整为1 888户2 960人,其中已脱贫人口569户870人,未脱贫人口1 319户2 090人,贫困发生率1.42%。三年来,区委、区政府坚持把脱贫攻坚作为首要政治任务和第一民生工程来抓,坚持"一收入、两不愁、三保障"脱贫标准,加强驻村帮扶工作力量,加大资金投入力度,精准落实扶贫政策,确保贫困群众稳定脱贫。通过全区上下共同努力,13个建档立卡贫困村于2018年底全部完成脱贫出列,建档立卡贫困人口于2019年底全部实现精准脱贫。到2020年上半年,全区剩余建档立卡已脱贫人口1 672户2 619人。建立了防止返贫动态监测预警机制,共纳入脱贫监测13户28人,边缘户27户47人,逐户落实有针对性帮扶措施,确保做到脱贫户不返贫、边缘户不致贫,确保脱贫成效经得起时间和群众检验。

二是贫困人口收入逐年提高。通过大力发展产业扶贫项目、拓宽就业务工渠道、扶持发展自主生产、开发农村小微扶贫公益岗位等方式,努力提高贫困人口收入,增强抵御风险的能力。全区累计建设各类产业扶贫项目54个,2019年产业扶贫项目收益达到292.66万元,2020年预计突破350万元。积极开展建档立卡贫困人口就业技能培训,定期向贫困人口和农村富余劳动力发布用工招聘信息,为贫困人口提供更多就业岗位,贫困劳动力实现外出务工165人，其中输出省外务工66人。小额扶贫贷款累计发放898户2 404.5万元，贫困户通过小额贷款自主发展生产及代种、代养项目年可增收2 000元以上。小微扶贫公益岗位三年来累计用工1 247人次，年人均增收1 000元以上。通过以上有力举措，全区建档立卡贫困人口2019年人均纯收入达到9 966.94元，较2016年翻一番。

三是"两不愁、三保障"突出问题全面解决。将解决"两不愁、三保障"突出问题作为重中之重，全面扫清贫困群众脱贫路上的最后障碍。三年来，全区累计改造贫困户C、D级危房268户，其中新建173户，维修53户，购买置换15户，长期租赁27户，所有贫困户住房经专业鉴定均符合安全居住标准。连续两年实施农村安全饮水巩固提升工程，累计投入资金3 257.5万元，农村自来水工程覆盖率达到100%，入户率达到99.5%以上，自主建设区级水质检测中心，每年开展两次水质检测，贫困户饮用水四项指标全部达到省级安全标准。精准建立贫困学生动态管理档案，落实各阶段教育扶贫资助政策，为1名由于身体原因无法正常上学的贫困学生建立学籍档案，提供送教上门服务，全区义务教育阶段贫困学生入学率达到100%；开展"金秋助学"等专项助学活动，建立区教育扶贫助学专项资金，努力为贫困学生继续接受教育创造条件，彻底斩断贫困的代际传递。为贫困人口建立基本医疗、大病保险、医疗救助、商业保险"四重保障线"，减轻住院医疗负担，为1 187名贫困人口办理了慢性病证，享受慢病报销待遇；区域内卫生医疗机构达到108家，全部为贫困人口提供"一免五减""先诊疗后付费"及"一站式结算"服务，使贫困群众安心就医；村卫生院常用药品保证在70种以上，贫困人口"买药难"问题得到有效解决。到2019年底，郊区"两不愁、三保障"突出问题已全部得到有效解决，连续三年未发生返贫问题。

四是基层党组织战斗堡垒更加坚固。始终牢记习近平总书记"给钱给物，不如建个好支部"的重要论述，在脱贫攻坚的基层主战场，郊区坚持抓班子、强队伍，树导向、增活力，充分发挥基层党组织的战斗堡垒作用和党员的先锋模范作用，为打赢脱贫攻坚战提供坚强有力的基层组织保障。通过丰富党建载体助力脱贫攻坚。深入开展帮扶单位机关支部与村党支部"支部共建""党员活动日"等活动，帮助村党组织建立健全党组织生活制度，规范村党组织建设，提升村党组织的凝聚力、战斗力、服务力。出台了《关于在脱贫攻坚中充分发挥农村党员先锋模范作用的实施方案》，引导农村党员深入贫困群众中开展"扶志扶智教育"，使贫困群众转变"等靠要"的观念和"以穷卖穷"的思想，推动乡风文明建设，确保贫困户物质、精神"双脱贫"，有效解决了贫困村党组织组织生活不经常、"四议两公开"等民主议事制度执行不规范的问题。通过加强基层队伍建设助力脱贫攻坚。把加强基层扶贫人才建设摆在重要位置，选优配强基层扶贫干部队伍和党员队伍。选派39名优秀党员干部开展驻村扶贫，加强贫困村组织建设、项目建设、环境建设、文化建设。1 456名帮扶责任人对接帮扶所有建档立卡贫困户，推进各项扶贫政策和帮扶举措落实落细，在党的统领下聚力攻坚、全力战贫。树立旗帜鲜明的选人用人导向，以脱贫成效、帮扶成效和群众口碑论英雄，提拔重用了56名扶贫一线干部，为打赢脱贫攻坚战提供强有力的人才保障。通过加强党员监督管理助力脱贫攻坚。以村"两委"换届和"扫黑除恶"为契机，把政治素质高、服务意识浓、带富能力强的人选入村干部队伍，制定《全区村党组织书记备案管理工作实施办法》，强化村党组织书记队伍建设和管理，提高村党组织书记队伍荣誉感。注重乡村干部梯队建设，将农村优秀年轻致富带头人发展为党员，制定下发《关于深入开展共产党员先锋工程的实施方案》，鼓励农村党员争做助力脱贫、领富带富的"双带型"先锋。通过以上有力举措，23个软弱涣散村通过脱贫攻坚成功转化，贫困村年集体经济收入均达到10万元以上，群众对基层党组织满意度、认可度显著提升，筑牢了脱贫攻坚的基层战斗堡垒，为全面决胜小康社会奠定了坚实基础。

第七章 纪念设施及革命遗址遗迹

第一节 纪念场馆

刘英俊纪念馆：刘英俊公园（含革命烈士纪念馆暨刘英俊纪念馆），位于佳木斯市郊区境内友谊路佳纺段路北。建于1967年，占地面积3.4万平方米。是为纪念沈阳军区某部重炮连战士刘英俊为了保护六名儿童舍身拦惊马，壮烈牺牲后在烈士的牺牲地修建的，全园共分瞻仰区、国防教育区、休闲健身区、儿童娱乐区、办公区五个区域。陵园内建有刘英俊烈士墓、刘英俊勇拦惊马铸铜雕塑、刘英俊全身塑像、爱民亭等纪念设施。其间的刘英俊纪念馆建于1967年，展出面积900余平方米。全馆共有五个单元、六个展室：第一单元建党初期，第二单元抗日战争时期，第三单元解放战争时期，第四单元抗美援朝时期，第五单元社会主义建设时期，刘英俊烈士单设一个展室，共展出佳木斯地区各个历史时期代表性英烈59位英烈事迹，是黑龙江省"爱国主义、国防教育、革命传统教育和青少年思想教育"基地。2009年3月，经国务院批准晋升为国家级重点烈士纪念物保护单位。每逢刘英俊牺牲纪念日、清明节、国庆节、新兵入伍、老兵复员之际，前来陵园和纪念馆开展各项纪念活动的人员络绎不绝，人们以多种方式缅怀先烈，寄托哀思、弘扬英烈的精神，演绎着红色经典的传承之歌。刘英俊烈士陵园，已经成为国内外游客参加各种政治、经济、会议活动人员必到的重要纪念、瞻仰和游览的场所之一，是黑龙江省东部地区重要的城市名片。

佳木斯西郊烈士陵园：佳木斯西郊烈士陵园始建于1949年春，位于郊区境内友谊路西浦森林公园南侧，占地面积4万平方米。从1996年开始，佳木斯烈士陵园先后进行了三次大规模的维修、改造和建设。园内修建烈士墓165座，安葬有抗日战争、解放战争、抗美援朝和社会主义建设时期革命英烈921位，其中无名烈士216位。敬立了抗联名将夏云杰、祁致中、张传福等12位烈士纪念碑。为孙西林、绿川英子、邵云环烈士修建了独立墓区。陵园内建有革命烈士纪念碑、纪念碑广场、烈士英名纪念墙、思贤亭等纪念设施，是省级"爱国主义教育基地""青少年思想道德教育基地""省国防教育基地"和国家级重点烈士纪念建筑物保护单位；也是黑龙江省东部地区建园最早、安葬革命烈士人数最多、知名度较高的规范化管理的革命烈士陵园。1997年，被黑龙江省委、省政府命名为省级爱国主义教育基地。2009年3月，佳木斯西郊烈士陵园被国务院命名为国家级重点烈士纪念建筑物保护单位。

每逢清明，郊区境内以及市区的中小学生，机关、企事业单位人员，社会各界前来缅怀革命烈士的人络绎不绝。佳木斯西郊烈士陵园，较好地发挥了爱国主义、国防教育基地的功能和作用。

第二节　纪念塔、纪念碑

东北抗日联军战绩纪念塔：东北抗日联军战绩纪念塔位于佳

木斯市郊区沿江乡民兴村东南2公里的猴石山主峰北坡244高地。

1934年至1938年间，东北抗联第六军四师在猴石山麓建立活动基地，抗联第三、四、五军也曾转战此地，抗联第六军四师二十三团政治部主任李廷章在此牺牲。这一带山岗林荫下，至今仍掩埋着数十位抗联先烈的遗骨。为缅怀先烈，佳木斯市委、市政府决定在抗联遗址猴石山区建立"东北抗日联军战绩纪念塔"。该纪念塔于1984年6月破土动工，11月10日举行了揭幕仪式。塔高23米，采用优质大理石和花岗岩砌筑，为四方形，四角突出，占地面积400平方米。纪念塔的南面刻有"东北抗日联军战绩纪念塔"11个大字，西面刻有《露营之歌》，东面刻有"革命先烈永垂不朽"8个大字，北面刻有反映东北抗日联军英勇抗日的塔词。纪念塔底座两层，底座直径14.2米，二层基座直径8米，塔身有露营、军民鱼水情、战斗、胜利4幅浮雕，塔的四角分别竖有4个大火炬，高4.6米。1984年10月，东北抗日联军战绩纪念塔被黑龙江省政府命名为省级文物保护单位；1994年，被黑龙江省委、省政府命名为省级爱国主义教育基地。

塔词为：九一八事变，日本帝国主义侵东北河山，惨遭蹂躏，爱国同胞忍辱衔恨，崛起抗争，护土求存，中共领导抗日联军浴血奋战，威震敌魂。佳城西郊猴石山麓，一九三四年至一九三八年为我抗日联军六军四师抗战基地，亦系抗联六军二师三师及三军四军五军经常活动奔袭敌人之地区，取民众资助，依山脉起伏之地利，往来征战于松花江两岸和完达山兴安岭之间，四处游击杀伤日顽，战斗频繁，屡获胜利，日本侵略军松井师团在此遭到沉重打击。在无数次的战斗中，许多抗联将士为中华民族的解放而捐躯。一九三八年五月，四师二十三团政治部主任李廷章烈士于此地同敌人激战中壮烈牺牲。这里的山岗上林荫下，埋葬着数十位抗联先烈的忠骨。中共佳木斯地下组织以支持支援抗日斗争为己任，在黑暗中百折不挠，传递情报，掩护伤员，筹运军需，输送干部十数名，优秀地下党员和许多中华优秀男女，投笔从戎，毅然奔赴杀敌战场。原佳木斯地下党负责人唐瑶圃、张耕野和地下党员八女投江中的女英雄冷云等共产主义战士，都在抗击日本侵略军中以身殉国。神州似剑惊天裂，浩气若虹垂史长。猴石山巅巍然屹立，抗联伟业千古壮举，烈士英灵万世不泯，肃建绩塔永志缅怀。

苏联红军烈士纪念塔：苏联红军烈士纪念塔，位于莲江口镇中心，南北道路东侧。塔高3米，塔身刻有碑文。碑文："为了我们苏维埃盟国和把中国的东北由侵略者日本的手中解放出来而奋勇捐躯英勇大胆的苏军战士们流芳千古"。四周为600平方米空地。所纪念的烈士有两名。

1945年8月东北解放时，日本侵略军败退，由佳木斯开往哈尔滨一列装甲车，内有百余名日本侵略军，车开至松花江大桥北头，桥被苏联红军炸断，车欲退不通，前行有苏联红军截击，日军弃车顽抗，被打死大部，其余逃窜。战斗中有两名苏联红军战士壮烈牺牲，为纪念为解放中国人民而牺牲的苏联红军战士，于1945年立此碑。

第三节　革命文物

郭沫若为绿川英子题诗真迹：该诗系1941年郭沫若于四川重庆题写绢上，赠国际主义战士绿川英子女士。绢红色，墨书，长54厘米，宽52厘米。诗曰："茫茫四野弥堪暗，历历群星洒九天。映雪终嫌光太远，照书还喜一灯妍。"此绢藏于市博物馆。

绿川英子墓：国际主义战士绿川英子与其丈夫刘仁合冢墓，于1983年8月落成在郊区四丰山水库东侧一山上，依山傍水，面南坐北，墓为砖石混合结构，砖砌自辟墓圹，墓盖以大理石贴面，长2.2米，宽1.6米，墓前有大理石碑，高2米，宽1.3米，以120度夹角自立，碑上置铜碑牌，上镌"国际主义战士绿川英子暨刘仁同志之墓"。生平简介于碑背。墓地四隅各置椭圆形铜灯一盏，灯顶端呈六角形，灯高70厘米。

周恩来总理签名奖状：1958年12月20日，佳木斯市郊区跃进人民公社党委书记刘思恩、红旗人民公社五一管理区的五一畜牧场负责人李鹏举，二人赴北京参加全国农业生产先进集体、先进个人代表大会。跃进公社和红旗公社五一畜牧场分别荣获集体荣誉称号，并获得由周恩来总理签名、国务院颁发的"奖给农业社会主义建设先进单位"奖状。到了2017年，五一畜牧场荣获的周恩来总理签名的奖状，依然保存于五一村部，激励村民在社会主义新时代里，奋发图强，再创辉煌。

江山村农会印章：郊区松江乡江山村（今划归东风区）在1946年，是佳木斯市市委、市政府土地改革试点村。在土改工作队的指导下，村里成立了贫雇农委员会，并刻了一枚3.5厘米见方的印章。正面刻有篆书"佳木斯市第一区一乡江山村贫雇农委员会"18个字。该印章现存于黑龙江省革命博物馆，被列为国家一级革命文物。在江山村的贫雇农委员会带领下，打土豪、斗地主、分田地、搞生产、支援前线的革命历程，由土改工作队队长马加（白晓光）创作的长篇小说《江山村十日》，真实地反映了党领导下的那场轰轰烈烈的土地改革运动，再现了"耕者有其田"的喜人场面。

第四节　革命遗址遗迹

达木库下江特委机关所在地遗址：1936年9月，中共北满临时省委成立后的第一次常委会决定成立上江、下江、哈东3个特委。北满临时省委任命汤原县委书记白江绪为下江特委书记，管辖松花江下游通河、依兰、汤原、佳木斯、富锦、桦川、同江、绥滨、萝北、鹤岗等市县。中共下江特委成立后，起初驻在汤原县城南江通。自1936年初冬，下江特委机关搬入达木库阎会财家。

中共桦川县委在达木库成立伊始，就把保卫下江特委机关工作当作一项重要任务。下江特委的机关在大来岗达木库活动近两年的时间，敌人一直没有发现。直至1938年3月，因叛徒告密才暴露了目标，组织遭到破坏，被迫转移到火龙沟，依然在桦川县西部（今佳木斯市郊区境内）。

当年的达木库屯现已不复存在，但达木库这个名字在佳木斯市及佳木斯市郊区、汤原、桦川的革命历史典籍中却有着浓墨重彩的记述，载入史册。达木库发生的抗日故事，将世代相传。

马忠显大桥遗址：马忠显大桥位于长发镇巨桥村，民国初年由当地绅士马忠显先生出资所建，当时为木制桥梁，横跨铃铛河，称之为马忠显大桥。1932年在此地发生红黄枪会会众血战日本侵略军的激烈战斗，红黄枪会会众在此次战斗中死伤近千人，血染马忠显大桥，后人称之为马忠显大桥战役。新中国成立后，大桥破损，由当地政府将旧桥改建为水泥结构桥。1980年，建成永久性钢筋混凝土结构桥，桥身长32米，宽8米，载重量为20吨。2000年为纪念抗日战争牺牲的民众，佳木斯市人民政府决定将马忠显大桥遗址定为爱国主义教育基地，并在桥头立碑纪念。

马家沟战役遗址：马家沟位于佳木斯市郊区沿江乡三连村西2千米，猴石山244高地南。1938年5月，抗联六军二十三团，奉命在猴石山附近渡江。部队在马家沟休整，被伪自卫团发现，佳木斯伪警备治安司令部闻讯，马上动员黑通、大来、刘小房、西格木、草帽顶等地军警和自卫团包围马家沟。二十三团在团政治部主任李廷章指挥下向马家沟北山突围。战斗中李廷章双手使枪，奋勇杀敌，一个小时后，子弹打光了，不幸中弹牺牲。李廷章牺牲后，一个年轻的李连长，挺身而出，指挥战斗，给敌人以重创。部队突出重围后，北渡松花江进入汤原县境内。

抗日联军将士，在马家沟同日伪军作战中，血染马家沟。郊区革命老区人民永远铭记。

尚坚乌黑抗击沙俄战场遗址：尚坚乌黑位于大来镇三音村二龙山山巅古城内，松花江南岸。尚坚乌黑是满语，"尚坚"是白，"乌黑"是山，即今佳木斯市郊区大来镇一带。清康熙二十四年（1685年）沙俄军队入侵松花江，驻守此地清军于此激战数起，清军在二龙山城内的沟谷中用火炮向江中船上的沙俄军队猛轰，当地民众也奋起反击，最终沙俄军队败退。到清光绪年间，清军再次与入侵沙俄军队展开一次战斗，当时沙俄大船载了一船马匹，顺江而下，行至尚坚乌黑古城对面，岸上驻守的清军开枪射击，把沙俄军队运马船只逼到北岸。此山城城墙为土石混成，墙垣平面为椭圆形，周长300米，东西外城墙高4.5米，上宽1.2米，南城墙高8.4米，上宽0.4米，北城墙凭借山势陡坡，以湍急水流作屏障。城址内分布大小不等地穴式住坑30余个。据传，城内有深水井一口，上悬锁链，深不可测，但文物部门调查时未发现此井。专家考证，此古城遗址属于早期铁石器时代的遗址。山音村的尚坚乌黑为抗击沙俄侵略军的古战场。

第五节　日军侵华遗址遗迹

　　日本关东军北大营遗址：日本鬼子为了长期霸占佳木斯的需要，在佳木斯到处修建军事飞机场、军营和军火库。1941年，日本侵略者在黑通村后泡子（月牙泡）的北面，福胜的地南头挖战壕、修营房、筑公路，驻扎部队。占地面积约60 000平方米的军营，驻扎一个工兵团。这支部队的番号为日本关东军一八九三部队，他们每天都搞抬船奔跑、架设浮桥等科目训练。他们修筑了坚固的库房、岗楼、碉堡和混凝土地面，四周架设铁丝网。白天里，日军出出进进；夜里，岗哨林立，不时有探照灯扫视。1945年光复，日本兵逃跑时把武器弹药全部带走了，所剩的粮食被附近的老百姓抢光了，房子也被扒掉了。老百姓把北大营里有用的东西拿回家里，称之为捡洋落。后来，附近村屯的村民盖房子将混凝土地面砸碎拉走，用于盖房子打基础。残存的建筑物全部清除后，北大营复耕，成为一片良田。北大营，虽然在70多年前就已经消失得无影无踪，但是它却深深地刻在经历了日寇铁蹄践踏的黑通村老年人的脑海里。如今健在的黑通村的老人含悲隐痛地说："修筑北大营时，日伪军没少到黑通村抓劳工，那里的每一个建筑物都是由中国劳工的鲜血和生命铸成的。一定要把日本关东军遗址写入《黑通村志》里，让黑通村乃至华夏的子孙后代永远铭记那段屈辱的历史，永远铭记国不富强遭人欺的道理。"

　　三岛理化研究所（杀人魔窟）遗址：为了扑灭日益强烈的抗日烽火，在伪三江省警务厅特务兼三江地方局理事官、侵华战犯岛村的提议下，于1939年在佳木斯西郊万发屯路北荆棘丛中修建一座高围墙、黑大门的秘密监狱。为了掩人耳目，开始挂了一块

"三井花园"的牌子，后来，因为这座监狱由日本人大岛、福岛掌管，又受岛村所辖，便改名为"三岛理化研究所"。

监狱的四周砖墙3米多高，上边架设电网。有18间双人牢房，门窗上都安装牢固的栅栏，院里豢养十几条日本狼狗，终日吠声不止，阴森恐怖。大门常年紧闭，囚车经常出没。日本法西斯迫害被捕人员的手段极其残忍，无所不用到极致，凡是关入者均被折磨得死去活来。为了保全这座杀人魔窟的秘密，审问结束，如果认为再也没有用处了，都一个不留地在这里秘密处死。

三合屯日本侵略军飞机场遗址：该飞机场位于今五一村西，南北约2 000米，东西约3 000米，占地约600公顷。飞机场的东、南、西三面呈环形分布着数十个飞机包，每个飞机包酷似半拉西瓜扣在地上，墙体是用混凝土浇筑而成，底部约2米多厚，顶部半米多厚。飞机包的直径40多米，至少有4层楼高，完全是用混凝土和钢筋筑成，偌大的混凝土梁，完全靠中国劳工背到半空。炎炎烈日下，不时有汗流浃背、骨瘦如柴的劳工从上面滚落下来，摔得血肉模糊。为了赶进度，天刚蒙蒙亮就驱赶劳工到工地干活，日落后才收工。日本兵牵着狼狗，端着刺刀监视劳工干活。发现干得慢的或不顺眼的，不是放狗咬，就是用枪把劈头盖脸地打，甚至用刺刀挑。日本人还利用把头监管劳工干活。把头个个都像日本人豢养的恶狗，见到日本人摇头摆尾献殷勤，对待劳工横眉立目，张口就骂，举鞭子就打。为修筑这些飞机包，不计其数的中国劳工死在工地上。

1945年5月8日，苏联红军赶跑了日本关东军，出于战略上的需要，用炸药炸毁了飞机包，并炸毁了飞机场跑道。飞机包和飞机跑道上残存的混凝土体，被附近村屯盖房子的农民打碎拉去建房基了。当年，日军修筑飞机包的同时，错落有致地堆起了与飞机包数量相同，用来迷惑高空侦察的大土包，也都被附近的居民拉去抹墙了。到了2017年，五一村七队屯尚有一座飞机包残体。

20世纪末，沈阳军区在三合屯日军飞机场原址，划出部分场地建成农垦通用飞机场。

西门外日军飞机场遗址：该飞机场位于今佳木斯市政府南，东起佳木斯技师学院东侧，西至英格吐河东岸防洪大坝，东西约1 500米，南北约1 000米，占地面积150公顷。该机场，当年只修建了飞机滑行跑道，没有修建飞机包（飞机库），随后被苏联红军炸毁。随着佳木斯市城市的发展，西门外日军飞机场已经高楼林立，佳木斯市政府机关、学校学院入驻其间。

当年，日本侵略者抢郊区大量的土地建设军营和军事基地。仅修筑西门外和三合两座日军飞机场，就强占郊区平坦肥沃的农田750公顷。

日本开拓团熊本宏部遗址：熊本宏部位于郊区望江镇火车站东北1 000米处，望江村的西兴屯。1937年，日本人就在汤原县成立"满洲拓殖公社"，为其移民入殖做好了准备。1938年，日本在莲江口一带（含望江镇和平安乡）强行归屯并户，逼迫沿江村屯整体搬迁，从国内移来大批武装开拓团在境内建集团部落，实行武装入殖。在莲江口境内开拓团建熊本、宫城和福岛3个行政村，管辖21个开拓团居民点。这些开拓村名都是以日本移民在日本时的县名命名，开拓团屯有的是以日本时的命名为名，有的是用1号、2号、3号的顺序号命名。为建立熊本宏部村，日本人将西付中（当时叫王家屯，现望江村的自然屯）农户分别驱赶到现在望江镇的四合村和景阳村，霸占了村里的所有土地。他们在村里建立了日本开拓团指挥部，时称熊本宏部，团长叫中村秀市。这个开拓团共有225户，1 004口人。由于这些人都是来自日本熊本县，故起名熊本村。从1938年到1945年日本侵占西付中的7年，他们除了雇长工种地，还在村里建学校，开办酱菜厂、榨油厂、服装厂，以及其他日用商品加工厂，成立水利管理站、汽车修理部等。熊本宏部辖5个开拓点，这里成了日本武装开拓屯的政治、经济、文化中心。

1945年光复后，村民才陆续回到自己的村，收回了本属于自己的土地，平分开拓团的房屋和遗留下的物产。截止到2017年，熊本宏部的榨油厂、酱菜厂的建筑还在，成为日本侵占该村的"铁证"。

熊本村位于现在望江火车站东北的西兴屯。辖：居迟、球么、移城、路本、川沿等开拓团居民点。

宫城村遗址：宫城村位于现在凯歌村后侧。辖：1号（今东胜村）、2号（今东风）、3号（今福胜）、4号（今永胜村）、5号（今永生村）、6号（今平安村）、团部落（今凯歌村）、大架子（今双兴村）、国华东（今东方红村）、泥瓦东（今东兴村）、下三区（今群英村）等11个开拓团居民点。

福岛村遗址：福岛村位于现在莲江口火车站东侧。辖：拉明哨（今群胜村）、勤业区（今民发村）、二区（今明德村）、三区（今红安村）、支农区（今新民村、北新村、天龙村、光辉村、荣华村）。

除以上村屯外，望江镇所辖的东付中（东胜、西胜、东发、西发）、佳兴、望江村等均是日本武装开拓团的居民点。

第八章　时代英模

郊区是人杰地灵、英雄辈出的革命圣地，战争年代这里涌现出大批革命烈士，他们为全国的解放、人民的幸福和新中国的成立，付出了鲜血和生命；在和平年代里，这里又涌现出了刘英俊、邵云环、王江等英模人物，他们为了保护人民的生命安全，为了世界和平英勇献身，永远是郊区人民的骄傲，是革命老区的骄傲。

第一节　革命烈士

1.刘英俊（1945—1966），1945年4月8日生于吉林省长春市二道河子区。1953年，进入二道河子车站完全小学读书。在学校里，刘英俊学习成绩好，爱劳动，遵守纪律，曾被学校授予"勤工俭学优秀少先队员"称号，多次受到共青团长春市委、共青团二道河子区委表扬与奖励。

1962年，刘英俊响应党和政府的号召，积极报名参军。刘英俊是独生子，政策是明确规定，独生子女可以免服兵役。征兵开始那天，刘英俊一大早地赶到报名处。征兵的领导了解他的情况后，拒不给他报名，他就不离去，软磨硬泡。经过他的再三请求，领导看出他当兵心切、态度坚决，最后批准他入伍。

第八章 时代英模

在连队里，刘英俊积极提高自己的军事本领。一次师部组织军事训练班，刘英俊参加了。训练结束考核时，他取得7个科目的3项优秀和4项良好的优异成绩。他还特别关心爱护集体。一个寒风凛冽的深夜，刘英俊站完岗回宿舍途中，看到马厩的一个窗户坏了。他怕冻坏战马，找来材料连夜把窗户修好。

刘英俊不但默默地为连队和战友做好事，他还主动为附近的居民做好事。北方人们用压水井汲水。寒冷的冬日，压水溅出的水落地成冰，井根处几天就结下一尺多厚的冰，人们压水时稍有不慎就会滑倒。刘英俊经常为驻地附近的压水井刨冰；夏日里，刘英俊一有空就为居委会里的孤寡老人担水、劈柴、买粮……刘英俊做好事从来不留名。他为佳木斯永和区三十七委的居民做的好事不计其数，却没有人知道他的姓名，只知道他是解放军。直到1966年3月5日，他为了救6名儿童牺牲后，居民们才知道他叫刘英俊。

刘英俊在自己的日记中写道："为人民服务，为革命贡献一切的人，才算一个真正的人，雷锋同志能做到，我也能……"

刘英俊每次探亲回家，都在火车上为旅客服务，给乘客倒水，帮助服务员清扫车厢，火车到站帮助带小孩的旅客和老人上下火车。一次在候车室里，刘英俊见一位中年妇女抱着小孩焦急地寻觅着什么。刘英俊上前询问后转身离去。不一会儿，他就回到大嫂身边，不光给大嫂买了火车票，还给孩子买了路上吃的食品。大嫂问他叫啥，他只是说他叫解放军。刘英俊把大嫂送上车，等大嫂从火车窗口探出头向他道谢时，他已经消失在人群之中。

1966年3月15日早晨，佳木斯友谊路纺织印染厂的路段，学生上学，工人上班，各种车辆往来穿梭。这时候，有三辆马炮车由远而近。突然，响起一声高亢的汽车喇叭声，刘英俊驾驭的战马受惊吓，拉着跑车疯狂冲向人群，刘英俊奋不顾身地用肩膀顶着惊马的脖子，逼迫惊马掉转方向。惊马被逼上大道旁的小路，狂奔的速度有增无减。就在刘英俊准备缓口气的时候，忽然发现迎面走来的小孩吓得在路当中乱作一团。刘英俊右手猛撑车辕跃起双脚猛蹬战马后腿，只听"轰隆"一声，马倒车翻，距离6名儿童仅有3米远。路上的6名儿童安然无恙，刘英俊却被压在车马底下，身负重伤。人们把刘英俊就近送到佳木斯纺织印染厂医院抢救，经抢救无效，光荣牺牲。年仅21岁。

刘英俊牺牲后，中国人民解放军总政治部发出通知，号召全军向刘英俊学习。所在部队党委根据他生前的表现，追认他为中国共产党党员，追记一等功。中共佳木斯市委、市政府在他牺牲地建立烈士纪念碑和刘英俊烈士陈列馆，供人民群众纪念瞻仰。

2.许振江（1957—1983），1957年生于吉林省榆树县。1964年随家迁到佳木斯市郊区大来乡山音村。1966年入学读书。1973年辍学务农。

在学生时代，他努力学习，尊师爱校，经常主动地修理桌椅，帮助同学担水、扫地。每次学校下达积肥任务，他总是超额完成，劳动时总是帮助体弱的同学。他在校期间是品学兼优的好学生，曾被评为"三好学生"。

1973年许振江回乡参加劳动。

许振江1978年参加修建八岔岛国防公路时任民兵班长。在施工中，在没腰深的泥水中扛草垡子护坡，他总是抢在前，干在前。自己的一段干完，就去帮助同班年纪小和体弱的人，连里的流动红旗总是插在他们班的地段上。他经常给大家打洗脚水、修理工具、洗衣刷鞋。在当伙食管理员期间，把饭菜、开水及时送到工地。佳木斯人民政府授予他劳动模范称号；合江地区国防公路建设指挥部授予他先进生产者称号。

第八章 时代英模

1980年冬，公社在双龙大队搞二级提水工程，每人一段，完成任务回家，他每次完成任务后总是帮助体弱的社员，待大家都干完他才回家。在出民工时，他每天主动帮助房东扫院子、担水、劈柴，并利用休息时间帮助房东打场。

1981年8月初，他在支援电子仪器厂收割小麦时，见到一头小牛被上涨的河水冲走，他第一个带头跳进水中和同伴把小牛救上岸。

1982年秋，在哥哥家串门时，发现电子仪器厂农场起土豆人手不够，他拿起土篮就去帮助拾土豆，晚上农场场长要发给他工钱时他不要，他认为这是应该做的事。

1983年3月10日下午，许振江正躺在炕上睡觉，下午3时许，突然街上喊"失火了"，许振江被惊醒，纵身下炕跑出去，发现他家东面的大队供销店失火，四五级的西风一吹，浓烟滚滚，烈焰飞腾。许振江冲进商店营业室，和驻地1名解放军战士、几名社员往返穿梭，把营业室大部分货物抢救出来。这时，营业室落架了，营业员又想起仓库内还有几袋糖和一袋药材，许振江和战士赵彦忠、社员董宝生奋力拽开仓库的铁窗，冒着浓烟烈火冲了进去，他们刚把糖袋扔出窗外，就听房架咔咔作响，此刻唯一的出路只有一个窗户，可是同时只能出来两个人，许振江先让别人脱险自己留在最后。就在赵彦忠和董宝生登上窗台跳出的一刹那，房盖塌落下来，将许振江压在里头。当群众奋力将许振江从塌落的房架和火堆里扒出来时，他的心脏已经停止了跳动，时年26岁。许振江牺牲后，被黑龙江省政府追认革命烈士。

3.邵云环（1951—1999），1951年6月19日出生于佳木斯市佳纺北区。

1958年9月至1968年12月在佳木斯纺织厂小学（今云环小学）和佳木斯市一中读书。1968年12月至1971年9月，在大兴安岭加格达奇建工处当工人。1971年9月加入中国共产党，生前曾是新华社优秀的驻外记者。

邵云环长期研究南斯拉夫问题、巴尔干问题，早在90年代初就在南斯拉夫当记者，后经推荐到北京外国语学院东欧语系学习塞尔维亚语。1975年毕业后，分派到新华社工作。1983年5月至1985年5月，在中国新闻学院学习英语，毕业后在参编部英语一室从事英文翻译工作。1985年1月加入中国共产党。1986年7月至1990年9月，在参编部俄文东欧编辑室从事塞文参考报道选译和调研工作。1990年9月至1993年10月，在新华社驻贝格莱德分社任记者。1993年10月起，在参编部俄文东欧编辑室继续从事塞文的翻译和调研工作。1995年3月起，任俄文东欧编辑室副主任，主持东欧一片儿的工作。1996年9月起，调任《参考消息》二室副主任。1999年3月，当南斯拉夫局势极其紧张、科索沃战火一触即发的时候，邵云环同志主动请缨，再次勇敢地奔赴报道第一线。到达贝尔格莱德后，她不顾危险，克服重重困难，坚持深入现场采访，及时、准确地发回大量有价值的公开和参考报道的同时，连续写了三篇通讯，较全面系统地报道了北约轰炸贝尔格莱德的现场情况，用事实揭露了北约轰炸造成的严重后果，她文章的字里行间洋溢着新华社记者的浩然正气，充满了对北约轰炸的谴责，对南人民的钦佩和同情。

邵云环生前最牵挂的是儿子，她始终教导儿子要努力学习，长大了要为正义事业而工作。在此次战争开始前，刚刚19岁的儿子曹磊当时正在贝尔格莱德专修塞尔维亚语，为了不影响曹磊的学业，更为了曹磊的人身安全，自从北约开始轰炸贝城后，邵云环和丈夫曹荣飞就安排儿子随其他一些外国学生疏散到了罗马尼亚首都布加勒斯特，并叮嘱他一定要好好完成学业。

邵云环当时身处险境，却时刻关注着儿子的安危，关心着儿子的学业,并采取母子别离的方式保证儿子的安全,这就是她对儿子特殊的母爱。

1999年5月8日早晨5时45分,以美国为首的北约至少使用3枚导弹悍然袭击我驻南斯拉夫大使馆,造成3人死亡,1人失踪,20多人受伤,馆舍严重毁坏,新华社女记者邵云环、光明日报记者许杏虎和夫人朱颖在这次袭击中不幸遇难。邵云环的丈夫、使馆一秘曹荣飞在爆炸中眼睛严重受伤,医生担心流泪可能导致失明,所以一直隐瞒着邵云环遇难的消息。邵云环的遗体在异国他乡被简单地火化,等到曹磊见到妈妈时,却只有邵云环的骨灰。

邵云环在年近半百之际,毅然走上炮火连天的战场,为人类的正义事业不惜献出生命,为传播真理流尽最后一滴血,她身上闪耀着中国共产党人的璀璨光辉,凝聚着无产阶级新闻战士的高贵品德。

邵云环不仅是新闻战线上一名勇敢的战士,更是佳木斯黑土上一位优秀伟大的母亲。

心存大爱,无私奉献,捍卫正义,永远是佳木斯市郊区英雄儿女的崇高风格。

第二节 模范人物

1.梁凤颖(1941—2006),1941年出生于佳木斯市郊区长青乡万兴村十排屯。因家里弟弟妹妹多,梁凤颖小学毕业后就参加生产劳动,帮助父母供弟弟妹妹念书。梁凤颖参加工作时,十排归三合公社万发大队管辖,她进入大队畜牧场养鸡,一干就是12年,期间多次被评为养鸡能手。1961年,梁凤颖被评为黑龙江省劳动模范,赴省城参加劳模会,临上火车时接到通知,因家庭出身问题，政审没有通过，被取消参加会议的资格。虽然这次思想上的打击对于她是十分沉痛的，但是她仍然一心一意扑在自己热爱的养鸡工作上。为了提高自己的科学养鸡水平，买来关于养鸡方面的书籍，刻苦钻研，努力使自己成为一名既有实践经验，又有理论水平的养鸡方面的行家里手。20世纪70年代，梁凤颖凭着一身养鸡本领，来到五一大队从事养鸡工作。1981年，在党的改革开放政策的感召和支持下，梁凤颖到信用社贷款2 000元，购买2 000只鸡雏，办起了凤颖养鸡场。当年销售商品蛋2万斤，盈利5 000元。成功的喜悦，给她增添了扩大养鸡场规模的勇气，同时也得到了市、区、乡各级党委、政府的支持，使她先后购买了四轮拖拉机、载重汽车、孵化器等设备。到1985年，养鸡达到了5万只，孵化鸡雏35万只，年获利15万元。1987年，她又通过银行贷款的办法，筹集资金200万元，建设一栋3 167平方米的综合大楼，创建"中国科协农函大专业养鸡学校"，为社会培养更多的养鸡能手。为传授养鸡技术，她编写的《凤颖养鸡法》一书，成为全省养鸡户的科技指导书，深受欢迎。到1992年，企业延伸扩展，拥有食品加工厂、服装厂、高级涂料厂、木器加工厂、养鸡场、孵化场、养鸡职业学校等企业，对外挂靠凤颖实业开发总公司的牌子，凤颖成为远近闻名的私营企业家，被推荐为区政协委员，当选为郊区工商联会长。她先后被授予"全国十大新闻人物""全国优秀共产党员""全国拥军优属模范""全国三八红旗手"等100多项荣誉，并光荣地参加第四届世界妇女大会。1988年当选为中共十三大代表，1993年当选为第八届全国人大代表。1995年，梁凤颖被确诊肺部肿瘤，并赴北京进行治疗。由于身体等原因，从1998年开始她一直在家休养。2006年10月12日突发心脏病，经抢救无效在哈尔滨逝世，享年65岁。

2.王江（1955—2010），1974年12月30日应征入伍，1986年

在桦川县公安局从事公安工作，1994年调到郊区公安分局松木河派出所工作。

王江从到松木河乡的那天起，就把松木河当成了自己的家。王江管辖责任区人数不多，但片大事多，而且村与村、屯与屯之间路途较远，路况复杂。王江每天骑着跟随他近十年的自行车下村走访，遇到山梁就弃车步行，有时还要趟水过河。他的足迹遍布了所辖的7屯3场1组，走进了辖区家家户户，他的责任区里，不论80岁的老人，还是学龄儿童都知道这个警察叫王江。

1999年以来，他还4次冲锋在前与歹徒搏斗，参与破获各类重大刑事案件12起，抓获各类违法犯罪嫌疑人9人，这些数字彰显了他英勇无畏敢于直面生死，危难之时不退缩的本色。

2004年松木河乡撤乡并入四丰乡后，乡里的干部都回市里，王江成了方圆百里唯一的一位国家公务员、唯一的一位人民警察了。王江不论谁家的大事小情都当成自己的事认真办理，博得了群众的信任，村民们都亲切地称他为"行政第一长官"。大到山区防火巡逻、抗洪救灾、调解土地纠纷、化解矛盾，小到夫妻打仗、猪拱院子、丢失鸡鸭鹅，王江都管。同年，6月28日晚10时，王江入户核查回来后，感觉身体不舒服，肝部和后背疼痛难忍，就找来村里医生打针，11点20分，由群众报案称水利三处农场丢失五头牛，价值一万余元，王江立即拔下针头，半夜步行赶到水利三处农场组织群众连夜搜山。6月29日，王江等人搜索到第二座山时发现被盗的五头耕牛，虽然犯罪嫌疑人趁夜色逃走，但为农民挽回了经济损失。

王江同志打了治安好的保票，他说到做到。王江负责的近10个村屯从来没有发生盗粮、抢粮、烧粮的事件，使到松木河村承包土地的人逐渐多了起来。

2006年2月2日（大年初四）12时20分，王江接到团结村村民李玉霞电话报案，其父李振如和母亲武淑英被其前夫张守泉打死在家中。接警后，王江一面给村书记打电话让其赶到村口会合，一面拎起一支铁棒子迅速徒步赶往团结村进行堵截。1时30分，王江同志看见一男子匆匆从团结村方向迎面走来，将其叫住，王江看见该男子身上有血迹，初步判断该男子就是杀人凶手，王江上前将其踹倒，该男子和王江撕打在一起，随后赶来的村书记和王江一起用绳子将其捆绑起来，带到村委会进行审查。当郊区刑警队赶到松木河村时已经凌晨3点了。在追捕杀人凶手的时候，王江早已把个人安危置之度外，甘愿用自己的鲜血和生命捍卫人民的安全。

王江从警20多年里，先后荣立个人一等功一次，三等功一次。2006年12月被省公安厅评为"全省公安系统十大新闻人物"，2007年4月当选省十次党代会代表，2007年5月，公安部授予王江同志全国公安系统一级英雄模范称号。王江警务室是国内第一个以个人名字命名的警务室。

2010年1月7日18时41分，一生奉献、鞠躬尽瘁的王江同志，因积劳成疾久患重病，经多方抢救无效逝世，终年55岁。

3.宋蒙（1925—1987），辽宁省安东县（今丹东市）人。宋蒙1944年毕业于伪满安东第一国民高等学校畜牧兽医科。1945年光复后，在家乡安东县东尖山区小学当教员，1947年在国民党安东县政府建设科当技佐，同年7月在沈阳国民党东北骑兵司令部服役，任中尉兽医官。1948年9月在辽沈战役中随军起义参加中国人民解放军，在解放军安东教导团任副排长。1949年3月所在部队改称第四野战军，在四十四军教导团任副排长。1949年8月调到军部兽医科工作。

全国解放以后，宋蒙所在部队留驻广州。1951年，南方军马出现多发性骨炎，涉及面较广，宋蒙奉命组织所属师、团兽医院、所进行调查研究，确定了正确的治疗方案，在临床中获得显著成效，得到军区表彰。1952年，在参考材料极少的情况下，通过翻译部分日文书籍和有关材料，与四十四军兽医科其他两位同志共同编写了《兽医综合性讲义》一书，共420页，并配有图示，成为当时很受学员欢迎的教科工具书。1953年1月，宋蒙被调到中南军区后勤部兽医处工作，同年，军区派他到解放军兽医大学进修，回来后，成立兽医干部培训队，兼任队长和主科教员，负责培训部队专业技术干部。他编写的《军马饲养管理》《军马卫生防疫》等小册子，下发各军师团后深受欢迎。1954年，所在部队大批军马发生蹄疫病，他与军委总后勤部兽医局的一位同事共同研究，进行防治实验，把实验成果推广到各个部队，很快使病情得到控制，得到军区的立功嘉奖。宋蒙为军马发展兢兢业业，呕心沥血，并培养了大批兽医实用人才，利用技术和学识解决了一个又一个难题，他曾直接培养军队兽医干部350名、解放军兽医大学四分校学员110名，亲手医治军马上千匹，为部队军马这一特殊战斗装备的建设与发展做出了一定贡献。

1958年，宋蒙积极响应党的号召，随着10万官兵转业到东北建设边疆，被安排在黑龙江省佳木斯市畜牧局工作。期间，曾参与市郊区政府制定国营农场建场规划，做了大量牲畜情况调查，提出畜舍防疫设计方案，总结畜牧生产技术材料和饲养管理经验并进行推广，深受干部和群众欢迎。

1964年4月，他因地主出身而被下放到西郊畜牧场做兽医工作。当时的西郊畜牧场养有奶牛、猪、鸡等畜禽，面对原始粗放的饲养方式，他用自己的专业知识，提出一整套科学管理方案，编写的《奶牛饲养技术操作规程》，作为先进饲养技术在场奶牛队得以实施，并收到了明显效果。1965年冬，由于饲养人员工作疏忽，导致16头奶牛食物中毒，他果断采取措施紧急抢救，带领相关人员连续两天两夜不离牛舍，终于使16头病牛转危为安，治愈率达100%，使国家和集体财产避免了损失。

1966年，他以"饲料的科学利用"为题，在省农垦厅召开的现场会上作学术报告，还与省农垦厅某技师共同担负黑龙江省级科研项目"家畜的控性繁殖"这一尖端课题的负责人，并制定出研究计划，但因"文化大革命"使这一科研项目被迫中途停止，有关材料全部失散。

"文化大革命"期间，宋蒙遭到无辜迫害，挨批斗、蹲牛棚。但他仍关注着畜牧科技的进步，始终站在畜牧技术发展的前沿。1971年，国家刚开始使用奶牛人工输精配种方法，他就在畜牧场积极推广这一新技术，使西郊畜牧场成为最早采用这种先进技术和最先受益的单位之一。

党的十一届三中全会以后，通过拨乱反正、落实政策，宋蒙的历史问题得以平反，重新回到了市畜牧局工作。回到市畜牧局工作后，他积极提出了发展畜牧业的多项具体规划，并得到市政府的批准和支持。期间他多次到国家农牧渔业部送报告、请批示；多次到北京引进优质种鸡、种卵；多次奔走在东北和大西北之间，先后到内蒙古、新疆生产建设兵团等地引进了良种肉牛、优质奶牛，为佳木斯市的畜牧业发展做出了巨大贡献。

1985年，宋蒙作为无党派民主人士当选为郊区第二届人民代表大会常务委员会副主任，主抓全区的畜牧业生产。1987年4月3日，在当天召开的二届三次人代会上，宋蒙当选为会议常务主席、财政预算审查委员会副主任委员，他站在大会主席台上，热情洋溢的讲话博得阵阵掌声，谁也不曾想到这竟是他生命的最后时刻。他讲话的话音刚落，因脑干重度出血，经抢救无效，于次日下午停止了呼吸，享年63岁。

4.李嗣濂（1928—2004），辽宁省复县人。1952年10月考入沈阳农学院专修农学。1953年8月参加工作，被分配到黑龙江省呼兰县特产试验站。1953年11月调转到佳木斯市园艺示范繁殖场任技术员。1957年3月调到佳木斯市蔬菜技术推广站任技术员。1960年3月，调到佳木斯市农业科学研究所任技术员。1962年3月，调到佳木斯农科所蔬菜试验站任技术员。1966年7月至1970年3月，十年动乱期间，停止工作，下放劳动。1970年4月恢复工作，继续回到佳木斯蔬菜试验站任技术员。1980年9月任佳木斯市蔬菜科学研究所副所长，1984年7月，任佳木斯市蔬菜科学研究所所长、郊区政协副主席。

李嗣濂早在20世纪50年代就潜心研究高寒地区蔬菜优良品种。1955年，他与关耀华等人一起进行菜籽分离选育试验，培训出"佳一号"早熟茄子和"佳木斯青刺水黄瓜"优良品种，在长青乡、松江乡大面积推广。"文化大革命"期间，李嗣濂遭到迫害，下放到农村劳动，白天到市内淘厕所，夜间还要挨批斗。他在苦渡难关的3年多岁月中，以顽强的毅力撰写了一部近40万字的《蔬菜栽培技术手册》，后来成为蔬菜研究的教科书。1970年，市委为他平反，雪平不白之冤并恢复了工作，调到蔬菜科学研究所当技术员，并指派他专攻大白菜项目。他如鱼得水，从几十个"亲本""杂交"的100多个组合收获的种子，要一个角一个角地脱粒，一个粒一个粒地编号，在播种白菜的季节里，他把100多个组合杂交的种子一粒一粒地分别种在相同的地块，再用当地品种进行比对、鉴定，优选出适应佳木斯地区生长的白菜品系。经过3年的努力，在他精心培育下，"佳白一号""佳白二号""佳白三号"优良品种相继问世，得到郊区广大菜农的赞誉。他先后研制蔬菜新品种20多个，填补了省内空白，为佳木斯市政府菜篮子工程作出了巨大贡献。1980年以后，他相继当选为佳木斯市科协副主席、郊区政协副主席、黑龙江省农作物品种审定委员会委员、省园艺学会副理事长。1991年他被郊区委、区政府选拔为拔尖人才，被佳木斯市委、市政府评为全市优秀知识分子。1993年退休后，他经常深入到各乡村，为农民讲课，深入到田间地头进行辅导。1996年，他将台湾瓜菜引进佳木斯栽培成功，使松江、长青、沿江、四丰、平安、江口等乡镇的部分菜农增加了收入，得到实惠。李嗣濂在郊区干群中得到广泛的尊敬和爱戴。

2004年，李嗣濂因病医治无效逝世，享年76岁。

5.胡俊凯（1929—2005），汉族。1946年参加革命。1946年5月进入中国人民解放军三五九旅巴彦军政干校学习，1947年4月28日军政干校毕业后分配到旅部保卫科任政治侦察员，参加了桦南土龙山一带的剿匪战役，在活捉匪首谢文东后执行看押任务。1947年9月30日转哈北公安处巴彦县公安派出所任所长。1949年4月加入中国共产主义青年团，1949年8月加入中国共产党。1948年9月至1952年5月任巴彦县公安局秘书、副股长、科长。1952年5月至1962年9月任原松江省公安厅科员、副主任。1962年9月至1967年2月任黑龙江省公安厅香兰劳改支队政治委员、党委书记。1967年2月"文革"期间遭迫害被停职，劳动改造。1970年10月调任合江地区苏木河国营农场革委会主任。1972年5月至1980年9月任中共佳木斯市郊区党委副书记、革命委员会副主任。1980年10月当选为佳木斯市郊区第一届人民代表大会常务委员会主任。1988年1月任中共佳木斯市郊区党委巡视员，1990年11月离职休养，享受副市级待遇。

胡俊凯在苏木河农场主持工作期间，身体力行、率先垂范、吃苦耐劳、廉洁奉公，同群众打成一片，带领干部群众垦荒兴农，植树造林，发展养殖、酿酒等多种经营，不断壮大农场经济，把一个原本落后的贫困山村改造成具有较强经济实力的国营农场。1972年5月，胡俊凯担任郊区党委副书记后，主抓政法、常务工作，均取得良好成绩，特别是在大力加强了公安司法队伍建设，全面进行社会治安综合治理，严厉打击刑事、经济犯罪方面，为郊区的经济、社会发展创造稳定环境方面，做出了重大贡献。1980年10月，胡俊凯当选为郊区第一届人民代表大会常务委员会主任。为适应新时期人大工作的需要，他在加强对宪法及国家各项法律、法规学习的同时，广泛开展调查研究，积极探索人大常委会工作的新路子，带领人大一班人正确行使法律赋予的权力，全面开展人大常委会工作。充分调动和发挥人民代表的作用，大力开展三查活动，有效地实施法律监督，切实保障了国家各项法律法规在全区的贯彻实施，为加强郊区的民主与法制建设做出了重大贡献。

2005年1月30日，胡俊凯因病医治无效逝世，享年76岁。

6. 王宪珍（1944—1992），河北省冀县人。1963年参加工作，1965年入党。1963年3月，王宪珍初中毕业后参军入伍，成为陆军二一七团一名通讯战士，并光荣加入中国共产党。

1969年12月，王宪珍从部队转业到地方工作，在佳木斯市松江公安派出所任民警，他工作勤勤恳恳，任劳任怨，秉公执法，克服各种困难，冲破各种阻力，认真履行维护治安，打击犯罪的神圣使命，深受当地群众和各单位领导好评，1974年被佳木斯市公安局授予先进工作者称号。

1975年8月，王宪珍被郊区委选调到组织部，担任组织部组织干事，监察干事。由于工作认真负责，一丝不苟，勤勉敬业，成绩突出，于1977年被授予全市劳动模范，1979年被区委任命为纪检委副书记。1986年，被佳木斯市委任命为中共郊区委常委、纪检委书记。

王宪珍在新的岗位上，团结带领纪委一班人，扎实进取，开拓创新，大胆工作，不断开创纪检工作新局面。他十分注重加强纪检干部的政治和业务综合能力的培养。他先后撰写十余篇党风廉政建设方面调研文章、业务讲义，引导、组织纪检干部进行政策理论和业务学习，他坚持以老带新，言传身教，培养带动年轻干部加强学习，增长才干，以适应工作需要。他要求纪委干部经常下基层搞调查研究，掌握民情，建立纪委联系点，实行纪检干部信访接待制度，增加工作主动性和前瞻性。他对自己接到的信访件，每件必看，件件做批示，对集体上访，他都亲自接待，及时解决问题。在担任纪检委书记期间，他批阅上访信件300多件，接待群众千人次，为群众解决久拖不决信访问题50多个。

王宪珍坚持原则，对党内出现的各种腐败案件查处决不手软。1990年，有3名乡镇干部利用去北京学习之机，游山玩水，影响恶劣。纪委查明情况后，立即做出处理决定，对3人给予党内警告处分，通报全区。西格木乡某村党支部书记以权谋私，大吃大喝，贪污公款，他带领纪委干部，吃住在农家，连夜取证，迅速查清违纪事实，并给予留党察看处分。他始终保持尽职尽责，秉公执纪，严于律己，清正廉洁的工作本色，几年中，他拒礼拒贿20余次，折合人民币2万多元，深得郊区广大党员干部的信赖和赞誉。1990年，王宪珍被评为全省模范党务工作者及全国优秀纪检干部，区委做出《关于向王宪珍同志学习的决定》。

1991年，他积劳成疾，被确诊患癌症。住院期间，他要求单位严格保密，严禁下级单位探望，他凭着对党忠诚、对工作负责的高尚情怀，忘我工作，即使在癌症手术后，仍然拖着虚弱身体参加区委党代会。1992年8月，王宪珍终因癌症医治无效逝世，终年54岁。

7.林福华（1930—2004），河北省东光县人。1952年，就读于北京大学东方语言泰语系。1955年，到佳木斯市先后在市手工业联社、木材家具厂、木材公司、化轻公司、物资局等部门工作。1981年退休。林福华1984年加入中国民主建国会。1994年，民建佳木斯市委组建郊区支部委员会，林福华任主委。他曾历任郊区政协第四届、第五届、第六届委员会常委。林福华任民建郊区支部委员会主委和郊区政协常委以后，更加积极拥护和认真贯彻中国共产党提出的"长期共存，互相监督，肝胆相照，荣辱与共"的方针，尽职尽责，不辱使命，紧密围绕区委的工作中心，充分发挥民主党派的职能作用，积极参政议政，建言献策。多年来，他共提交议案、提案130多份，大多数被区委、区政府采纳，对推进郊区发展和进步起到了积极作用。曾多次被评为郊区政协"五个一"活动先进个人。

1987年，林福华积极响应上级号召，开始走上了科技支边的艰辛之路。为了振兴农村教育，他不顾儿女的百般劝阻，放弃了城市舒适的生活，毅然决然地搬到西格木乡西格木村，利用所在村小学校这块阵地，义务为农民的孩子举办数学奥林匹克培训班。经过培训，这些孩子在全国和省市数学竞赛中，有3名获得二等奖，8名获得三等奖。他用自己微薄的退休金资助西格木乡民胜小学3名贫困学生，完成小学学业。为此，林福华多次受到市、区关心下一代委员会的表彰。

林福华在多年的科技支边工作中，充分发挥自身才智和余热，积极参与科技下乡、科技支农活动，共举办各种培训班186期，培训人员达2万余人次，送科技资料15万份。他引导农民搞山野菜温室种植，在郊区形成规模经营，推广到30多个村屯，并辐射到桦川、桦南、伊春等地，帮助许多农民走上了致富路。在科技扶贫活动中，他不仅付出了大量心血，而且还倾注了他所有的积蓄，也包括儿女们孝敬给他的钱。他的感人事迹多次在黑龙江和佳木斯电台、电视台及报刊播出和发表。

　　林福华的业绩曾多次得到上级的肯定。1994年他被评为"佳木斯市首届文明市民"，连续多年被民建黑龙江省委员会授予"优秀会员"光荣称号。1993年中共中央统一战线工作部、国家民族事务委员会授予他"全国科技支边先进个人"光荣称号。他所领导的民建郊区委也多次受到省、市表彰。

　　2004年8月10日，林福华因病逝世，终年74岁。

　　8.孙希斌（1947—2013），1947年12月出生于佳木斯市郊区沿江乡黑通村。孙希斌自幼聪明伶俐，敢想敢说，有一股子闯劲。小学就读于黑通小学，中学就读于佳木斯桦川县一中。后来，通过在职函授获得哈尔滨师范大学中文系大专文凭。1970年从事教育工作，曾任佳木斯市郊区红旗中学班主任，红旗中学建校初期任后勤主任，后来任教导主任。1977年，任福胜小学校长。1981年调回红旗中学任校长。孙希斌任红旗中学校长后，红旗中学的教育教学发生了翻天覆地的变化。他发明"3+1"教学模式，为当代农村中学教育开辟了新途径，使佳木斯市郊区红旗中学，成为黑龙江省农村教育的一面旗帜。红旗中学的教育得到了国家教委的认可，为联合国教科文组织亚太地区农村中学教育改革提供了现场。学生上重点高中率始终名列郊区前茅，校园美化绿化堪称佳木斯之最，被黑龙江教委命名为绿色学校。1988年被破格提升为佳木斯市郊区教育局局长。孙希斌任教育局局长后，率领郊区的教育工作者向全面提高教育教学质量，全面提高郊区办学条件发起了冲锋，取得了一个又一个喜人的成绩。

　　1992年，孙希斌又回到红旗中学当校长，后来任专职书记一直到退休。孙希斌，1989年荣获"全国教育系统劳动模范"，并被授予"人民教师奖章"，黑龙江省"优秀中学校长"，2003年被授予佳木斯市郊区名校校长称号。1992年9月晋升为中学高级教师，1994年被批准为特级教师，享受国务院特殊津贴。

　　孙希斌，为郊区的教育事业耗尽了毕生的精力。2013年因病逝世，享年66岁。

第九章　郊区革命老区大事记

1931年

9月24日，依兰镇守使兼第二十四旅旅长李杜向所辖各县通电，呼吁军民团结，共同抗日。境内人民积极响应。

1932年

5月17日，日本侵略者侵占了佳木斯城。郊区境内的民众抗日怒潮奔涌，各种民众抗日队伍揭竿而起，抗日义勇军、红枪会、黄枪会、大刀会等抗日爱国武装，向侵占佳木斯城的日军发起了进攻，在境内摆起了抗日的战场。

6月中旬，中共党员唐瑶圃和桦川女子师范学校教师董海云（董仙桥）、徐子良、西门外（今郊区长青乡佳西村）小学校长李恩举（李晋三）、教师宋绍景（宋直正）等人，各带领一部分学生去李杜部队，寻找抗日途径。由于日伪控制严密、交通受阻等原因，都半途返回佳木斯。

11月17日（农历十月二十），红、黄枪会大队人马西进攻打佳木斯途中，在佳木斯东南的西金宝屯、宝山屯、洪家围子，附近的马忠显大桥与从佳木斯出击日伪军1 000多人相遇，激战十多小时，大帅吴国文、二帅张义、先锋纪希恩、全支头领海全在浴血奋战中英勇牺牲，红黄枪会会众有1千多人战死，日伪军战死百余人。红、黄枪会伤亡惨重，血染马忠显大桥。

第九章　郊区革命老区大事记

1933年

6月，中共河北省委为联络松花江下游各地零散的抗日武装，发展党组织，特派员苏梅和李向之到日伪控制的佳木斯发展组织，并住在大学同学董仙桥家（佳木斯市郊区长青乡佳西村）中，向他们提出加入中国共产党的要求，同时提出入党要求的还有李恩举、李淑范等人。

10月，中共河北省委特派员苏梅和李向之等5人再次来到佳木斯，宣布上级党组织的决定，批准董仙桥、李恩举、李淑范3人为中共正式党员。在佳木斯西门外小学校长李恩举家（今佳木斯市郊区长青乡佳西村）中举行入党宣誓，并成立了佳木斯西门外党小组，董仙桥为小组长，受苏梅直接领导。

1934年

春，汤原游击队队员刘叨叨（人称）和徐镐头（人称），到桦川县西火龙沟一带（今佳木斯市郊区大来镇境内）进行抗日救国宣传活动，建立革命根据地。

3月初，中共河北省委特派员苏梅在富锦一带收编抗日武装被冻伤，来佳木斯西门外董仙桥家养伤，在此期间，遵照上级组织的指示，积极发展党员扩大党的组织。先后发展了李淑云、杨德金、白云龙、张志喜、张维范等7人加入中国共产党。西门外党小组党员增加到10人。西门外党小组改建为中共佳木斯西门外党支部。董仙桥任书记，兼宣传工作，李恩举负责组织工作。

3月30日，佳木斯西门外党支部决定，杨德金（化名杨水新）、白云龙（化名李雨时）到土龙山谢文东领导的民众救国军作战的"明山"队开展工作，祁致中（祁宝堂）在他们的启发下，决定跟着共产党抗击日本侵略军。

同月，中共汤原中心县委派共产党员刘善一（原名王恩久，人称刘斗倌）来佳木斯市郊区大来岗开展工作。刘善一以在"世源泰""打斗"为掩护，通过秘密宣传和开展抗日斗争活动，培养和锻炼了一批党的积极分子，先后发展了王尊相、丁世贤、林景昌为中共党员，并成立了大来岗党支部。

3月，中共汤原中心县委派游击队交通员韩六子到佳木斯市郊区大来岗一带开辟党的工作，并成立了大来岗地下党支部，韩六子任党支部书记。

4月，中共汤原中心县委派姜忠诚（化名小孔）、王志敏（化名小秦）到达木库（今郊区大来镇北城子村）发动群众组织建立群众性组织——抗日救国会，会长李炮，后为刘学三。

秋，达木库（今大来镇北城子东北）地下党支部成立，书记刘善一。与此同时，袁树华和关恨波分别深入大来岗一带的南北城子、木舒吐（今庆丰村）、黑鱼（今建丰村）等村发动青年成立青年抗日游击队。

1935年

2月12日，汤原县抗日游击队队长夏云杰率领300余名抗日游击队队员来到桦川县西郊火龙沟（今大来镇胜利村）。侦察得知大地主姜海泉正在组织秧歌队，准备欢迎日军，游击队队员徐光海、裴敬天扮成日军，打满洲国旗进村。受到地主姜海泉的迎接，游击队员乘机迅速解除了伪自卫团的武装。

4月，中共汤原中心县委为加强对斗争的领导力量，决定将达木库党支部和大来岗党支部合并，组建中共岗区区委，书记刘善一。区委下辖黑通（今沿江乡黑通村）、山音、南大砬子（今大来镇卧龙村）等3个党支部。

5月，由于组织的发展和斗争的需要，中共汤原中心县委决定，以中共岗区区委领导的黑通党支部为基础，组建中共通区区委，书记孙显清，后为山东杨。下辖3个党支部：黑通党支部、沙岗党支部、格金党支部。

8月24日，抗联游击队总长兼政委夏云杰率部，将鹤岗铁路莲江口以北一段道钉拔掉200根，使引车发生颠覆事故，抓获守车人员及3名日本人，列车被烧。

12月，中共岗区区委和通区区委在所辖各村屯建立抗日救国会。经过各村屯党组织的努力，在岗区境内成立抗日救国会18个，通区境内成立抗日救国会6个。至此，佳木斯的西部地区（今郊区境内）几乎遍及了当时的村屯，抗日救国活动异常活跃，成为有名的"红地盘"。

是年，岗区区委的抗日救国会又相继成立了妇救会、青年抗日先锋队、儿童团、游击连、肃反队等抗日群众组织。

1936年

1月，中共汤原中心县委将中共岗区区委改称桦区委员会，刘善一任区委书记。桦区区委辖敖其、王家沟、刘家房等5个党支部。

2月，中共汤原中心县委从桦区区委抽调刘洪泰、赵玉洲、林景昌等人到依兰东部地区的大碰子、暖泉子、山嘴子、杨树林等地开辟党的工作。

5月，中共党员沈殿斌，以行医作掩护，在哗啦沟一带（今西格木乡境内）发动群众，秘密进行抗日活动。

9月18日，珠河联席会议召开，决定将原汤原中心县委改为中共下江特委，白江绪任特委书记，特委机关设在大来岗达木库。

9月20日，中共下江特委书记白江绪派袁树华带领通区15名武装自卫队队员，在伪警察刘金祥、唐效师的接应下，袭击了黑通警察分驻所，击毙了伪警官孟警长和张义生，缴获长枪21支，刘金祥、唐效师二人当即参加了抗日游击队。

10月，中共下江特委决定将西门外党支部改称中共佳木斯特别支部，隶属下江特委领导。姜忠诚任特支书记，宋绍昌负责组织工作，董仙桥任宣传工作。

11月，东北抗联六军派高禹民到大来岭岗，在南罗家围子（今群胜乡陡沟子村）开展地下工作，组织建立岭南党小组，隶属于桦区区委。后在党小组的基础上建立了岭南特别支部。

同月，中共桦川县委成立，尹洪元任县委书记。县委机关设在大来岗达木库，后迁至大来岗卧龙村。下辖桦区、通区两个区委和岭南特支。

12月，中共桦川县委组织通区、岗区的抗日救国会的会员在同一时间，分别将佳木斯通往依兰县沿路电线杆子全部锯断砍倒、电话线路节节掐断，使敌人电信线路中断半月之久。

1937年

1月，中共下江特委将中共佳木斯特别支部和桦川中学党支部合并，组成中共佳木斯市委员会，董仙桥为市委书记，张耕野负责组织工作，周绍文、陈雷先后负责宣传工作。至此，市委共有地下党员30余人。

2月，抗联某部攻进西格木境内锅掌石警防所，将警察全部缴械。

2月25日，中共桦川县委组织抗日救国会、游击连和肃反队共200人，在内线策应下，夜袭大来岗伪警署。缴获武器弹药、被服等连夜送往驻守在岭南的抗联六军某部。

3月，中共佳木斯市委决定，在敖其小学建立党支部，派李恩举为支部书记。

4至5月，中共下江特委在驻地达木库举办6期党员训练班，任课教师为特委书记白江绪。

5月中旬，抗联六军二师师长张传福率领3个团在大来岗、水曲柳沟、火龙沟、宏克利一带宣传抗日，开辟游击区。

6月，抗联六军在草帽顶村建立地下交通站，中共党员王德山担任站长，交通站的主要任务是为抗联送信、筹集粮草。7月下旬，交通站站长王德山与弟弟王德林在草帽顶子西山秘密为抗联六军7名伤员疗伤、送饭。伤员痊愈后返回部队。

8月20日，中共北满临时省委书记张兰生随抗联六军从火龙沟向依兰转移过程中，召开军政联席会议。决定在9月18日国耻日组织下江地区各县农民举行反日暴动。会上决定调下江特委书记白江绪到抗联六军政治部工作。白江绪在调往六军时逃跑，1939年4月被北满省委开除党籍。

8月30日，下江特委游击连连长崔明久叛变，给敌特通风报信并放走两个特务。中共下江特委责令肃反队将崔明久及两个特务抓回来，并召开群众大会进行公审，会后将崔明久及两名特务处决。

8月，中共岗区青年救国会会长顾书田、会员范兆文二人，被日本宪兵队杀害，牺牲在佳木斯监狱。

9月18日，中共下江特委按照北满临时省委的部署，在"九一八"国耻日举行大暴动。组织各村救国会联合行动，烧毁敖其、杨昆、卧龙屯及太平屯4座桥梁，切断部分电话线，使敌人交通通讯受阻。与此同时，江北望江景阳宝宝山在中共汤原县委领导下，组织了震惊日伪当局的大暴动。并烧毁了通往汤原县城沿路线桥梁，锯断沿途电线杆。

9月，敖其小学党支部书记李恩举秘密组织党员为抗联三军、六军购买服装、鞋帽600余件，油印机4台及大量的消炎药品。

10月20日，中共通区区委组织委员刘国有、宣传委员王迪臣被伪警察佳木斯大队特务逮捕，后遭受严刑拷打而牺牲。

12月，敖其党支部书记曹殿礼带领抗日民众智取了敖其警察所，活捉了伪警署长赵大下巴，缴获长短枪30余支和所有弹药，连夜用爬犁将战利品送往抗联三军。

同月，中共佳木斯市委书记董仙桥与桦川县委书记赵明久共同商议，在戈穆苏玲（今西格木乡平安村）建立戈穆苏岭抗日救国会，会长卢成山。

1938年

1月26日，中共下江特委书记黄诚植在达木库高禹民家开会，遭敌人突然袭击而负伤。黄诚植突围后被秘密送到西门外董仙桥家养伤。

2月5日，因特务告密，达木库抗日救国分会会长王忠仁被大来伪警察署逮捕。王忠仁坚贞不屈，最后被敌人塞进松花江冰窟窿里，惨遭杀害。

3月13日，下江特委联络员高贵林叛变，出卖了敖其小学党支部书记李恩举。汤原宪兵队将李恩举逮捕入狱，遭到严刑拷打牺牲在狱中。

3月14日，在中共党员张宗兰和青年学生董杰的掩护下，中共党员李淑云化装成乞丐来张宗兰家取走事先藏在大萝卜里的机密文件，安全转移到西门外。

3月15日凌晨，日伪军警察特务在以佳木斯为中心的周边县城乡进行大搜捕。（即"三一五"事件）共逮捕共产党员、抗日救国会会员365人。中共佳木斯市委书记董仙桥等一批领导人被捕。党组织遭到破坏，党的活动基本停止。

3月中旬，中共佳木斯市委负责人姜士元（陈雷），在敌人搜捕的混乱中离开佳木斯。回到家乡（今群胜乡桦树村），在地下党组织的帮助下，转入抗联六军，继续坚持抗日斗争。

5月，抗联六军二十三团政治部主任李廷章，在佳木斯西郊猴石山东北马家沟遭敌人包围。为了掩护战友撤退，与敌人召开了激烈的战斗，英勇牺牲。

同月，戈穆苏岭抗日救国会会长卢成山和共产党员刘德生在为抗联筹措粮食时被日本宪兵队逮捕，卢成山遭遇毒打后，被扔进狼狗圈里，活活咬死；刘德生被活埋在佳木斯市西南岗平吊屯（今四丰乡新丰村）附近，惨遭杀害。

11月下旬，中共北满临时省委在陡沟子（今群胜乡陡沟子村）附近召开会议。李兆麟、赵尚志、戴鸿宾等抗日将领参加了会议。会议决定，由赵尚志率人经萝北渡江去苏联，求援武器装备。

11月，中共下江特委书记高禹民率领部队几经转战，与西征部队会合，参与西征。至此，下江特委组织解体，停止活动。

是年，日本侵略者在郊区境内抓民工修筑土围子，强迫老百姓搬进土围子，并实行"保甲连坐制"断绝老百姓与抗联的联系。

1939年

5月，根据中共北满省委决定，冯仲云代表省委赴下江地区领导抗日工作。

9月15日，哗啦沟（今西格木乡丰盛村）伪屯长陈永祯告密，中共西格木地工委书记沈殿斌在戈穆苏岭被日本宪兵队逮捕。同日被捕的还有中共党员王德山、王德林。

1940年

4月5日，按日伪当局指令，桦川县公署将金融合作社与农事合作社合并称"兴农合作社"。日伪当局利用此机构对农村大肆进行经济搜刮。

4月11日，西格木地下党书记沈殿斌及共产党员王德山、王德林在竹板屯被日本宪兵队杀害。

8月9日，日本人森田义仁开始沿佳牡铁路对长发至阎家之间寻找煤矿。

8月5日，抗联第二军教导队领导姜信一，带领30余名战士，在长发横头山铁路沿线进行爆破炸毁桥梁、路轨，使日伪火车脱轨，缴获大量粮食和物资。

1941年

6月1日，伪满《国兵法》实施后，本地第一批青年被迫应征入伍，郊区境内有20余人被征。

是年，伪满当局强制增加"出荷粮"，掠走大豆和小麦分别占产量的四分之一和三分之一。

1942年

1月，伪三江省公署在长发屯附近建立农场，名曰"劝农模范场"，实际是掠夺中国的农业资源。

2月9日，伪满当局发布《劳动者紧急就劳规则》，区境内开始派"劳工"，抓"俘浪"（失业者），为日本军队修筑军营，强制去煤矿采煤。

10月，日伪当局推行奴化教育，在区境内各小学开设"靖国精神"课，取消原有的地理课和历史课。

11月18日，日伪当局公布《国民勤劳奉仕法》，规定凡20—23岁未被征兵的男子一律参加勤劳奉仕队，实行无偿劳动。

1943年

4月，伪桦川县警务科在小石头河子（今长发镇石头河村），实行封山制度，不让山内抗日队伍与山外联系，妄图困死抗日武装。

7月7日，本区境内遭受灾害，农作物被夜盗虫几乎吞噬殆尽。

11月，日伪当局公布《国民身份证法》规定，对15岁以上的人发身份证，不带身份证者以"匪"论处。

是年，郊区境内首批"勤劳奉仕"队，26人奔赴鹤岗修筑水源地。

1944年

5月，本地第二批"勤劳奉仕"队120人集中入营，开赴桦川县拉拉街屯西挖输水渠道。

6月1日，伪满当局公布一系列战时特别法，更加严酷地推行法西斯统治。

1945年

8月8日，苏联政府对日宣战。翌日拂晓，苏军飞机袭击佳木斯东南岗日本侵略军军营，投下两枚炸弹。

8月12日，苏军飞机在佳木斯上空投放《斯大林对日宣战书》传单，要求日本侵略者无条件投降。

8月15日，日本天皇裕仁宣布《停战诏书》，无条件投降。佳木斯市光复。区境内人民无不欢欣鼓舞，相互告之。

8月30日，伪三江省省长陆之淦、伪第七军管区司令吕衡、伪军少将旅长王嘉善等在逃往依兰途经大来岗时被俘虏，被集中看管在佳木斯东蒙古力军营内。

9月3日，中国人民抗日战争胜利结束。同日，由彭施鲁、刘雁来率领的东北联军10余人从苏联伯力回佳木斯，彭施鲁以佳木斯苏军卫戍司令部副司令员的职务公开开展党的工作。

11月25日，中共合江省委决定接管各级政权，建立新民主政府。佳木斯市行政区划为5个区，郊区各村按区片划归各区分管。西门外、三合、前竹板、后竹板、范家、万发、复兴划归三区，高家屯、小西南屯、工农屯、集农屯归四区，柳树岛上柳屯、下柳归二区。

1946年

1月4日，中共合江省工委组织工作团下乡发动群众反奸清算。张铁军、顾峰带领工作团进驻大来岗发动群众进行反奸清算斗争。

2月6日清晨，佳木斯苏军卫戍司令部派苏军20人乘汽车去大来岗，行至大来东穆舒吐（今大来镇庆丰村），遭到李宗祥匪队伏击，苏军19名战士壮烈牺牲。

2月16日，驻佳苏卫戍区司令部派50余人，向盘踞在草帽顶一带（今西格木乡草帽村）的王福匪队发起进攻，匪队死伤80余人，溃不成军，残部逃进山里。匪首王福被活捉后处决。

4月1日，中共佳木斯市委、市政府向5个行政区派驻民运工作队。延安干部韩锡文任三区（郊区前身）民运工作队队长。

佳木斯市副市长黄先河率民运队赴市郊区各村屯发动群众，组织农民成立农会、农民自卫队和妇女会等群众组织，进行减租减息，反奸清算斗争。

4月15日，佳木斯市民运工作委员会把曾被敌伪占领的土地分给农民。近郊村屯共分敌产土地1 740余垧，有农民5 100余人获得了土地。

4月22日，中共中央东北局发出《关于发展党员的指示》。佳木斯市开始建党工作。在农村，在反奸清算中涌现出来的积极分子，各级组织都进行了摸底调查，列入党员培养对象。只要斗争积极，愿意为人民服务，即应介绍入党。

5月4日，中共中央发布《关于清算减租及土地问题的指示》，实行耕者有其田。佳木斯市三区逐步开展分配土地运动。

6月5日，中共佳木斯市委和市民运工作委员会派彭梦庚带领土改工作队到郊区竹板屯进行土地改革运动试点。

6月16日，竹板屯、西门外屯400多名农民在土改工作队组织下，斗争佳木斯市蔬菜合作社总把头、汉奸恶霸秦文勋，并将秦家浮产、车马全部分给贫雇农。

6月18日，中共佳木斯市三区委员会成立，韩锡文任区委书记。区委机关设在永泰街（今三中附近）。

8月8日，佳木斯市政府行政委员蔡藜带领20人的工作团深入到大来岗区，开展土地改革工作。

9月15日，佳木斯市政府发布命令:废除甲、牌制度，城区实行闾、组制度，农村实行乡、村、屯建置。

9月底，全郊区平分土地2 196垧，分到土地人数为5 305人，平均每人分得土地约4亩。

10月中旬，中共东北局副书记陈云去南满经过佳木斯时，中共合江省委书记张闻天汇报了土改运动中"夹生饭"问题。事后，东北局发出关于解决土地改革运动中"半生不熟"的"夹生饭"问题的指示。

12月5日，中共大来岗区委举办村干部培训班。并广泛动员青年参军，成立独立团，扩大区中队。到12月20日，有103名青年参军。

1947年

1月，中共三区委书记韩锡文调出，中共佳木斯市委任命孙琪（女）为中共三区区委书记。

3月下旬，中共佳木斯市三区区委、区政府在西门外、三合、万发、竹板等屯组织开展生产互助活动。在自愿的原则下成立农业生产临时互助组。

6月2日，中共佳木斯市三区区委组织近郊各村500名农民，打着红旗，敲锣打鼓去佳木斯市政府门前，为子弟兵送去大米、白面、猪肉、粉条等慰问品。

6月11日，三区各乡、村在工作团的领导下，秘密发展43名中共党员，建立9个农村党支部。

7月7日，佳木斯市5万人隆重集会，纪念"七七"事变十周年。会上三区竹板屯自卫队全体队员接受检阅，并获得市政府奖励的一面锦旗及3支步枪。奖给队长王占海绣有"勇敢大胆"的奖旗一面。

9月19日，中共合江省委发出《关于目前建党工作的指示》。要求各级党组织积极培养积极分子，大胆发展新党员。三区区委在土地改革中秘密发展20名中共党员，各乡、村基本都有农民党员。

10月10日，三区由区委书记孙琪、区长宋杰锋带队分赴柳树岛、万发、集农、三合、江山等村屯举办土改训练班，宣传《土地法大纲》，并开始在农村开展划阶级、定成分工作。

11月1日，三区区委根据市政府颁布的《佳木斯市街（乡）政权选举法暂行办法》和《佳木斯市街（乡）政权组织暂行条例》，在工作团指导下，建立各乡、村新的政权。

11月13日，三区各界妇女响应区委号召，自备材料，赶制军鞋5 000余双，支援前线。

11月30日，中共佳市三区区委书记孙琪调出。中共佳木斯市委任命邢旭东为三区区委书记。

12月1日，中共中央东北局发出《告农民书》。号召农民一起动手，自己当权办事，消灭封建势力，搞好土地改革运动。三区区委召开大力宣传。

12月2日，党组织由秘密转向公开。中共二区委员会挂牌正式公开。桦川县委领导的大来岗区、永安区、黑通区、蒙古力区也将区委牌子公开挂出。秘密发展的共产党员也开始公开活动。

12月10日，三区各村有40名青年响应号召，光荣参加中国人民解放军。

12月18日，三合屯农会组织深挖、没收23家地主浮产。共有金银首饰、布匹、衣物、牛马车等价值5 000万元（东北流通券）。

12月30日，三区各村屯办起农民识字班和夜校30余个，参加人数达2 800人。教材为《农民政治课本》。

1948年

1月20日，佳木斯市政府举办建政学习班。三区区乡两级干部89人参加学习，学习班到3月15日结束。

1月30日，三区各村支援全国解放战争，自1947年4月以来，做军鞋3.1万双、军装720套，晒干菜1.5万斤，炒糊米10万斤，出担架50副、马车30辆，捐现金600多万元（东北流通券）。

3月5日，三区开始为农民发放东北行政委员会统一印发的《土地执照》。

3月20日，三区机关驻地迁至万发屯。

5月6日，中共佳木斯市三区委员会按照市委部署，利用15天时间进行整党。全区200余名党员干部、党员参加。

6月30日，在中共合江省委召开的春耕总结大会上，三区被评为先进区，并被授予一面绣有"再接再厉、争取丰收"的锦旗。

7月1日，中共佳木斯市三区委员会在三合、佳西、竹板、万发等4个村屯建立村党支部。

8月5日，三区实行区划调整，将所辖村划为3个乡，一乡辖三合、佳西、竹板等村，乡政府设在佳西村。二乡辖万发、万兴、张乃千屯、陶家、平吊子等村，乡政府设在万发村。三乡辖复兴、江山、丁农、集农、柳树岛等村，乡政府设在集农村。

8月24日，中共佳木斯市三区区委、区政府召开劳动模范表彰大会，表彰一等劳模6人，二等劳模14人，三等劳模17人。

9月5日，驻江山村工作队员马加创作的长篇小说《江山村十口》出版发行。

11月14日,中共佳木斯市委决定许子谊任中共佳木斯市三区区委书记。原三区区委书记邢旭东离任。

12月31日,佳木斯市三区各村屯为前线子弟兵赶做棉军衣1 580套、军鞋2 700双,捐献猪肉2 000余斤、粉条2 800斤、干菜13万斤。

1949年

2月5日,合江省政府召开劳动模范表彰大会,三区评选的6名一等劳模参加会议,并受到表彰。

2月7日,桦川县九区黑通所辖各村群众500余人在黑通小学集会,庆祝平津战役取得胜利。会后,各村秧歌队进行表演。

2月26日,中共佳木斯市三区区委、区政府召开全区春耕生产誓师大会,区、乡、村三级干部参加了会议。

3月3日,三区区委书记许子谊调离。市委任命韩晋臣任中共三区区委书记。

3月20日,三区党政机关迁至伪满男子国高学校办公(今电子仪器厂南侧)。

5月24日下午1时许,区境内遭受雹灾,受灾耕地面积达479.75垧。

6月1日,佳木斯市政府从三合村英格吐河东岸划出土地9 000平方米,修建革命烈士陵园。

9月15日,新民主主义青年团佳木斯市三区委员会建立。潘好学任书记。

10月1日,首都北京30万人汇集天安门广场,隆重举行开国大典。2日,佳木斯市2万余人在火车站广场举行庆祝建国大会,三区机关干部、学生、群众约3 000人参加庆典活动。

10月22日,三区政府改称三区区公所,仍辖市郊的3个乡。

11月,中共三区区委、区公所组织各乡、村开展各种形式的文艺活动，活跃农村文化生活。

12月，全区获得农业大丰收，农业总产值达748亿元（旧人民币）。

1950年

2月10日，中共佳木斯市委、市政府决定：三区区公所更名为三区人民政府。

3月1日，中共佳木斯市三区区委、区政府组织全区干部深入各村屯向农民进行"组织起来，发展生产"的宣传教育。经过近半月工作，全区成立互助组36个。

4月15日，中共佳木斯市三区区委、区政府发出号召，开展植树造林运动。到5月10日，全区共造林850亩，植树6.8万株。

5月5日，三区在全区范围内开展宣传贯彻《中华人民共和国婚姻法》活动。各乡、村组织妇女进行专题学习。

5月11日，按照中共中央《关于在全党全军开展整风运动的指示》，根据中共佳木斯市委安排，中共三区区委在全区党员干部中开展整风运动。

7月18日，三区全体党员参加中共佳木斯市委召开的全市党员大会。听取了市委书记许光庭作的整风学习报告。

7月26日，佳木斯市三区机关干部及各乡党员干部参加佳木斯市举行的反对美帝国主义侵略朝鲜和入侵我国领土台湾的群众大会。会后举行了示威游行。

8月10日，三合村被区委确定为全区农业典型示范村。

10月1日，三区区委、区政府召开庆祝中华人民共和国成立一周年大会。各乡村干部、群众、学生等参加大会。区委书记韩晋臣、区长彭启先在庆祝大会上讲话。

11月中旬，中共佳木斯市三区委员会组织干部深入村屯宣传"抗美援朝、保家卫国"斗争的伟大意义。

12月8日，佳木斯市7万人在火车站广场举行"庆祝朝鲜反攻及解放平壤祝捷大会"。市委书记许光庭在讲话中号召全市人民以努力生产的实际行动，支持朝鲜人民和中国人民志愿军的正义战争。三区干部、群众1 000人参加了大会。

12月30日，佳木斯市三区政府筹集3亿元（旧人民币），作为区、乡识字学校、公路养护、救济贫困户等公益福利费用。

1951年

1月3日，中共佳木斯市三区委员会贯彻市委关于做好拥军优属工作的指示。成立三区拥军优属委员会，区委书记韩晋臣任主任。

2月21日，中央人民政府发布《中华人民共和国惩治反革命条例》。全国掀起镇压反革命分子高潮。按照省、市委决定，三区区委、区政府迅速掀起镇压反革命运动。

5月10日，经过区、乡干部深入基层，进行发动，全区成立了143个生产互助组。

7月1日，区委召开全区党员大会，全区102名党员参加大会。纪念中国共产党成立三十周年。

7月18日，佳木斯市人民法院在三区永安学校（今敖其镇中心小学）操场召开公审大会。法院院长韩锡文宣布匪首李宗祥、王尊明、王景阳判处死刑的命令，当场处决。全市人民拍手称快。

10月4日，区委书记韩晋臣调出，市委任命金谦巽任中共三区区委书记。

12月30日，中共佳木斯市三区委员会贯彻市委指示，召开全区三级干部会议，部署开展"三反"运动。

1952年

2月25日，中共佳木斯市三区区委召开全区党员大会，区党委书记金谦巽传达中共中央《关于"三反"运动应和整党运动结合进行的指示》，并对三区开展"三反"运动进行了部署。

3月8日，经松江省政府批准，将桦川县一区、九区、十区的5个行政村划归佳木斯市三区管辖。至此，三区户数增至6 140户，人口增至23 453人。耕地面积增至6 537垧。

5月31日，区委书记金谦巽调离，佳木斯市委员会任命柴仲智为中共佳木斯市三区委员会书记。

6月11日，佳木斯市三区更改为佳木斯市第四区。并实行撤乡建村工作，撤掉3个乡建制，建立13个行政村。

11月，佳木斯市第四区在佳西、松江、双合建立供销合作社。

12月到年底，全区成立194个互助组，参加互助组的农户占总户数的85%。全区13个行政村获得农业大丰收，总产值达到1 031亿元（旧人民币），比1947年增长37.8%。

1953年

2月，中共佳木斯四区区委在复兴、双合两村互助组中基础较好的张子君组、谭荣华组进行半社会主义性质的初级农业生产合作社试点工作，共有36户农民参加了初级农业合作社。

3月，佳木斯市公安局在佳东、佳西建立公安派出所。佳东派出所在松江村，佳西派出所在佳西村。

5月21日，佳木斯市四区组织全区党员干部学习《全国人民代表大会和地方各级人民代表大会选举法》。全区开展普选工作。

9月24日，佳木斯市四区区委召开全区党员干部会议，区委书记柴仲智在会上作了《进一步开展增产节约运动》的报告。

10月23日，经中共佳木斯市委员会批准，尚廷林任佳木斯市四区政府区长。

12月15日，中共四区区委召开会议，传达学习省委、市委关于学习和宣传党在过渡时期总路线会议精神，制定了《关于大张旗鼓地向全区人民宣传党在过渡时期总路线总任务的计划》。

1954年

1月20日，中共四区区委、区政府召开机关干部、各村屯干部会议。讨论落实1954年国家经济建设公债推销工作。截止到3月5日，全区超额完成公债推销任务。

3月中旬，三合村的"五一"社和佳西村的"胜利"社正式建立。此外，万发、竹板屯也建立初级农业生产合作社。

7月，中共四区区委、区政府组织机关干部深入各村屯向广大群众宣传《宪法》内容。

11月30日，佳木斯市四区召开首届二次人民代表大会。区长肖廷忠向大会作了工作报告。

1955年

2月19日，中共四区区委号召全区党员干部向全区农民宣传国务院《关于发行新人民币的命令》。

2月26日，全区原建和新建初级生产合作社共计28个，参加合作社农民为630户，占全区总农户的25.8%。

3月4日，中共佳木斯市四区区委、区政府召开全区农业合作社干部会议。向合作社干部传达办好农业生产合作社的四条标准及党在农村的阶级政策。

7月1日，中共佳木斯市四区区委组织全区党员干部学习《共产党宣言》《矛盾论》和《实践论》，加强干部队伍的理论建设。

8月31日，根据中共中央《关于整顿和巩固农业生产合作社的通知》精神，中共佳木斯市委员会召开农村工作会议。四区分管农业农村的干部及各村干部出席了会议。会议就推进农业合作化运动的发展制定切实可行的措施。

10月8日，三合村在党团员的带动下，将"五一""兴农""兴华"3个初级农业生产合作社合并成立"五一"高级农业生产合作社，全村83%的农民入社。这是全区第一个高级合作社。

12月3日，中共佳木斯市委农村工作部组成调查组到四区三合村进行合作化运动的调研。

12月19日，根据中共中央整党工作的要求，中共佳木斯市四区区委开始在全区各级党组织进行整党工作。

1956年

1月19日，根据黑龙江省人民政府批准，将桦川县长发区的太平山、三家子，黑通区的新华、靠山，建国区的蒙古力、新民6个村划归佳木斯市四区管辖。

1月23日，四区在原有58个初级农业生产合作社的基础上，组建19个高级合作社。

3月1日，中北佳木斯市四区区委按照中央和省委指示，开展并村建乡工作，于3月20日结束。全区设立三合、双合、松江、柳树4个乡，行政乡设乡人民委员会，同时成立乡党总支委员会。

3月7日，中共桦川县委根据并村建乡的指示将大来区、永安区、黑通区划分为大来、兴华、永安、裕太、黑通、西格木6个乡。

10月9日，根据中共黑龙江省委公文第114号关于"撤销区、加强县乡"工作的指示精神，佳木斯市四区撤销。原四区所辖乡村由中共佳木斯市委农村工作部领导。四区撤销后，区机关干部被分配到市机关或乡机关。

10月20日，市委农工部派工作队到市城区西部组织零散蔬菜种植户成立蔬菜合作社。入社菜农95户，归三合乡管辖。

10月28日，三合乡"五一"社以自力更生、勤俭办社的精神，创办佳木斯市第一家畜牧场，即"五一"畜牧场。

11月26日，柳树乡撤销，并入三合乡"五一"高级社。

12月，市委农工部组织各乡村开展冬季扫盲工作，在农村办识字班87个，参加学习人数600余人。

1957年

2月16日，市委农工部举办农村党员训练班，重点学习《中国共产党章程》及中共八大通过的各项决议。参加训练的农村党员共292人。

4月2日，市委农工部向各乡农业生产合作社推广三合乡"五一"社实行的"四包一奖"的具体做法。

5月10，四丰山水库开始动工，12月竣工。总蓄水量为750万立方米，灌溉农田1 000多公顷。

6月8日，中共中央发出《关于组织力量准备反击右派分子进攻的指示》。同日《人民日报》发表题为《这是为什么？》的社论。至此，全国性的反右斗争开始。

7月，中共佳木斯市委根据中共中央指示精神，在全市开展反右斗争，斗争中逐步升级，下名额、定指标，使反右斗争扩大化，在区范围内的机关、企事业单位的反右斗争中，错定"右派分子"39人，"右派言论"34人。直至1979年3月13日，中共佳木斯市委员会按照党中央的有关规定全部纠正，恢复名誉。

9月14日，中共中央发出《关于整顿农业生产合作社的指示》和《做好农业生产合作社生产管理的指示》。市委农工部召开各乡、社干部会议，传达了中央的指示精神。

11月23日，黑龙江省人民政府决定，将桦川县的黑通、西格木、永安、裕太、大来、兴华6个乡划归佳木斯市管辖。

1958年

2月12日，市委农工部号召各乡、村积极开展以消灭四害（苍蝇、蚊子、老鼠、麻雀）为中心的爱国卫生运动。

2月28日，佳木斯市第一批城市浮闲人口下乡参加农业生产，近郊各村安置150户。

3月8日，根据中共黑龙江省委23号文件精神，恢复佳木斯市郊区建制。中共佳木斯市郊区委员会、郊区人民委员会即成立。中共佳木斯市委书记赵云鹏兼任区委书记，同时成立中国共产主义青年团郊区委员会，李杰任团区委书记。

4月2日，中共佳木斯市委员会任命刘广胜为中共佳木斯市郊区委员会书记。

5月10日，郊区组织民工参加哈同公路佳木斯段的建设。

6月25日，全区抽调1 000名民工，参加大头山灌区工程建设，于7月25日竣工。完成土方量25万立方米。

8月27日，根据中共中央《关于建立农村人民公社的决议》精神。郊区开始并乡建社工作。将原辖的9个乡建成3个人民公社（即跃进人民公社、东风人民公社、红旗人民公社）。

9月25日，郊区各人民公社大搞群众性的深翻地、放"卫星"运动。

10月，郊区各人民公社相继建起炼钢厂、铁木农具社。开始大炼钢铁运动。

12月20日，跃进人民公社党委书记刘思恩、红旗公社五一畜牧场负责人李鹏奉赴北京参加全国农业生产先进个人代表大会。跃进人民公社和五一畜牧场分别被授予由周恩来总理署名、国务院颁发的奖状。

1959年

2月6日，红旗公社五一管理区党总支副书记廉淑琴、五一畜牧场饲养员所永生出席黑龙江省群英会。被授予黑龙江省劳动模范称号。

3月24日，郊区区委、区政府机关干部及各公社、管理区干部近1 000人参加中共佳木斯市委召开的农村工作会议。会议传达了省委第一书记欧阳钦在全省六级干部会议上的重要讲话。

3月，中共合江地委决定将桦川县建国、悦来、新城3个人民公社划归郊区管辖。郊区人口增至12.5万人。

5月21日，郊区各人民公社党总支部委员会一律升格为公社党委。

8月26日，郊区区委召开全区党员干部大会，收听中共中央八届八中全会公报和决议。会后，区委组织机关干部深入各社队宣传八届八中全会精神。

10月1日，全区组织1 000名民兵参加佳木斯市举行的庆祝新中国成立10周年大检阅。

同日，三合公社五一管理区国洪才赴京参加国庆观礼。

12月2日，中共佳木斯市郊区区委召开常委会议，研究和部署整党整社运动。

12月26日，中共郊区区委书记刘广胜调离，由区委副书记徐学良主持工作。

12月30日，经市委研究决定，将和平畜牧场、四丰园艺场、市园艺畜牧场划归佳木斯市郊区管辖。

1960年

1月5日，中共佳木斯市委、市人委召开全市畜牧业生产跃进大会。会议确定：近郊以菜为纲，以养猪为中心；远郊以粮为纲，以养猪、养羊为中心，大搞多种经营的工作新思路。

4月23日，经中共佳木斯市委员会批准，将三合公社的佳西、万发、竹板、长青4个管理区与城区长安公社合并；松江公社的松江、红力、模范、新民4个管理区与城区东风公社合并；松江公社的兴国管理区与城区和平公社合并，实行城区公社管理农业的体制。

6月26日，佳木斯市各行各业支援农业，近万名城市工人到郊区支援夏锄生产，受到广大农民欢迎。

11月，中共佳木斯市委、市人委贯彻党中央"以农业为基础，大办农业大办粮食"的方针和省、地委有关指示精神，经层层发动、层层教育，先后有4 000余名职工到郊区农村安家落户。

12月30日，郊区组织大批干部深入各社队，宣传贯彻中共中央关于《农村人民公社当前政策问题的紧急指示信》。开始纠正"大跃进"期间的"一平二调"和干部的"五风"问题。

1961年

1月6日，中共佳木斯市委员会成立农村整风整社领导小组，下设办公室。办公室设在郊区区委，主任于瑞昌。

3月1日，经黑龙江省政府批准，将东风公社改称松江公社。5月，将跃进公社划分为大来、永安2个公社；将红旗公社划分为三合、西格木2个公社；将星火公社划分为星火、建国2个公社；将悦来公社划分为悦来、苏家店2个公社；将新城公社划分为新城、梨树2个公社。1963年1月分划出中伏、拉拉街2个公社。郊区辖13个人民公社，130个管理区，史称大郊区阶段。

4月18日，郊区人民委员会改称郊区办事处。作为佳木斯市人民委员会的派出机构。李奎君任办事处主任。

8月29日，郊区区委召开农村四级干部会议，参加会议人数达1 426人。会议主要议程是传达贯彻中央、省、市农村会议精神，讨论学习人民公社"六十条"及安全区秋收生产等工作。

是年，由莲江口人民公社划出部分生产队，成立望江人民公社。

1962年

1月4日，中共佳木斯市郊区区委召开全区四级干部会议，传达省、市委农村工作会议精神。并将农村人民公社基本核算单位由生产大队下放到生产小队。

2月14日至20日，中共佳木斯市委召开郊区各国营农牧场主要负责人会议。检查了一些人"贪多求快"，犯了"平调"错误，造成严重亏损问题。据全区7个农牧场统计，1959年以来共亏损金额达280万元。

9月11日，佳木斯市组织全市职工到郊区开展"小秋收"活动，把地里能吃能用的粮、菜、薯全部收回来，做到颗粒归仓。

12月19日，郊区成立供销联合总社和农业机械管理总站，并在以上社、站设立党的总支委员会。

1963年

3月5日，《人民日报》发表毛泽东题写的"向雷锋同志学习"的号召。随后，全国开展学习雷锋的活动。郊区把每年的3月定为"学习雷锋树新风"活动月。

5月8日，郊区区委下发通知，拆掉"大跃进"时期建立的100多座炼铁小高炉。

6月23日，中共佳木斯市郊区区委举行常委扩大会议，传达中共中央《关于农村工作若干问题的决定》和中共佳木斯市委关于干部"洗手洗澡"的通知精神，并对全区干部开展"洗手洗澡"问题作了具体部署。

7月4日，中共郊区区委成立社会主义教育运动办公室，黄钱钧任主任。

7月18日，郊区区委组织机关干部深入到各公社开展对社员的"阶级斗争"教育，并结合开展增产节约和"五反"运动。

8月5日，在区委的领导下，区及公社机关开始"五反"运动。历时1个月，于9月4日结束。

12月10日，郊区各社队广泛开展以"阶级教育"为中心的"社会主义教育运动"。共召开各种忆苦思甜会议250多场，受教育人数达8.6万人。

12月25日，全区开展大学马列主义、毛泽东著作运动。共成立学习小组426个，有3 200人参加学习。

1964年

1月6日，中共郊区区委召开区、社、生产大队三级干部会议，会议中心内容是学习中共中央关于农村农业方面的文件和毛主席的重要指示。会议要求各级干部要在社会主义教育运动中认真做好"洗手洗澡"，揭开本单位"阶级斗争"的盖子。

3月28日，郊区区委抽调119名干部组成"社教"工作队，深入13个人民公社127个生产大队进行社会主义教育运动第一个阶段的复查工作。对78个存在问题的生产大队进行重新补课。

8月2日，佳木斯市初、高中毕业生246名知识青年到大来公社安家落户，参加社会主义农业经济建设。

8月6日，根据国务院批复，恢复桦南县，桦川县机关迁回悦来公社。将郊区所辖的建国、星火、拉拉街、中伏、悦来、梨树、新城、苏家店、西格木、永安、大来等11个人民公社重新划归桦川县。郊区管辖近郊三合、松江2个人民公社。同时代管大来、永安、西格木3个人民公社。

10月1日，郊区党政干部及近郊农民、学校学生近3 000人到火车站广场集会，参加佳木斯市庆祝建国15周年大会，会后举行盛大游行活动。

10月16日，我国第一颗原子弹爆炸成功。报纸和广播刊播消息后，郊区广大干部群众奔走相告。区直机关和各公社相继召开座谈会，庆祝原子弹爆炸成功。

12月10日，在区委、区政府的组织领导下，松江公社在公社与桦川县分界线洋草川修筑长10公里的防洪大坝，动用土方量120万立方米。历时半年，胜利告捷，区委命名此坝为"恒心大坝"。

12月20日，郊区第三批社会主义教育运动在永安、大来2个公社的33个生产大队全面铺开。

12月31日，佳木斯市郊区四级干部会议及贫下中农代表大会同时召开。会议主要议程是：以"阶级斗争"为纲，揭开"阶级斗争"的盖子，解决各级领导"四不清"问题。中共佳木斯市委副书记于瑞昌到会并作了动员报告，会议为时8天，于翌年1月7日结束。

1965年

2月15日，郊区区委组织150名干部编成5个工作队深入各公社，指导农业生产，帮助制定生产计划和措施。

2月17日，中共郊区区委组织党员干部广泛宣传中共中央制定的《农村社会主义教育运动中目前提出的一些问题》（简称《二十三条》）此后郊区开始"四清"运动，直到1966年"文化大革命"初期。

4月，中共区委副书记张永良率领各公社党委书记进行为期一周的塑料大棚蔬菜生产的参观考察。

8月，中共郊区区委贯彻市委指示，对全区的社会主义教育运动作了具体部署。运动分四步走：一是放手发动群众，大揭"阶级斗争"盖子；二是组织干部"洗手洗澡"，解决干部"四不清"问题；三是开展对敌斗争；四是巩固提高运动成果。

11月下旬，郊区在松江、三合、洋草川、永安、大来、哗啦沟、四丰等7个水利工地开展治涝配套工程抢修会战。

1966年

2月13日，区委做出了《关于组织农村党员干部向焦裕禄学习的决定》，在区委的号召下，全区人民掀起了向焦裕禄学习的热潮。

3月15日，中国人民解放军三〇二九部队战士刘英俊为保护人民群众的生命财产，奋不顾身，勇拦惊马，救出6名少年儿童，自己英勇献身，年仅21岁。刘英俊牺牲后，中共佳木斯市委在刘英俊牺牲地，佳木斯纺织厂住宅区路北修建刘英俊纪念馆。

5月16日，经中共黑龙江省委批准，张永良任中共佳木斯市委农工部部长，兼任中共佳木斯市郊区区委书记。

6月20日，中共黑龙江省委第一书记欧阳钦在中共佳木斯市委书记赵云鹏陪同下，到郊区红旗公社五一大队视察蔬菜生产和畜牧生产。

6月25日，中共佳木斯市郊区委员会召开常委会议，研究如何开展郊区"文化大革命"问题。成立郊区"文化大革命"领导小组，组长由张永良担任。

7月15日，郊区各中、小学教师到佳木斯立新小学集中培训45天。一些教师遭受批判。

8月14日，郊区组织区、公社、生产大队干部及中、小学生3 300人，到市里参加庆祝党的八届十一中全会胜利闭幕大会，大来公社新村大队大队长边占林代表郊区8万贫下中农向党表决心。

1967年

3月，根据中共中央《抓革命、促生产》的要求，郊区成立政工组和生产组，领导全区的各项工作。

1968年

8月10日，黑龙江省革命委员会决定，佳木斯市划归合江地区管辖。佳木斯市革命委员会同合江地区革命委员会合并，称合江地区革命委员会。合并后的合江地区革命委员会正式办公，同日，作出决定撤销了佳木斯市郊区革命委员会，成立合江地区农业革命委员会，领导郊区的工作。大来、永安、西格木3个人民公社划归桦川县。松江、三合2个人民公社由中共合江地区革命委员会核心小组直接领导。

12月，原郊区机关干部近200人进入合江地区干训班进行培训，1969年8月结束，这些干部大多数被分配到桦川县工作。

1969年

4月25日凌晨，松江、三合2个公社近5 000名农民到火车站广场集会，手举灯笼参加佳木斯市举办的庆祝中国共产党第九次代表大会胜利闭幕活动。

11月2日，中共合江地区革委会核心小组决定：成立三合、松江人民公社革委会核心小组，隶属于中共合江地区革委会核心小组领导，恢复了党组织生活。

12月14日，合江地区革命委员会路线教育工作队进驻松江、三合公社及国营农牧、园艺场。

1970年

2月12日，松江、三合公社及各农场开始接收插队落户干部。到3月20日，共接收435名干部下放劳动锻炼。

7月10日，合江地区革命委员会在大来、永安分别建立大来林场和群胜林场。

12月15日，燎原农场与依兰县愚公公社联合办电。历经3个月，线路全长13.5公里，解决了方圆50平方千米的居民用电问题。

1971年

1月5日，合江地区革命委员会批准，将西郊畜牧场、蔬菜良种场、四丰山园艺场、猴石山果树场合并成立佳木斯西郊园艺畜牧场。将苏木河农场、燎原农场合并成立佳木斯苏木河农场。合并后，两场均为县团级单位。

2月26日，猴石山果树场划归合江农场管理局领导。

1972年

2月5日，中共合江地区革委会核心小组决定：成立佳木斯市郊区办事处，张永良任主任，孟昭庆、李杰任副主任。郊区办事处辖松江、三合2个人民公社及苏木河农场、西郊畜牧园艺场。

3月28日，三合、松江2个人民公社革委会核心小组改建为公社党委。

6月26日，郊区革委会成立计划生育委员会，主任由孟昭庆兼任。

12月6日，原市属国营农场从合江地区国营农场管理局分出，成立佳木斯市郊区国营农场管理处，胡俊凯任农场管理处革委会主任。

1973年

3月25日，中国共产党合江地区佳木斯市郊区第一次代表大会召开。出席会议代表194人，代表全区1 700多名党员，张永良代表合江地区佳木斯市郊区区委一届委员会核心小组向大会作了题为《高举九大团结胜利的旗帜，沿着毛主席革命路线奋勇前进》的报告。大会选举张庆丰、张永良、李凤彦、孟凡玉、范秀波等27人为合江地区佳木斯市郊区第一届委员会委员。27日举行第一届委员会第一次会议，选举张永良为区委书记，孟昭庆、李杰、孙忠昌、胡俊凯为副书记。

3月31日，中共黑龙江省委决定合江地区与佳木斯市分设。6月21日，合江地区与佳木斯市正式分开，7月27日正式组建中共佳木斯市委员会和佳木斯市革命委员会。从此，中共郊区委员会和郊区革命委员会隶属于中共佳木斯市委员会和佳木斯市革命委员会。

10月，郊区人民法庭组建。王学祥任庭长，隶属于佳木斯市人民法院。

1974年

2月5日，中共佳木斯市委、市革委召开城乡养鱼工作会议。与会人员参观了仁和、长寿等大队养鱼现场。

1975年

2月17日，郊区召开贫下中农代表大会。区委副书记孙忠昌当选为主任。此后，各公社相继召开贫下中农代表大会。各生产大队成立贫下中农协会，生产队设贫下中农代表。

5月，郊区把永安大队学习"小靳庄经验"在全区推广，各生产大队都成立文艺宣传队、秧歌队。

8月5日，大来公社北城子大队抗联战士交通员管廷贵病逝。佳木斯市革命委员会、郊区革命委员会在大来公社北城子大队举行了追悼大会。

11月17日，中共佳木斯市委路线教育工作队进驻郊区各社队、国营农牧场，进行为期一年的党的基本路线教育，于1976年12月31日结束。

12月3日，区委召开农村四级干部会议，传达贯彻"全国农业学大寨"会议精神。全区再次掀起"农业学大寨"新高潮。

1976年

1月8日，周恩来总理逝世。全区人民闻讯极度悲痛，自发地采取各种形式沉痛哀悼。

1月16日，中共佳木斯市委召开为期9天的"农业学大寨"五级干部会议。区委提出"苦战两年，建成大寨式郊区"。

1月26日，郊区教育界开展教育革命大辩论。区委派工作组在松江公社中学搞教育大辩论试点工作。

3月6日，中共佳木斯市郊区区委召开常委会议，研究全区开展"反击右倾翻案风"的方案和意见。

4月7日，郊区效仿江西共大和辽宁朝阳农学院的经验，决定成立郊区"五七"农业大学。

9月9日，毛泽东主席逝世，消息传来，全区人民沉浸在无比悲痛中。至18日，郊区各社队都举行各种悼念活动。

12月6日，中共合江地区委员会常委会议决定：李杰任中共佳木斯市郊区委员会书记、区革命委员会主任。原区委书记张永良调任佳木斯市服务局工作。

12月8日，按照中共中央通知精神，郊区掀起了揭批"四人帮"的群众运动。

12月10日，中共郊区区委书记李杰到北京参加第二次全国农业学大寨会议。18日返回佳木斯市后，在全区四级干部会议上传达了第二次全国农业学大寨会议精神。

1977年

1月9日，郊区区委召开第75次常委会议，研究郊区《1977年建成大寨式郊区的规划》。

1月29日，中共佳木斯市郊区区委由15名常委带领91名机关干部深入到各公社和生产大队，宣传贯彻落实第二次全国农业学大寨会议精神。

3月24日，中同共产党佳木斯市郊区第二次代表大会在市工人文化宫召开。李杰代表中共佳木斯市郊区第一届委员会向大会作题为《高举毛主席的伟大旗帜，紧跟华主席为首的党中央战略部署，为建设大寨式郊区奋勇前进》的报告。会议选举产生了由李杰、李凤彦、吴恩久、王希义等38人组成的中共佳木斯市郊区第二届委员会，3月26日，在中共佳木斯市郊区第二届委员会第一次会议上，选举李杰为区委书记，选举孟昭庆、刘思恩、孙忠昌、王化民、吴恩久、胡俊凯、王希义、何翠云为区委副书记。

4月10日，郊区区委召开全区党员干部会议，传达了省、市委工作会议精神。对华国锋在中央工作会议上关于"两个凡是"的讲话进行了讨论。

7月7日，中共郊区区委、区革委会向中共七台河市郊区委员会、区革委会发出《农业学大寨挑战书》，掀起跨市的"农业学大寨"比、学、赶、帮、超的热潮。

1978年

1月4日，中共佳木斯市郊区委员会成立"改正错划右派工作领导小组"，区委副书记王化民任组长。对在1957年反右斗争中被错划的42名"右派分子"给予全部平反。

2月2日，中共佳木斯市郊区区委组织274人的党的基本路线教育工作队进驻25个后进生产大队，进行为期一年的路线教育和农业学大寨工作。

5月3日，郊区区委成立了总任务和新宪法宣讲团。李杰任团长，孟昭庆、刘思恩、于跃、王化民、吴恩久、王希义任副团长。

5月11日，郊区开始开展关于真理标准问题的大讨论。

6月27日，黑龙江省革命委员会批准将三合人民公社划分为长青人民公社和红旗人民公社。

7月23日，根据中共佳木斯市委部署，郊区区委开展"三大讲"活动。即：一讲"党的第十一次路线斗争"的问题；二讲区委领导班子受"四人帮"资产阶级帮派体系的影响；三讲农业学大寨方面的问题。

8月20日，中共佳木斯市郊区委员会按照市委部署，成立"两打"工作领导小组，李杰任组长。

10月4日，中共合江地委组成工作组，对郊区农业学大寨情况进行全面检查。检查中，采取听、看、议的方法进行3个工作组实地检查了6个人民公社、30个生产大队、2个国营农场。工作组认为，郊区农业学大寨取得了显著成绩，主要经济指标突破历史最高纪录。

1979年

1月，按中共中央关于给地主富农摘帽的决定，区委对表现好的和比较好的地主、富农、反革命分子、坏分子给予摘帽，享受农村社员同等待遇。

3月，松江公社模范大队妇女主任鲁桂兰被全国妇联授予红旗手"三八"荣誉称号。

10月，大来公社大来小学被国家教育部、卫生部、国家体委和共青团中央联名授予"全国体育卫生工作先进集体"称号。

1980年

4月，中共黑龙江省委书记杨易辰在中共佳木斯市委书记余弘达、副书记刘华陪同下到长青乡佳西二队视察菜地喷灌工程。

9月11日至12日，郊区第一次人民代表大会召开。出席大会代表254人，选举胡俊凯为郊区人民代表大会常务委员会主任，选举吴恩久为郊区政府区长。

12月1日，区政府组成联合调查组，对全区22个生产大队的农业生产责任制情况进行调查。

1981年

3月3日，桦南县金沙公社陡沟子大队，依兰县愚公公社高峰大队，桦川县长发公社顺山堡大队，五七公社群林、向阳大队的6个生产大队划归郊区，顺山堡大队划归松江公社，群林向阳大队划归西格木公社。陡沟子大队分为东陡沟和西陡沟两个大队，加上高峰大队在西陡沟子成立建立高峰人民公社，隶属于郊区。

7月9日，郊区境内永安河、胜利河、卧龙河河水出槽，高出路面1米左右，当地农田受灾面积达9.5万亩，冲毁民房90间，经济损失达10万元。

8月，联合国赴三江平原考察团一行14人，到苏木河农村参观人参栽培。

10月，敖其渔场大面积高产实验成功，被黑龙江省人民政府授予科学技术成果三等奖。

1982年

2月10日，郊区政府向全区下发了《农业生产责任制实施方案》文件。实行专业承包，联产计酬责任制。大来公社在全区第一个推行家庭联承包责任制。

1983年

1月27日，全区普遍开始实行"包产到户、联产到组、联产到劳、小段包干"等4种形式的家庭联产承包责任制。

3月5日，长青乡五一村养鸡专业户梁凤颖被全国妇联授予全国"三八红旗手"荣誉称号。

8月中旬，抗日战争和解放战争时期曾经在佳木斯一带工作过的老干部李范五、方强等7人到郊区猴石山视察。

1984年

3月10日，敖其乡南部的群胜、巨城、桦树、永好、永胜、红旗等村屯划出成立群胜乡，隶属于郊区人民政府。

9月26日，中共郊区区委召开区直机关干部会议，传达中共中央总书记胡耀邦视察合江地区时的重要讲话。

10月15日，大来乡党委书记李克达调任为佳木斯市副市长。

1985年

1月25日，在北京召开的全国农村青年商品经济座谈会上，长青乡万兴村养牛大户于振希受到国家领导人胡耀邦、赵紫阳、万里的接见。5月4日，于振希被团中央授予"新长征突击手"荣誉称号。

5月6日，李凤彦任郊区人民政府区长。

12月24日至26日，郊区政协召开一届二次会议，选举孟昭庆为区政协主席。

1986年

1月16日，中共黑龙江省委书记孙维本、副书记周文华在市委书记孟传生陪同下视察郊区乡镇企业，最后到梁凤颖家参观凤颖养鸡场。

4月6日，黑龙江省副省长黄枫与省教委副主任刘公平到红旗中学检查工作。

8月26日，首届全国农民丰收杯篮球赛预赛在陕西省太湖县举行，郊区女子篮球队获第一名。同年9月23日在安徽省凤阳县进行决赛，郊区女子篮球队获第六名。

12月5日，经中共佳木斯市委决定，刘宝元任中共佳木斯市郊区区委书记。

1987年

1月23日，区委统战部召开朝鲜族科技人员座谈会，区委书记刘宝元、区长李凤彦参加了会议，并对如何振兴朝鲜族村办企业出谋划策。

6月10日，国家教委副主任杨海波到红旗中学检查工作并题词："推广红旗中学办学经验，为农村培养得力建设人才。"

7月12日，长青乡五一村共产党员梁凤颖被选为中国共产党第十三次全国代表大会代表。并于10月25日至11月1日，赴京参加党的十三大。

8月1日，全省地市教育局现场会议在红旗中学召开，省教委主任刘公仆、副主任陈龙俊参加了会议。

10月24日，郊区第三届人民代表大会召开，选举孟凡玉为人大常委会主任。李凤彦再次当选为郊区人民政府区长。

1988年

3月10日，中国残疾人协会、少先队全国工作委员会授予万发小学全国红领巾助残单位先进集体称号。

4月1日，郊区科协创办《致富信息》小报。区委书记刘宝元为刊名题字。全年印发3期5 000余份，免费送给农民。

4月4日，中央顾问委员会委员陈雷和省政协副主席李敏到郊区视察。并在东北抗日联军战绩塔进行扫墓。

9月，全国人大常委黄志刚来红旗中学检查并题词："发扬红旗中学办学经验，为农村四化培养建设人才。"

12月26日，郊区万发防爆器材厂钠灯项目在国家科委举办的全国星火计划成果展览交易会上获得单项荣誉奖。

1989年

3月11日，郊区与苏联犹太自治州比罗比詹市列宁遗训集体农庄签订种植蔬菜合同书。郊区农民首次出国种菜。

5月10日，郊区地方道路建设被省政府授予二等奖。

6月30日，区委书记刘宝元被中共黑龙江省委授予优秀党务工作者荣誉称号。

9月5日，中华人民共和国国务院授予五一村养鸡大王梁凤颖、牛奶公司党总支书记李桂林"全国劳动模范"光荣称号，这是新中国成立以来郊区农民荣获的最高荣誉。

9月10日，敖其中心校党支部书记张会生被评为"全国优秀教师"。区教育局局长孙希斌被评为"全国教育先进工作者"。

12月10日，郊区政府被公安部授予全国治安联防先进集体称号。

1990年

1月2日，由区志办公室编纂的第一部反映郊区革命传统教育的乡土教材《郊区史话》出版发行。

1月5日，敖其镇永安机械厂厂长马军被共青团中央和国家科委授予"全国农村青年星火带头人"光荣称号。

3月22日，佳木斯地区早期党员、地下党市委书记、解放后曾任佳木斯市第一任市长的董仙桥因病逝世，享年95岁。10月8日，董老骨灰在家人护送下，撒入松花江，实现了董老生前的遗嘱。

6月20日，郊区人民政府荣获黑龙江省人民政府授予的全省耕地培肥计划达标一等奖。

6月30日，中共佳木斯市郊区委员会被中共黑龙江省委授予党风建设先进单位。

8月25日，原中共中央宣传部机关党委书记王再泉，在区党史办主任吕桂喜、区志办主任韩青山陪同下，视察了四丰山园艺场、苏木河农场。王再泉曾于1946年担任过佳木斯市第三区（郊区）区长。

11月15日，郊区政协召开第三届第一次会议。李凤彦当选政协主席，王春贵、叶天德、孙英超、陈益民、殷维德当选副主席，宋宝堂当选秘书长。

11月19日，郊区人大常委会召开第四届第一次会议，选举孟繁玉为人大主任，赵立有、刘世晨、郑永义为副主任。在本次会议上董武当选为郊区人民政府区长，李山、吴家瑞、顾立军、王本、陈青山、王元忠当选副区长。

1991年

3月4日，中共佳木斯市郊区委员会召开四届二次会议，转达中共中央十三届七中全会精神，讨论制定郊区《"八五"计划及十年规划纲要》。

7月1日，中共佳木斯市郊区委员会决定在基层党组织开展"三争两创一带"活动。（三争：标杆支部、样板书记、标兵党员；两创：创建小康村、小康户；一带：带领农民脱贫奔小康）。

7月8日，中共黑龙江省委授予中共佳木斯市郊区委员会"先进党组织"称号。

9月22日，在全省精神文明建设联检中，郊区政府荣获"文明建设先进区"称号。

12月1日，国家公安部授予郊区公安局"抗洪抢险先进集体"光荣称号。

1992年

3月5日，郊区妇女联合会在黑龙江省妇联举办的"双学双比"竞赛中被评为先进单位。

3月9日，郊区地方志办公室被授予"全省修志工作先进集体"，韩青山被授予"全省修志先进工作者"称号。

9月15日，敖其赫哲族女干部葛俊波，在全国民族之寨大奖赛活动中，荣获最高奖——"宝石奖"。

12月19日，中共佳木斯市郊区委员会召开四届四次全委会议，学习贯彻中国共产党第十四次代表大会精神。

1993年

2月3日，郊区政府被黑龙江省交通厅授予"地方道路建筑先进区"光荣称号。

3月8日，敖其镇长春村李桂花被黑龙江省妇女联合会授予全省"双学双比"先进女能手称号。

4月20日，郊区政府被沈阳军区授予"国防工程维护管理先进单位"称号。

8月30日，中共佳木斯市委常委会决定，杨槐任中共佳木斯市郊区委员会书记，吴恩久任区人大常委会主任。

10月18日，中共佳木斯市郊区委员会召开第五次党员代表大会。在五届一次会议上，杨槐当选区委书记，董武、魏律民、张永贵当选副书记。

1994年

2月1日，佳木斯市郊区被黑龙江省人民政府批准为二类革命老区。

2月5日，中共佳木斯市郊区委员会印发《以"五心"教育为重点的思想教育系统工程方案》。（五心即：把忠心献给祖国、把爱心献给社会、把关心献给他人、把孝心献给父母、把信心留给自己）。

5月18日，根据黑龙江省人民政府〔1994〕39号文件精神，佳木斯市实行新的行政区划，将桦川县长发镇、建国镇、松木河乡，汤原县莲江口镇、望江镇、平安乡划归郊区管辖。至此，郊区共辖5镇、10乡，192个行政村，人口32万。

6月6日，中共佳木斯市郊区委员会成立经济工作领导小组，区委书记杨槐兼组长。

6月23日，中华赫哲族第四届"乌日贡"大会在敖其镇敖其赫哲族村召开。

9月1日，红旗中学被国家教委授予"全国农村教育综合改革先进单位"称号。

12月25日，郊区人民政府被中共黑龙江省委、省人民政府授予全省"文明村镇建设标兵区"。

1995年

1月17日，中共佳木斯市郊区委员会召开五届三次全委（扩大）会议，主要贯彻党的十四届三中、四中全会和中央经济会议精神。

9月5日，养鸡大王梁凤颖赴京参加联合国第四次世界妇女大会。梁凤颖曾担任中共党的十三大代表及第九次人大代表。

12月24日，郊区政协主席李凤彦撰写的《实现农业产业化，要搞好社会化服务》一文，刊登在国家级《改革、探索、发展》95论坛一书上。

12月30日，郊区人民政府被中共黑龙江省委、省政府授予"文明村建设标兵区"光荣称号。

1996年

3月18日，郊区政府制定的《佳木斯市郊区国民经济和社会发展"九五"计划和2000年远景目标（草案）》，经区人大五届四次会议通过并开始实施。

5月10日，西格木乡群林村、敖其镇敖其村被全国绿化委员会授予全国绿化"千佳村"光荣称号。

9月8日，郊区精神文明建设委员会成立，区委书记杨槐兼任主任。

1997年

1月30日，郊区沿江乡、群胜乡，被中共佳木斯市委、市政府命名为"佳木斯市第二批文化先进乡镇"。

2月21日，经中共佳木斯市委员会决定，刘宽德任郊区政府区长，董武任政协主席。

9月28日，中共佳木斯市委常委会决定，董武任郊区人大常委会主任，魏律民任郊区政协主席。

10月24日，政协郊区五届一次会议召开，选举产生了第五届政协委员会，魏律民当选政协主席，张文会、裴长发、李晓英当选副主席，韩青山当选秘书长。

12月14日，中共佳木斯市市委常委会决定，刘宽德任中共佳木斯市郊区委员会书记，李宝林任郊区政府区长。

1998年

2月15日，中共佳木斯市郊区区委制定的《关于优化郊区经济环境若干规定》出台。

3月10日，中共佳木斯市郊区区委，成立经济工作推进领导小组，刘宽德任组长。

8月10日，水利部副部长孙凳铨到郊区检查防洪抢险工作。

8月28日，沈阳军区政委姜福堂中将，到郊区检查军民抢险情况。

12月30日，郊区政府被黑龙江省人民政府授予"全省村镇建设先进区"称号。

1999年

6月9日，中国共产党佳木斯市郊区第六次代表大会在区政府二楼会议室召开。会期为两天。出席这次代表大会的正式代表210人，列席代表44人。代表们听取了刘宽德代表第五届委员会作题为《全面实施县域城郊型经济发展战略，为构建郊区特色优势经济新格局，实现五年经济翻番而奋斗》的工作报告；选举产生了中共佳木斯市郊区第六届委员会。6月10日，中共佳木斯市郊区第六届委员会第一次会议召开。会议选举刘宽德、李宝林、凌宝林、刘树华、赵方程、高永海、尹庆林、刘桂芬（女）、赵长杰、董超、杨国友为区委常委；刘宽德当选为书记，李宝林、凌宝林、刘树华、赵方程为副书记。

11月27日，中共佳木斯市郊区第六届二次全委（扩大）会议召开。这次会议的主要任务是要深入贯彻党的十五届三中全会精神，全面落实省、市工作部署，总结经验，寻找差距，增强紧迫感，树立必胜信心，坚决夺取全区两个文明建设双胜利。

2000年

1月3日，根据中共中央"关于在县处级领导班子、领导干部开展'三讲'教育活动"的通知要求，郊区从即日起在全区开展"三讲"教育活动，成立"三讲"教育领导小组，区委书记刘宽德任组长。

1月16日，郊区政府被佳木斯市人民政府授予"信息工作先进区"称号。

2月26日，中共佳木斯市郊区第六届三次全委（扩大）会议召开。这次会议的主要任务是在深刻总结上年工作的基础上，谋划和制定全区工作思路，推进两个文明建设协调发展。

6月1日，中共佳木斯市郊区区委，对全区192个行政村党支部（总支）进行换届工作。

8月18日，中共佳木斯市郊区区委，印发《关于认真贯彻"三个代表"重要思想，在全区党员干部中开展"四民"（即：帮民富、解民忧、安民心、助民乐）活动方案》。

8月22日，中共中央总书记江泽民视察佳木斯，途经郊区境内。

9月1日，中共佳木斯市郊区区委集中30天时间，在全区开展党员干部警示活动，活动期间组织全区副科级以上干部观看影片《生死抉择》。

10月24日，佳木斯市政协主席韩树礼、副主席王文义，到郊区检查绿色食品基地建设情况。

12月8日，佳木斯市市长王国学，到敖其镇永合村进行调研并走访养殖大户和部分困难户。

是年，郊区正式享受省财政转移支付的待遇。使郊区财政有了根本性转变。

2001年

1月6日，郊区政府实施并村方案，将原有的192个行政村合并成116个。

2月18日，中共佳木斯市郊区第六届四次全委（扩大）会议召开。这次会议的主要任务是深入贯彻省、市委全会精神，全面总结2000年各项工作，提出新世纪起步三年全区工作的总体要求和主要任务，为"十五"计划开好局，促进郊区在新的世纪经济快速发展和社会事业全面进步。

3月18日，佳木斯市郊区政府制定的《乡镇财务公开工作方案》出台。

4月1日，郊区政府实行合乡并镇，将松木河并入四丰乡，高峰乡并入群胜乡，至此，全区辖5镇8乡。

7月18日，中共佳木斯市郊区第六届五次全委（扩大）会议召开。这次会议的主要任务是贯彻江泽民同志在庆祝中国共产党建党80周年大会上的讲话精神，按照市委九届七中全会要求，深刻分析上半年全区各项工作，部署下半年任务，使全区上下对郊区工作形势有一个客观、全面的认识，统一思想、振奋精神，进一步加大推进落实力度，确保全区经济发展、社会稳定，高标准完成全年各项任务目标。

10月20日，郊区妇女联合会被黑龙江省妇联评为"三八"红旗集体称号。

11月14日，中共佳木斯市委决定，周启涛任中共佳木斯市郊区委员会书记，刘国强仟副书记、代理区长。

是年，随着郊区政府招商引资工作不断深入，来自省外，本省、市民营企业陆续落户望江村。使望江成为江北一带工业聚集地。当年黑龙江一季付士米业集团来此建厂，厂区占地面积2.6万平方米，投资3 200万元。

2002年

3月8日，中共佳木斯市郊区第六届六次全委（扩大）会议召开。这次会议的主要任务是：以"三个代表"重要思想为统领，认真贯彻市委九届九次会议精神，总结2001年工作，正确认识当前郊区发展的新形势，安排部署2002年工作，全面推进全区经济社会的快速发展。

5月20日，佳木斯市文物管理站，组织考古专家到长发镇进行为期一个月考古活动，发现汉魏、辽金时期古遗址，挖掘近百件文物。

8月3日，佳木斯地区台湾瓜菜种植现场观摩会在平安乡召开，本市及外省市代表近百人参加会议。

11月14日，郊区政协召开第六届委员会第一次会议，选举产生了新一届政协委员会，魏律民为主席，张文会、战广生、李国军为副主席。

11月15日，郊区人大召开第七届人民代表大会，选举凌宝林为区人大常委会主任，石振斌、刘丽云、刘桂芬、赵喜贵、栗玉升为副主任，选举刘国强为郊区政府区长，舒正文、李久义、杨玉化、李晓英、朱贵、冷继国为副区长。

是年，江北扁钢厂投资建厂，当年投资，当年建设，当年收益，年实现产值200万元。

2003年

1月7日，郊区政府获黑龙江省森林防火先进区称号。

2月27日，中共佳木斯市郊区委员会印发《关于在全区党员中实施"党员旗帜工程"工作方案》。

4月26日，中共佳木斯市郊区政府印发《关于在全区开展整治环境卫生会战》的紧急通知。

4月29日，中国共产党佳木斯市郊区第七次代表大会在郊区政府二楼会议召开。大会共有代表222名，出席代表214。代表全区7 148名党员。会期为2天。第七次代表大会的主要任务是：以党的十六大精神为指针，认真实践"三个代表"重要思想，认真总结第六届区委工作，谋划今后五年的发展。4月30日，在区委七届一次全委会议上，选举产生了由11人组成的中国佳木斯市郊区第七届区委会常务委员。当选的常务委员为：周启涛、刘国强、宗毅、沙波、于华佳、赵长杰、舒正文、崔永贵、王献宇、陈少华、于淼。周启涛当选为区委书记，刘国强、宗毅、沙波、于华佳、赵长杰为副书记。

12月1日，中共佳木斯市委常委会决定，刘国强任中共佳木斯市郊区委员会书记。

是年，宏利米业集团、富家米业集团相继来望江村投资建厂，两个集团共投资5 000万元。

2004年

2月24日，市委、市政府在市宾馆南楼召开会议，宣布佳木斯市实行新的行政区划，将郊区所辖的建国、松江两乡划归东风区，将四丰乡南岗村划归前进区，将四丰乡和平村、新丰村、长青乡的江南村、长青村、万发村划归向阳区，将永红区佳西、友谊两个街道办事处划归郊区管辖。同时，将佳木斯市郊区更名为佳木斯市郊区（永红）。

6月30日，郊区人大常委会制发《关于国民经济和社会发展计划及财政预算审查与监督的规定》。

11月25日，区委、区政府下发《佳木斯市郊区（永红）全面免征农业税改革试点工作实施方案》，即日起全区免除农业税试点工作全面开始。

12月31日，郊区统计局按照上级统一部署，在全区开展新中国成立以来首次经济普查工作。

是年，望江镇人民政府抓住外商来此投资建厂契机，在村东部划出废弃地23万平方米建设工业园区。统称"郊区江北工业园区"。

2005年

1月5日，区纪委召开会议，全面贯彻中央和省、市委关于廉洁自律的各项规定，廉洁过好元旦、春节。

1月14日，区公安分局召开打击"两抢一盗"（即：抢劫、强抢、盗窃）专项行动大会，会上对16名犯罪分子实行公开逮捕。

3月3日，区委召开全区优秀党员事迹报告会。

4月12日，全国人大代表、全国人大农业与农村委员会委员、省人大常委会副主任单荣范为组长的全国和省人大代表视察团一行12人，在市委书记郭晓华、市长李海涛及区委书记刘国强陪同下，到郊区恒久集团，长发镇长新烤烟专业村、长青乡万兴村棚式番茄生产基地进行实地考察。

5月，佳木斯复华酒业集团落户于江北工业园区，总投资6 000万元。

7月29日，区委下发《佳木斯市郊区第二批保持共产党员先进性教育方案》。

8月，佳木斯市人民政府决定将望江工业园区更名为佳木斯市江北工业园区，作为市、区招商引资重点工程推进。

12月27日，中共佳木斯市委副书记、市长李海涛，在区委书记刘国强、区长王恒勋陪同下，到西格木乡平安村检查指导第一批共产党员先进性教育活动。

是年，引进望江冷冻厂，一期工程投资1 100万元，新建5 600平方米冷冻车间，年产值达到1 000万元。

2006年

4月20日，郊区林业局被评为黑龙江省文明单位标兵称号。

12月12日，中国共产党佳木斯市郊区第八届委员会第一次全体委员会议召开。选举产生了中共佳木斯市郊区第八届委员会，区委常委、书记和副书记。刘国强当选为区委书记。

2007年

3月5日，中共佳木斯市郊区八届二次全委（扩大）会议召开。会议的主要任务是：深入贯彻市十一次党代会和区八次党代会精神，总结2006年工作，安排部署2007年工作。区委书记刘国强在会上作了题为《团结实干求发展，奋发有为谱新篇，为构建现代化的和谐新郊区奠定坚实基础》的报告。

10月15日，区交通局被黑龙江省交通厅评为厅级精神文明单位标兵称号。

是年，江北工业园区被黑龙江省中小企业局评为全省中小企业创业示范基地。

2008年

3月5日，佳木斯市郊区被中共佳木斯市委、市政府授予项目建设先进区荣誉称号。

4月1日，中共佳木斯市郊区八届四次全委（扩大）会议召开。会议的主要任务是深入贯彻落实党的十七大和省、市全会精神，总结2007年工作，部署2008年工作。区委书记刘国强作了题为《解放思想 科学发展努力建设现代化的和谐新郊区》的报告。

10月8日，郊区江北工业园区被黑龙江省人民政府批准为享受省级开发区优惠政策的工业园区。

2009年

2月27日，中共佳木斯市郊区第八届委员会第五次全体（扩大）会议召开，会议的主要任务是深入贯彻落实党的十七届三中全会、省委经济工作会议和市委全会精神，总结2008年工作，部署2009年工作。区委书记赫贵涛作了题为《攻坚克难 务实创新 努力开创科学跨越发展新局面》的报告。

12月，郊区江北工业园区被评为黑龙江省工信委命名为省级中小企业（孵化）基地。

2010年

3月9日，中共佳木斯市郊区八届七次全委（扩大）会议召开。全会的主要任务是，深入贯彻落实市委十一届七次全会精神，总结2009年工作，安排部署2010年工作。区委书记赫贵涛作了题为《全面实施"一化三基地"发展战略建设富庶、文明、幸福、和谐的新城区》的报告。

3月11日，佳木斯市郊区第八届人民代表大会第五次会议在区政府二楼会议室召开。会上区长邱士林作了《政府工作报告》。会议通过了政府工作报告，还通过了人大常委会工作报告、区人民法院工作报告、区人民检察院工作报告等。

12月5日，中共佳木斯市委、市政府认定郊区江北工业园区为佳木斯市"一区五园"的重要组成部分。

2011年

1月18日，中共佳木斯市郊区八届八次全委（扩大）会议召开。全会的主要任务是，深入贯彻落实市委十一届八次全会精神，总结2010年和"十一五"期间工作，安排部署2011年工作任务，讨论审议《佳木斯市郊区国民经济和社会发展第十二个五年规划纲要（草案）》。会上区委书记赫贵涛作了题为《攻坚克难，创先争优，加快推进"一化三基地"建设》的工作报告。

12月13日，中国共产党佳木斯市郊区第九次代表大会在区政府二楼会议室召开。区委书记邱士林作了题为《加速崛起，跨越赶超，为实现经济社会更好更快发展而努力奋斗》的报告。

2012年

2月16日，佳木斯市郊区第九届人民代表大会第二次会议在政府二楼会议室召开。

2013年

1月15日，中共佳木斯市郊区九届二次全委（扩大）会议，在政府二楼会议室召开。区委书记邱士林在会上作了题为《巩固好势头，谋求大发展，全面加快六区建设新跨越步伐》的报告。

11月20日凌晨2时57分，佳木斯地区发生4.7级地震，震中心在桦南一带，郊区有震感，无人员伤亡。

是年，佳木斯市郊区政府关心下一代工作委员会被评为全省关心下一代先进集体标兵。

2014年

1月8日，中共佳木斯市郊区区委九届三次全体（扩大）会议，在区政府二楼会议室召开。区委书记邱士林在会上作了题为《攻坚克难求突破 创新务实谋发展，为全面建成小康社会奠定坚实基础》的报告。

1月16日，佳木斯市郊区第九届人民代表大会第四次会议召开。会上区长梅振学代表政府作了工作报告，总结了上一年的工作，部署了本年度的具体工作和经济社会发展目标。

2015年

1月4日，中共佳木斯市郊区区委召开美丽乡村改厕工作座谈会。区委书记邱士林主持会议并作了讲话。邱书记强调："做好美丽乡村改厕工作是民生大事，是体现农民文明的重要标志，是解决农村水源污染的根本所在，必须把这个堡垒攻破。"他要求要进一步搞好调研，拿出切实可行的工作方案。

2月17日，区委书记邱士林、副书记吴镇江到西格木敬老院和望江敬老院走访慰问集中入住的老人，向他们致以节日的问候。

3月2日，中共佳木斯市郊区区委九届四次全体（扩大）会议。会议的主要任务：总结上一年的工作，对2015年工作作了安排部署。会上区委书记邱士林作了题为《改革创新乘势而为，构建郊区经济社会发展新常态》的报告。

5月7日、8日，市人大常委会副主任谭灵芝率领市人大委员一行10人视察了全市社区卫生工作。视察了郊区友谊社区卫生服务中心。

5月29日，市委副书记、市长林宽海深入郊区莲江口镇长胜村、望江镇东升良种场、平安乡双兴村调研美丽乡村建设工作。

6月23日，市委常委贾君深入郊区，就美丽乡村建设、产业项目、"五个一批"和基层党建等重点工作开展情况进行调研。

6月29日，全市纪念中国共产党成立94周年暨"先优"命名表彰大会隆重召开。郊区长青乡党委书记王俊波被授予为优秀党员代表荣誉称号。

9月19日，中共黑龙江省委组织部副部长王德来郊区检查工作。

11月，市委书记王爱文深入郊区四丰乡团结村大榛子基地、莲江口红树莓基地、郊区卫生院、红旗中学和长青乡佳兴村，就城市管理和种植结构进行调研。

12月21日，市委副书记、市长林宽海带领相关部门负责同志深入到郊区西格木乡草帽村就美丽乡村建设工作进行调研。

是年，江北工业园区内配套设施基本完成，共建成7条道路，总长4.81千米，供水管网总长3.8千米，排水管网总长5.4千米，建设一个标准为A级的活水处理厂。架设起一条专用输电线路，总长4.8千米。园区内采用地埋电缆总长3.8千米。园区累计投资基础建设资金3.32亿元。

是年，区关心下一代工作委员会主任李宝林被中共中央精神文明办、中国关心下一代工作委员会授予全国关心下一代先进工作者称号。

2016年

1月19日，敖其湾赫哲族雪村启幕。市领导周启涛、邱士林、王鹏飞与郊区领导、嘉宾同时按下启动球，奏响佳木斯冬季旅游的新强音。

1月21日，中共佳木斯市郊区区委九届五次全体（扩大）会议召开。会议的主要任务是深入贯彻落实党的十八届五中全会和省委十届六次全会、省委经济工作会议和市委十二届六次全会精神，总结2015年工作，部署2016年工作任务，讨论审议《佳木斯市郊区国民经济和社会发展第十三个五年规划纲要（草案）》，动员全区各级党组织和广大干部群众凝心聚力，务实创新，确保实现"十三五"良好开局。会上区委书记梅振学作了题为《凝心聚力，务实创新，确保实现十三五良好开局》的报告。

2月25日，全市卫生计生纠风工作专项整治工作会议召开。郊区卫生局主要负责人进行了发言。

3月22日，2016年民政工作会议召开，市委常委、副市长王平出席会议并讲话。郊区民政局局长作了典型发言。

5月10日，市委书记王爱文深入毅德城项目现场、鑫家园山庄、敖其湾影视城、龙源赫哲族水寨、敖其镇赫哲族新村，进行调研。

6月14日，中共佳木斯市郊区区委九届六次全体（扩大）会议召开。这次全会的主要任务是，深入学习贯彻习近平总书记视察黑龙江省时的重要讲话精神和参加黑龙江代表团审议时的重要讲话精神，全面贯彻落实省委十一届七次全会和市委十二届七次全会的安排部署，动员和带领全区广大党员干部群众坚持问题导向，进一步解放思想，贯彻新发展理念，持续深化改革，优化发展环境，激发创新活力，扬长避短、扬长克短、扬长补短，努力走出一条郊区经济社会振兴发展的新路子。会上区委书记作了题为《解放思想，戮力同心，努力走出郊区经济社会振兴发展新路子》的报告。

7月22日，全市山洪灾害防御工作会议召开。在会上，郊区就防御山洪工作情况作了汇报。

10月28日，郊区第六选区举行人大代表选举大会。市委书记林宽海，市委副书记、代市长郭冀平等领导以普通选民身份到中心会场投票选举。

12月27日，全市脱贫攻坚工作会议召开。郊区区委书记率队参加了会议，并就前期工作中存在的问题和下一步工作打算作了汇报。

是年，江北工业园区已有27家企业入驻园区，已经达产的企业24户。

2017年

3月5日，郊区沿江乡人民政府、红旗社区被国务院防范和处理邪教办公室授予无邪教示范单位荣誉称号，沿江乡黑通村被授予省级无邪教示范村荣誉称号。

5月9日，区委十届二次全体（扩大）会议，在区政府二楼会议室召开。会议主要任务是传达学习省第十二次党代会精神、市委十三届二次全会精神，安排部署郊区贯彻落实意见，动员和带领全区广大党员干部群众进一步统一思想、凝聚共识，在决胜全面小康、推动郊区振兴发展中做出新贡献。区委书记高志军作了题为《深入贯彻落实省第十二次党代会精神，奏响郊区全面振兴发展新华章》的讲话。

6月22日，中共佳木斯市政法委书记刘臣到郊区检查政法工作。

6月22日，郊区举行大来岗风景区达勒花海开园仪式，国家发改委城市和小城镇改革开发中心主任薛付东、佳木斯市园林管理处主任张铁成参加仪式，郊区主要领导高志军、郑昌辉、冯甲伟、张建国等出席仪式。

6月23日，区委副书记、区长冯甲伟到沿江乡、群胜乡检查精准扶贫工作。

7月10日，中共佳木斯市委书记徐建国到郊区敖其赫哲水寨、大来岗达勒花海进行实地调研，区委书记高志军、区长冯甲伟陪同调研。

8月10日，中共佳木斯市委常委宣传部长宫秀丽到郊区视察郊区宣传工作。

8月9日，中共佳木斯市郊区区委书记高志军到望江镇平安乡检查夏季防汛、美丽乡村及脱贫攻坚工作。

9月11日，西格木乡平安村被中央综治委人力资源和社会保障部授予全国社会治安综合治理先进单位。

11月24日，中共佳木斯市委书记徐建国到郊区沿江乡红树梅种植基地检查工作。

12月20日，郊区松花江稻米合作社理事长李忠田被授予"全国百名农民创业之星"光荣称号。

12月21日，中共佳木斯市郊区第十届委员会第三次全体（扩大）会议召开。会上区委书记高志军对2017年的工作作了总结，部署了2018年的全面工作。

是年，休闲观光农业蓬勃兴起。抢抓国家推广"三园三体"建设契机，完成万亩现代农业科技产业园前期土地流转工作，基础设施建设正在推进，哈尔滨嘉峰、辽宁艾杰森等企业入驻，带动全区发展棚室蔬菜1 100栋，拉动了以滨湖、金玉为代表的休闲采摘园快速发展。

编后记

在庆祝建党百年之际,《佳木斯市郊区革命老区发展史》出版了。这是郊区革命老区31万人民献给中华人民共和国华诞的厚礼,也是区委、区政府发掘历史、传承历史,以史育人做出的新努力。

《革命老区发展史》,是中国老区建设促进会为了贯彻落实习近平总书记关于"发扬红色旅游资源优势,深入进行党史、军史、老区革命史优良传统教育,把红色基因代代传下去"的指示,和中办发〔2015〕64号文件中提出的"积极支持老区精神挖掘整理工作,扶持创作一批反映老区优良传统,发现老区精神风貌的优秀文艺作品和文化产品"的要求,经中国老区建设促进会研究确定编纂的。《佳木斯市郊区革命老区发展史》由中共佳木斯市郊区区委、区政府部署,区老促会牵头组织人员编写的。

本书在编纂过程中,始终坚持以马列主义、毛泽东思想、邓小平理论、"三个代表"重要思想、科学发展观和习近平新时代中国特色社会主义思想为指导,运用辩证唯物主义和历史唯物主义的立场、观点、方法,力求可观、准确、实事求是地反映革命老区佳木斯市郊区的发展变化,科学总结历史经验和教训,进而达到"以史为鉴,资证育人"之目的。

本书共8章47节。采取年经事纬、分期划块、纵横结合的编

| 编后记 |

写体例，史实记述现佳木斯市郊区行政区为范围，历史上发生在境内的史事均在记述之列。编者在编写过程中，查阅了《中共黑龙江历史》《中国共产党佳木斯历史》《中共佳木斯市郊区历史》《佳木斯志》《佳木斯市郊区志》《郊区抗日史话》《桦川县志》和《汤原县志》等史料。

　　本书所记述的，抗日战争、解放战争、土地改革、人民公社、改革开放和伟大复兴等历史时期中发生革命史事，均有典籍可查。《佳木斯市郊区革命老区发展史》运用了大量的史实资料，全景式反映了在党的领导下佳木斯市郊区革命老区人民为驱逐日寇，解放全中国，以及在佳木斯市委和郊区区委领导下，佳木斯市郊区革命老区的发展历程，尤其是党的十八大以来的巨大变化。该书所反映的佳木斯市郊区老区人民在革命初期，勇于牺牲、前赴后继的崇高革命品质；解放后敢于战天斗地、科学发展的良好精神风貌，将起到教育下一代继承和弘扬革命传统的作用。

　　本书在编写过程中得到了区委、区政府领导的高度重视。时任区委书记高志军多次亲自过问本书的编写进程。区长冯甲伟指令相关部门调集人员、划拨经费。区委副书记范继涛、区委常委副区长孙跃武亲自挂帅，主持召集会议部署工作。在搜集资料过程中区委办、区政府办、区直各单位、革命老区村屯都给予了大力支持，不厌其烦地一次又一次地提供材料，接待采访。本书编写中还得到了佳木斯市老促会的关心和指导，会长审阅后提出修改意见。

　　在此，特向领导、指导、支持、帮助以及一切关心本书出版工作的单位及同志表示衷心的感谢！

编者

2019年5月